Erfurt in zwölf Jahrhunderten

Erfurt
in zwölf Jahrhunderten

Eine Stadtgeschichte in Bildern

Von

Professor Dr. Alfred Overmann
Direktor des Stadtarchivs

1929

Gebr. Richters Verlagsanstalt / Erfurt

Reprint der Ausgabe von 1929
mit freundlicher Genehmigung
der Erbengemeinschaft
Otto Richters, München

Satzspiegcl gegenüber dem Original
95,9 Prozent verkleinert

Filmherstellung: Julius Beltz KG, Hemsbach
Druck und Buchbinderei: Druckhaus Erfurt
in der Verlag & Druckerei Fortschritt Erfurt GmbH

ISBN 3-86087-076-9

Vorwort

Das Werk will die Hauptepochen, die bedeutendsten Ereignisse, die hervorragendsten Persönlichkeiten der Erfurter Geschichte und Kulturgeschichte in Wort und Bild zur Darstellung bringen. Dem Bilde wird dabei der Vorrang eingeräumt. Denn so wichtig auch der Text ist und so große Sorgfalt auf ihn verwendet worden ist — hat er doch die schwierige Aufgabe, in Kürze das Wesentliche zu sagen — so haftet doch das Bild länger und stärker als das Wort, und der moderne Mensch will vor allem schauen.

Erfurts Geschichte lockt wie kaum eine andere zu einer solchen, Wort und Schau vereinigenden Darstellung, nicht nur, weil sie viel reicher ist, als man im allgemeinen weiß, sondern auch weil die bedeutsamsten ihrer Geschehnisse und die größten der Männer, an deren Namen sie sich knüpfen, weit über die Mauern der Stadt hinaus aufs engste mit der gesamtdeutschen Geschichte und Kulturgeschichte verbunden sind: der heilige Bonifatius, der im Jahre 742 Erfurt zum Bistum machen wollte, Meister Eckehart, der vor und nach 1300 lange Jahre im Erfurter Predigerkloster gelebt hat, die 1392 gegründete Erfurter Universität, die im 15. und 16. Jahrhundert eine führende Rolle im geistigen Leben der Nation gespielt hat, die große Geistesbewegung des Humanismus, der hier seine Hauptstätte besaß, die weltgeschichtliche Gestalt Martin Luthers, der 1501 hier die Universität bezog, sich das geistige Rüstzeug für seine Laufbahn erwarb, 1505 den für sein Leben und Werk entscheidenden Schritt in das Erfurter Augustinerkloster tat, in der Zelle dieses Klosters die Seelenkämpfe durchlitten hat, die ihn für seine Mission innerlich gefestigt haben, der hier die Magisterwürde erwarb und zum Priester geweiht wurde; König Gustav Adolf, der in Erfurt seine Residenz hatte und seine Münzen schlug, der feinsinnige Statthalter Dalberg, zu dessen Kreis die Großen des benachbarten Weimar gehörten, Napoleon, der Erfurts Landesherr war und 1808 den Fürstenkongreß hier abhielt, Goethe, der unzählige Male in Erfurt war, hier vor dem Franzosenkaiser seine Audienz hatte, das Unionsparlament von 1850, das den Abschluß der seit 1848 versuchten deutschen Einheitsbestrebungen bildete. Man sieht, wie stark Erfurt mit der deutschen Geschichte und Kulturgeschichte verknüpft ist, und so ist zu hoffen, daß das vorliegende Buch auch über den engeren Erfurter Kreis hinaus Beachtung finden wird.

Im übrigen wird es eine willkommene Ergänzung zweier anderer, im Erscheinen begriffener Werke sein: einmal der „Geschichte der Stadt Erfurt" von Beyer-Biereye, die darum in den noch ausstehenden Lieferungen auf Bilderbeilagen verzichten wird, sodann der großen, auf drei Bände berechneten Inventarisation der Erfurter Kunstdenkmäler, die unter dem Titel „Die Kunstdenkmale der Stadt Erfurt" von der Provinzial-Denkmäler-Kommission herausgegeben wird und zum ersten Male eine vollständige Übersicht über den Erfurter Kunstbestand enthält. Infolgedessen hat der Unterzeichnete bewußt darauf verzichtet, die bildende Kunst in größerem Umfang in das Werk aufzunehmen. In dem kurzen Abschnitt „Aus der Blütezeit der Erfurter Kunst" werden von Schöpfungen der Plastik und Malerei fast nur solche gebracht, die sich im Besitz des Städtischen Museums befinden und daher in das Inventarisationswerk nicht aufgenommen worden sind.

Es ist selbstverständlich, daß ein Werk, wie das vorliegende, eine Vollständigkeit kaum erreichen kann. Wenn daher jemand irgendein Ereignis oder eine gerade ihm als bedeutsam erscheinende Persönlichkeit der Erfurter Geschichte vermissen sollte, so möge er bedenken, daß jede Auswahl etwas Subjektives hat, d. h. dem persönlichen Urteil des Auswählenden unterworfen ist, und daß vielleicht auch gerade in dem fraglichen Falle das für das Werk unumgänglich notwendige Bild nicht vorhanden war.

Zuletzt ist es dem Unterzeichneten ein Bedürfnis, für die mannigfache Förderung, die dem Werke in reichstem Maße zu teil geworden ist, auch an dieser Stelle den verbindlichsten Dank auszusprechen: zunächst dem Magistrat der Stadt Erfurt für seine verständnisvolle Unterstützung, sodann ganz besonders Herrn Direktor Dr. Kunze und den Beamten des Städtischen Museums, sowie dem Landeskonservator der Provinz Sachsen, Herrn Baurat Ohle für die Überlassung des Bildmaterials und die liebenswürdige Bereitwilligkeit, mit der sie jederzeit dem Herausgeber zur Verfügung gestanden haben, ferner den Herren Photographen des Verlages sowohl als auch den Herren E. Bissinger, W. Lorenz, Gofferjé und Vollhaber, W. Hoffmann und K. Sontag, die mit ihren wohlgelungenen, oft recht schwierigen Aufnahmen erst das Werk in seiner vollkommenen Gestalt ermöglicht haben, endlich allen den Behörden und Privatpersonen, die durch Überlassung von Bildmaterial die Veröffentlichung in freundlicher Weise unterstützt haben.

Möge das Werk den Bürgern der Stadt Erfurt zum Hausbuch werden, über die Mauern der Stadt hinaus aber allen Deutschen Kunde und Anschauung bringen von der Bedeutung und von der reichen Geschichte und Kulturgeschichte der alten Thüringer Hauptstadt.

Erfurt, im August 1929. Professor Dr. Alfred Overmann.

Zur Neuauflage im Erfurter Jubiläumsjahr 1992

Zum 1250jährigen Jubiläum der Ersterwähnung der Stadt Erfurt wird der bedeutenden Vergangenheit mit der Herausgabe einer Vielzahl von Publikationen entsprochen. Ein kaum zu übertreffendes Werk stellt dabei das 1929 erschienene und jetzt wieder vorliegende Buch des ehemaligen Direktors des Stadtarchivs Prof. Dr. Alfred Overmann (06.11.1866–07.02.1946) dar.

In Zeiten, in denen in der historischen Forschung methodische Probleme im Vordergrund stehen, besticht dieses Werk, welches damals vollkommen neue Wege in der Stadtgeschichtsschreibung wies, auch heute noch durch seine Klarheit. Die Unmittelbarkeit zum historischen Dokument verleiht ihm eine erstaunliche Lebendigkeit, die auch nach Jahrzehnten seines ersten Erscheinens spürbar ist.

Vor dem Auge des interessierten Lesers entsteht ein facettenreiches Bild einer Stadtkultur, die über Jahrhunderte im Herzen Europas einen festen Platz behauptete. Dabei ist immer die Möglichkeit gegeben, auch tiefer in die Stadtgeschichte Erfurts zu dringen. Daß vom heutigen Stand der Forschung einige Datierungen, Standorte und Zuschreibungen überarbeitungswürdig sind, ist nur allzu selbstverständlich. Mit einer zu wünschenden Nachauflage sind diese Sachverhalte in einem Anhang zu korrigieren, auch ein Register ist hinzuzufügen. Aber das schmälert den wunderbaren Gesamteindruck des Werkes in keiner Weise, ist es doch selbst ein historisches Dokument der Erfurter Geschichte geworden.

Erfurt, im März 1992 H. Schönemann · H. Eidam

Inhalts-Übersicht

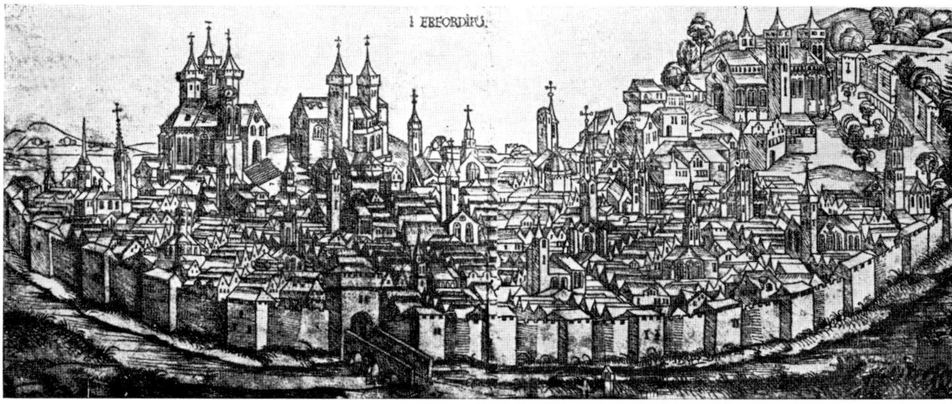

Phantastische, der Wirklichkeit kaum entsprechende Ansicht von Erfurt aus Schedels Weltchronik, 1493.

Das frühe Mittelalter.

Die Anfänge.

Die weltgeschichtliche Gestalt des heiligen Bonifatius steht am Anfang der Erfurter Geschichte. Er, der Apostel Deutschlands, der Bekehrer und kirchliche Organisator Hessens und Thüringens war es, der im Jahre 742 in Erfurt ein Bistum gründete. Er hatte den Ort, den er seit längerer Zeit, wahrscheinlich seit 724, kannte, darum zum Bischofssitz ausersehen, weil sich dort schon eine bedeutende Niederlassung befand, die er als Stadt (urbs) bezeichnen konnte. Somit ist Erfurt die älteste Stadt im rechts-rheinischen Deutschland nördlich des Mains. Es ist nicht „gegründet" worden durch den Willensakt eines Herrschers oder eines weltlichen oder geistlichen Großen wie die meisten anderen deutschen Städte. Sein Ursprung verliert sich im Dunkel der vorgeschichtlichen Zeit. Der Name Erphesfurt, Erpesfurt beweist, daß die Stadt dem Handelsverkehr ihr Dasein verdankt. Die Furt über die Gera, die an der Stelle der heutigen Krämerbrücke lag, war es, nach der die mit Notwendigkeit gerade an dieser günstig gelegenen Stelle erwachsene Ansiedlung benannt wurde, sicher ein alter Warenaustauschplatz zwischen Germanen und Slawen, und als solcher auch von Karl dem Großen im Jahre 805 bestätigt.

Neben dieser Ansiedlung der Kaufleute an der Gerafurt, deren Kirche daher auch von vornherein den höchst seltsamen Namen Kaufmannskirche trug und noch heute trägt, entstand in geschichtlicher Zeit eine zweite Siedlung auf Domhügel und Petersberg, die man als die geistliche und königliche bezeichnen kann. Der Petersberg trug im Jahre 802 eine königliche Pfalz (palatium publicum), in der ein Graf Karls des Großen residierte, und wir müssen wohl annehmen, daß auch das später auf diesem Berge ansässige Peterskloster in frühmittelalterliche Zeiten zurückgeht. Auf dem Domhügel aber hat Bonifatius das Marienstift (Dom) gegründet, und an Stelle der heutigen Severikirche stand schon im Jahre 836 das Nonnenkloster St. Paul, das später (1123) als Cyriakskloster auf den Cyriaksberg verlegt wurde.

Der heilige Bonifatius ist aber auch für Erfurts späteres Schicksal bedeutungsvoll, ja richtunggebend gewesen. Nicht nur, daß er das Christentum befestigt, die kirchliche Verwaltung eingerichtet und Kirchen gegründet hat (die Kaufmannskirche geht wahrscheinlich auf ihn zurück), sondern er hat auch die politische Zukunft Erfurts bestimmt. Denn als das Bistum, das er hier 742 gegründet hatte, trotz der im Jahre 743 erfolgten Bestätigung des Papstes wieder einging, wurde Thüringen und damit auch Erfurt zur Diözese Mainz geschlagen, deren Erzbischof Bonifatius selber war. Freilich war damit nur die rein kirchliche Oberleitung verbunden, aber folgenschwerer wurde es, daß durch königliche Schenkung, wahrscheinlich schon an Bonifatius, auch der größte Teil des Grund und Bodens von Erfurt in den Besitz des Mainzer Kirchenfürsten kam, der dadurch Grundherr der Stadt wurde und seitdem von den meisten Grundstücken daselbst den sogenannten Freizins bezog. Zunächst war dieses Besitzverhältnis natürlich nur ein rein privatrechtliches. Landesherr von Erfurt blieb nach wie vor der König, wie denn auch Erfurt im Jahre 836 ausdrücklich als königlicher Ort bezeichnet wird und noch im 11. und 12. Jahrhundert die deutschen Könige Münzen daselbst geprägt haben. Aber im Laufe der Zeit entwickelten sich aus den grundherrlichen, unterstützt durch die kirchlichen, die landesherrlichen Rechte, und schon im 12. Jahrhundert stand es fest, daß der Erzbischof von Mainz nicht nur der Grundherr, sondern auch der Landesherr der Stadt Erfurt war. Reste der königlichen Gewalt hatten sich nur noch in der Reichsvogtei über Erfurt erhalten, die als kaiserliches Lehen im Besitz der Grafen von Gleichen war.

742.

Der heilige Bonifatius bittet den Papst Zacharias II., das von ihm in Erfurt gegründete Bistum zu bestätigen.

Necesse quoque habemus indicare paternitati vestre, quia a per Dei gratiam Germanie populis aliquantulum percussis vel correctis, tres ordinavimus episcopos. Et illa tria oppida sive urbes, in quibus constituti et ordinati sunt, scriptis auctoritatis vestre confirmari et stabiliri precantes desideramus. Unam esse sedem episcopatus decrevimus in castello, quod dicitur Wirzaburg, et alteram in oppido, quod nominatur Buraburg, tertiam in loco, qui dicitur Erphesfurt, qui fuit iam olim urbs paganorum rusticorum. Beyer, Erfurter Urkundenbuch I, Nr. 1.

(Übersetzung): Wir halten es für nötig, Eurer Väterlichkeit mitzuteilen, daß wir, nachdem durch Gottes Gnade ein kleiner Teil der Völker Deutschlands bekehrt ist, drei Bischöfe eingesetzt haben. Wir bitten daher, die drei Städte, in denen sie eingesetzt sind, urkundlich kraft Eurer Gewalt als Bischofssitze zu bestätigen. Einen dieser Sitze haben wir errichtet in dem Kastell Würzburg, den zweiten in der Stadt Buraburg, den dritten an dem Ort, der Erfurt heißt, und der schon von alters eine Stadt heidnischer Bauern gewesen ist.

805.

Kaiser Karl der Große bestimmt unter anderen Orten auch Erfurt zu einem Stapelplatz für den Handel mit Slawen und Awaren.

De negotiatoribus, qui partibus Sclavorum et Avarorum pergunt, quousque procedere cum suis negotiis debeant, idest partibus Saxonie usque ad Bardenowic, ubi previdedat Hredi, et ad Magadoburg previdedat Aito, et ad Erpesfurt previdedat Madalgaudus.

Beyer, Erfurter Urkundenbuch I, Nr. 4 aus einem Kapitular Karls des Großen.

(Übersetzung): Die Kaufleute, die das Gebiet der Slawen und Awaren besuchen, sollen in Sachsen mit ihren Waaren nur vordringen bis Bardowik, wo Hredi (als Königsbote) die Aufsicht führen soll, bis Magdeburg, wo Aito die Aufsicht hat, und bis Erfurt, wo Madalgaudus die Aufsicht führt.

In Erfurt geprägte Münzen der Kaiser und der Erzbischöfe.

Die Doppelstellung Erfurts im frühen Mittelalter als königliche und erzbischöflich mainzische Stadt wird auch durch die Erfurter Münzen bestätigt. Im 11. und 12. Jahrhundert sind nebeneinander königliche und mainzische Münzen in Erfurt geprägt worden.
Die Abbildungen 1 und 2 zeigen Silberdenare der Könige Heinrich III. (1039—1056) und Heinrich V. (um 1112—1114), die Abbildungen 3 und 4 Silberdenare der Erzbischöfe Aribo (1021—1131) und Adalbert I. (1111—1137). Auf der Vorderseite der Denare die Köpfe der Könige und Erzbischöfe.
Dasselbe gilt von den Brakteaten (nur auf einer Seite mit Bild und Schrift versehenen Münzen). Die Abbildungen 5—8 zeigen hintereinander Brakteaten der Kaiser Konrad III. (1142) und Friedrich Barbarossa (1165) und der Erzbischöfe Heinrich I. (1142—1153) und Siegfried II. oder III. (1201—1230 und 1230—1249).
Die beiden kaiserlichen Brakteaten sind auch dadurch interessant daß der kaiserliche Vogt in Erfurt, der Graf von Gleichen, darauf erwähnt ist. Auf der Münze Friedrichs I., die diesen mit der Kaiserin zeigt, ist der Graf, weil er die kaiserlichen Rechte in Erfurt vertrat, mit abgebildet worden; er hat das Schwert in der Hand als Zeichen seines Amtes, während der Kaiser Szepter und Reichsapfel hält.
Der besonders schöne Brakteat Erzbischof Heinrichs I. zeigt den Mainzer Heiligen St. Martinus, darunter den anbetenden Erzbischof. Die Umschrift lautet: Heinrich Erpesford.

4 Denare und 4 Brakteaten: Erfurt, Städtisches Museum.

1

2

3

4

5

6

7

8

Schenkung Kaiser Konrads II. für das Marienstift, 1030.

Aus dem 10. und 11. Jahrhundert sind nur ganz dürftige Nachrichten über Erfurt auf uns gekommen, trotzdem es damals der einzige Ort Thüringens war, der den Namen einer Stadt verdiente. Man nimmt mit Recht an, daß die aus Dom- und Petersbergsiedlung und Marktsiedlung zusammengewachsene Stadt unter König Heinrich I. eine stärkere, vorläufig allerdings nur aus Palisaden, Wall und Graben bestehende Befestigung erhalten hat. Wir wissen, daß der König 932 eine Synode und 936 einen Reichstag in Erfurt abgehalten hat. Auch Kaiser Otto II. hat 973, 974 und 975 in Erfurt geweilt. Um diese Zeit wird die kaiserliche Pfalz auf dem Petersberge noch gestanden haben.

Während aus dem 10. Jahrhundert keine Erfurt betreffende Urkunde erhalten ist, besitzen wir aus dem 11. wenigstens ein Kaiserdiplom für Erfurt. Man hat nämlich Grund zu der Annahme, daß unter dem Marienkloster, dem Kaiser Konrad II. am 19. Mai 1030 eine Schenkung macht, das Erfurter Marienstift (Dom) zu verstehen ist, denn die hier abgebildete Originalurkunde befindet sich seit alten Zeiten im Archiv dieses Stiftes, und ein anderes geistliches Institut, für das die Urkunde gegeben sein könnte, ist nicht zu finden. Das Siegel ist nach Sitte des frühen Mittelalters nicht angehängt, sondern aufgedrückt. An dem Monogramm hat der König den letzten Strich selbst gezogen; daher die Bezeichnung, eine Urkunde, eine Rechtshandlung vollziehen.

Die Eingangszeile ist in verlängerter Schrift gehalten und lautet: In nomine sanctae et individue trinitatis. Chuonradus divina favente clemencia Romanorum imperator augustus. Zu deutsch: Im Namen der heiligen und unteilbaren Dreieinigkeit. Konrad, durch göttliche Gnade römischer Kaiser (und) Augustus.

Die Monogrammzeile lautet: Signum domni Cuonradi Romanorum imperatoris invictissimi. Zu deutsch: Zeichen des Herrn Konrad, des unbesieglichsten Kaisers der Römer.

Das Siegel zeigt den sitzenden Kaiser mit Szepter und Reichsapfel in den Händen.

Pergamenturkunde mit Siegel: Erfurt, Domarchiv.

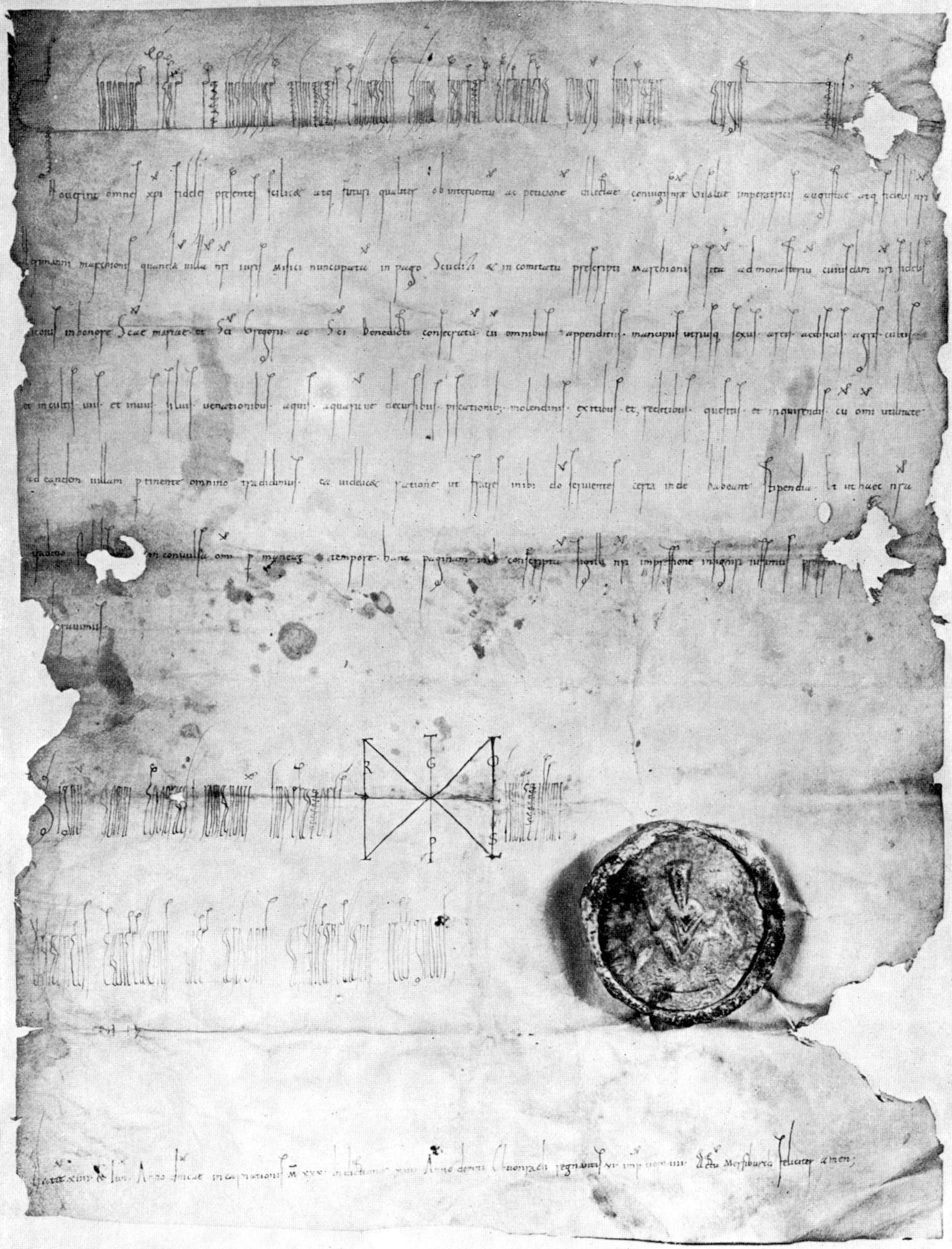
Noverint omnes Christi fideles presentes scilicet atque futuri qualiter ob interventum ac petitionem dilectae coniugis nostrae Gislae imperatricis augustae atque fidelis nostri
Hermanni marchionis quandam villam nostri iuris Misici nuncupatam in pago Scudici et in comitatu prescripti marchionis sitam ad monasterium cuiusdam nostri fidelis
[...]ionis in honore sanctae Mariae et sancti Gregorii ac sancti Benedicti consecratum cum omnibus appendiciis mancipiis utriusque sexus areis aedificiis agris cultis et
incultis viis et inviis silvis venationibus aquis aquarumve decursibus piscationibus molendinis exitibus et reditibus quesitis et inquirendis cum omni utilitate
ad eandem villam pertinente omnino tradidimus ea videlicet ratione ut fratres inibi deo servientes certa inde habeant stipendia. Et ut haec nostra
traditio stabil[...] [...] convulsa omni permaneat tempore hanc paginam inde conscriptam sigilli nostri impressione insigniri iussimus manuque propria
[corro]boravimus.

Signum domni Chuonradi [...] imperatoris augusti.

Data XIIII kal. Iun. Anno dominicae incarnationis MXXX indictione XIII anno domni Chuonradi regnantis VI imperii IIII. Actum Mersburch feliciter amen.

Das Peterskloster.

Ob die Gründung des Erfurter Petersklosters, wie die Sage und gefälschte Urkunden des 12. Jahrhunderts berichten, bis in die Merowingerzeit zurückgeht, wissen wir nicht. Sicher ist nur, daß im 11. Jahrhundert auf dem Petersberge ein Domherrenstift bestanden hat, das um 1060 vom Erzbischof Siegfried von Mainz in ein Benediktiner-Mönchskloster verwandelt wurde. Dieses Kloster, das bald über einen reichen Grundbesitz verfügte, war im 12. und 13. Jahrhundert eine Pflanzstätte der Wissenschaft. Berühmt und für die deutsche Reichsgeschichte dieser Zeit ein wertvolles Quellenwerk ist die große, im Kloster entstandene Chronik, die nach ihrem Entstehungsort die Erfurter Peterschronik genannt wird. Die Grafen von Gleichen, von Reichs wegen Vögte von Erfurt, waren auch Schutzvögte des Petersklosters; daher denn auch in der Peterskirche der berühmte Grabstein eines Grafen von Gleichen mit seinen beiden Frauen gestanden hat, der Anlaß zu der bekannten Sage gab und heute im Dom sich befindet (S. 17).

Unser erstes Bild zeigt die Apsis des südlichen Querschiffes der Klosterkirche von Osten gesehen, das zweite das jetzt im Städtischen Museum befindliche monumentale steinerne Brunnenbecken, das ursprünglich im Kreuzhof des Klosters stand und laut Bericht des Chronisten samt der Wasserleitung im Jahre 1239 hergestellt worden ist. Architektur und Becken offenbaren die der romanischen Kunst eigene Kraft und Schlichtheit.

1. Moderne Photographie der Apsis.
2. Brunnenbecken von 1239: Erfurt, Städtisches Museum.

Die Kirche des Petersklosters.

Die Peterskirche wurde in den Jahren 1103—1147 erbaut und war eine der schönsten, sicher die größte unter den romanischen Kirchen Thüringens. Bis zum Beginn des 19. Jahrhunderts hat sie dank ihrem ausgezeichneten Baumaterial mit ihren beiden, der Stadt zugewandten Osttürmen auf der ragenden Höhe des dort steil abfallenden Berges unversehrt gestanden, das hochragende Wahrzeichen Erfurts. Bei der Beschießung der von den Franzosen besetzten Zitadelle Petersberg durch die Preußen am 6. November 1813 vernichtete ein Brand Dach, Holzgewölbe und die gesamte kostbare Innenausstattung der Kirche. Die Umfassungsmauern und vor allem die Türme samt ihren spitzen gotischen Helmen blieben jedoch unversehrt. Trotzdem hat die preußische Militärverwaltung im Jahre 1820 Kirche und Türme bis zur Höhe der Seitenschiffe abtragen lassen, aus dem Rest des Gebäudes ein Mehlmagazin für die Garnison gemacht und damit nicht nur eins der bedeutendsten architektonischen Kunstwerke Deutschlands fast ganz vernichtet, sondern auch das Erfurter Stadtbild seiner natürlichen Bekrönung beraubt.

Auf dem oberen Bild sieht man Kirche und Kloster in ihrer prachtvollen, die Stadt beherrschenden Lage um 1800, kurz vor ihrem Untergang. Das untere zeigt die Südseite des noch vorhandenen Restes der Kirche: Langhaus, Querschiff mit Portal, Querschiff-Apsis und ein Stück des Chores. Der beigegebene Grundriß veranschaulicht die Gliederung des Gesamtbaues. Die edlen, schlichten, ausdrucksgesättigten Formen dieser Architektur lassen den Verlust des größten Teiles dieses herrlichen Baudenkmals immer wieder von neuem beklagen.

In dieser Kirche hat im Jahre 1181, während des Erfurter Reichstags, Heinrich der Löwe sich vor Friedrich Barbarossa gedemütigt.

Die Unzugänglichkeit des auch heute noch militärischen Zwecken dienenden Petersberges und die Verdeckung gerade der schönen Südfassade der Kirche durch häßliche An- und Umbauten verhindern bislang die Besichtigung der Kirche und deren Einbeziehung in die Reihe der übrigen zugänglichen und daher lebendigen Erfurter Kunstdenkmäler.

1. Aquarell nach einer Zeichnung von Dornheim, um 1800: Erfurt, Städtisches Museum.
2. Zeichnung von Karl Lürzing, 1907: Erfurt, Städtisches Museum.

Grundriſs

Erzbischof Adalbert I. von Mainz (1111–1137).

Dieser kraftvolle Fürst und hervorragende Staatsmann, der auch in die deutsche Geschichte stark eingegriffen hat, ist für Erfurt von besonderer Bedeutung gewesen. Seine Regierung fällt in die Zeit, wo die Stadt nach der gänzlichen Zerstörung des Jahres 1080 in den Thüringer Kriegen Heinrichs IV. sich wieder zu erholen begann. Adalbert war es, der dieses Aufblühen nach Kräften förderte. Er gründete das Reglerstift (um 1117), er beschenkte das Marienstift, er begünstigte das schon im 11. Jahrhundert gegründete Severistift, das unter ihm zum ersten Male urkundlich erwähnt wird, er förderte die Stiftung neuer Pfarrkirchen, wie denn die Allerheiligenkirche und das mit ihr verbundene Hospital 1117—1125 und die später durch die Augustinerkirche ersetzte Kirche St. Philippi und Jakobi 1131, die Georgiikirche 1132, die Lorenzkirche vor 1140 von seinen Erfurter Beamten gegründet worden sind. Er verlegte 1123 das alte Nonnenkloster St. Paul vom Domhügel auf den Cyriaksberg und weihte es dem heiligen Cyriakus. An Stelle des Klosters aber errichtete er dicht neben St. Severi eine feste Burg, die wegen ihrer Form das „Krummhaus" (curva domus) genannt wurde und mehr als 200 Jahre als erzbischöfliche Residenz gedient hat, bis sie 1343 in den Besitz des Marienstiftes überging.

Die erste Abbildung zeigt einen Wehrturm dieser von Adalbert I. errichteten Burg, der noch heute bei der Severikirche steht und den unzutreffenden Namen Bonifatiuskapelle führt.

Das abgebildete Siegel stammt von einer Urkunde vom 16. Oktober 1120, in der Erzbischof Adalbert dem Erfurter Marienstift eine Schenkung von Gütern in Elxleben bestätigt.

1. Photographie von E. Bissinger, Erfurt.
2. Pergamenturkunde von 1120: Erfurt, Domarchiv.

Kaiser Friedrich I., Barbarossa, in Erfurt.

Der Hohenstaufe Friedrich I., die ritterlichste und den Herzen der Deutschen wohl am nächsten stehende Gestalt unter den Kaisern des Mittelalters, hat sehr häufig in Erfurt geweilt und dort Hof- und Reichstage abgehalten, so 1161, 1170, 1172, 1173, 1179 und 1180. Am berühmtesten ist der im November und Dezember 1181 in Erfurt abgehaltene Reichstag, auf dem der Kaiser den Triumph erlebte, Heinrich den Löwen, den mächtigsten und größten seiner Gegner, überwunden zu seinen Füßen zu sehen und ihn seiner Machtstellung endgültig berauben zu können. Der Kaiser hat auch wiederholt in Erfurt Münzen geprägt (vgl. S. 5). Am 29. Januar 1183 stellte Friedrich in Pegau für das vor dem Krämpfertor in Erfurt gelegene Hospital zum Heiligen Geist eine Schutz- und Bestätigungsurkunde aus, die leider das ursprünglich ihr angehängte kaiserliche Siegel verloren hat.
Der Anfang der Urkunde ist in verlängerter Schrift geschrieben und lautet: „Fridericus divina favente clemencia Romanorum imperator augustus"; zu deutsch: „Friedrich, durch göttliche Gnade römischer Kaiser und Augustus."

Originalurkunde auf Pergament, 1183: Erfurt, Stadtarchiv.

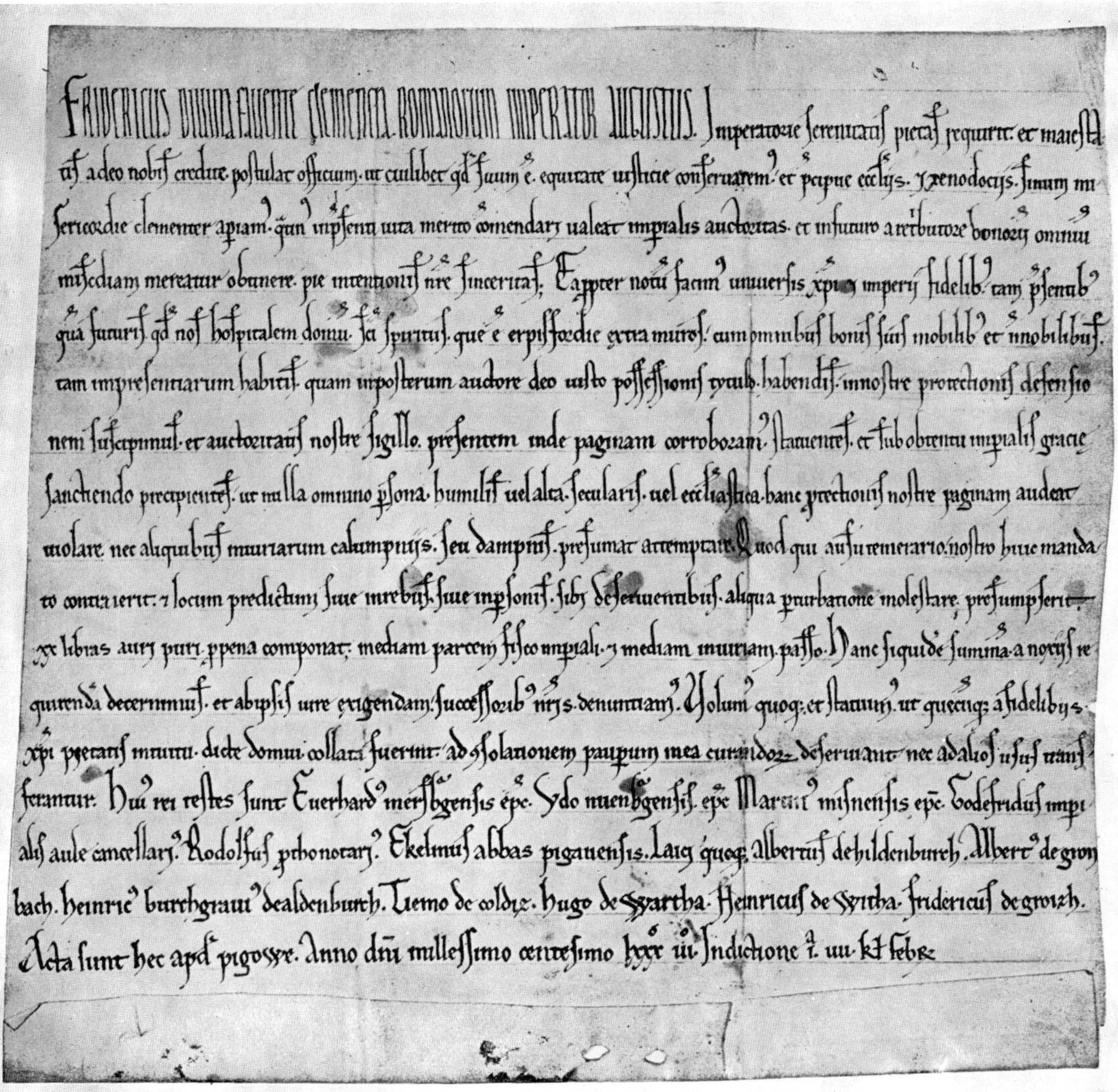

FRIDERICUS DIVINA FAVENTE CLEMENTIA ROMANORUM IMPERATOR AUGUSTUS. Imperatorie serenitatis pietas requirit. et maiesta
tis adeo nobis credite postulat officium. ut cuilibet qd suum e. equitate iusticie conseruatem. et pcipue ecclijs. 7 xenodocijs. sinum mi
sericordie clementer apiam. qtin inpsenti uita merito comendari ualeat impialis auctoritas. et infuturo a retributore bonorum omniu
misericdiam mereatur obtinere. pie intentionis nre sinceritas. Eapropter notu facim uniuersis xpi 7 imperij fidelib. tam psentib
qua futuris. qd nos hospitalem domu. sci spiritus. que e erpisfordie extra muros. cum omnibus bonis suis mobilib. et inobilibus.
tam inpresentiarum habitis. quam inposterum auctore deo iusto possessionis tytulo habendis. in nostre protectionis defensio
nem suscepimus. et auctoritatis nostre sigillo. presentem inde paginam corroboram. statuentes. et sub obtentu impialis gracie
sanctiendo precipientes. ut nulla omnino psona. humilis uel alta. secularis. uel ecclesiastica. hanc protectionis nostre paginam audeat
uiolare. nec aliquibus iniuriarum calumpniis. seu dampnis. presumat attemptare. Quod qui ausu temerario. nostro huic manda
to contraierit. 7 locum predictum siue inrebus. siue inpsonis. sibi deseruientibus. aliqua pturbatione molestare. presumpserit.
xx libras auri puri. ppena componat. mediam partem fisco impiali. 7 mediam iniuriam passo. Hanc siquide summa. a nobis re
quirenda decernimus. et ab ipsis iure exigendam. successorib nris. denuntiam. Volum quoq; et statuim. ut quecumq; a fidelibus
xpi pietatis intuitu. dicte domui collata fuerint. ad csolationem paupum inea currentiu deseruiant. nec ad alios usus trans
ferantur. Huius rei testes sunt. Euerhardus mersburgensis epc. Vdo nuenburgensis. epc. Martinus misnensis epc. Godefridus impi
alis aule cancellarius. Rodolfus pthonotarius. Ekelinus abbas pigauensis. Laici quoq; albertus de hildenburch. Albertus de grom
bach. heinric burchgrauius de aldenburch. Tiemo de coldiz. hugo de Wartha. Heinricus de Witha. fridericus de groiz.
Acta sunt hec apud pigowe. Anno dni millessimo centesimo lxxx iiii. Indictione . ii. iiii. kl febr.

Die Grafen von Gleichen.

Die Grafen von Gleichen, ursprünglich ein mächtiges und reiches Geschlecht, waren kaiserliche Vögte in Erfurt und erscheinen als solche auch auf den in Erfurt geprägten kaiserlichen Münzen (S. 5). Gleichzeitig waren sie Schutzvögte des Petersklosters daselbst. Ihre kaiserlichen Vogtrechte hat ihnen die Stadt schon Ende des 13. Jahrhunderts abgekauft, so auch das Recht, den Schlüssel zu dem am Petersberge befindlichen Lauentor zu haben, das nach ihrem Löwenwappen genannt worden war. Die Grafen besaßen bis ins 15. Jahrhundert hinein in Erfurt in der nach ihnen benannten Grafengasse einen großen Hof mit einer Kapelle, die später zur Pfarrkirche St. Bartholomäi wurde.

Die nebenstehende Grabplatte, deren Inschrift verschwunden ist, aber wahrscheinlich den Grafen Ernst IV. darstellt, ist um 1260 angefertigt und stand ursprünglich in der Peterskirche (jetzt im Dom). Ihr Kunstwert ist nicht groß, aber sie ist bemerkenswert, weil sie den Anlaß zu der im 15. Jahrhundert aufkommenden Sage von dem zweibeweibten Grafen von Gleichen gegeben hat, der, auf dem Kreuzzug gefangen, von einer Sultanstochter gerettet, diese mit nach Deutschland gebracht und vom Papst die Erlaubnis bekommen haben soll, sie neben seiner Gemahlin als zweite, rechtmäßige Ehefrau zu behalten. Grund zur Entstehung dieser Sage war, daß der Graf hier mit zwei Frauen dargestellt war, von denen die eine ein Fürstendiadem im Haar trug. In Wirklichkeit sind die Frauen natürlich nicht nebeneinander, sondern nacheinander seine Gemahlinnen gewesen.

Grabplatte aus Sandstein mit überlebensgroßen Figuren: Erfurt, Dom.

Der Stadtplan und seine Entwicklung.

Plan der Stadt am Ende des 13. Jahrhunderts.

Der von Major Böckner um 1860 in allem Wesentlichen richtig rekonstruierte Plan zeigt die von dem Mauerring von 1168 umschlossene älteste Stadt. Seine komplizierte und unregelmäßige Gestaltung beweist, daß Erfurt keine künstlich angelegte, sondern eine natürlich und organisch gewachsene Stadt ist, die ihr Dasein der Gunst der Lage und dem Handelsverkehr verdankt. Grundriß und Straßenplan der, wie wir sahen, aus zwei ursprünglich getrennten Siedlungen erwachsenen Stadt sind geographisch bedingt durch den Flußlauf der Gera, die von den vorspringenden Höhen des Domhügels und Petersberges gezwungen wird, aus ihrer südnördlichen Richtung vorübergehend abzuweichen, um nun in einem fast halbkreisförmigen Bogen die Stadt zu durchfließen. Beherrschend im Straßennetz sind daher einmal die Gassen, die in ihrem Zuge die Krümmung des Flusses begleiten und wiederholen (Regierungstraße, Anger und Johannesstraße), sodann die Straßen, die über die vier großen mittelalterlichen Brücken (Lehmanns-, Krämer-, Schlösser- und Lange Brücke) führen und fast konzentrisch verlaufen, endlich die Verbindungslinie zwischen den beiden ältesten Siedlungen (Marktstraße, Fischmarkt, Krämerbrücke, Eimergasse), in deren Mittelpunkt das Rathaus liegt, fast mathematisch genau das Zentrum der Stadt bildend. Zwei Wasserläufe begleiteten die Stadtmauer auf dem größten Teil ihres Weges: im Innern die als Mühl- und Gerbergraben künstlich angelegte Kerschlache (heute Hirschlache), außen die als Wallgraben dienende Wilde Gera.

Die Vorstädte waren damals fast alle schon vorhanden, aber noch ohne Mauerschutz: am bedeutendsten sicherlich die Brühler- und die Löber-Vorstadt, die schon ihre eigenen Kirchen hatten, wie denn überhaupt die Stadt um 1300 bereits 37 Kirchen besaß. Auf dem Cyriaksberge erhob sich damals das 1123 dorthin verlegte Benediktiner-Nonnenkloster des heiligen Cyriakus. Petersberg und Peterskloster wurden von dem Mauerring mit eingeschlossen, durch den acht Tore den Verkehr vermittelten. Zur Erläuterung der Namen auf dem Plane sei gesagt, daß das „Krumme Tor“ später (inneres) Brühler Tor genannt wurde.

Plan, gezeichnet von Major Böckner um 1860: Erfurt, Städtisches Museum.

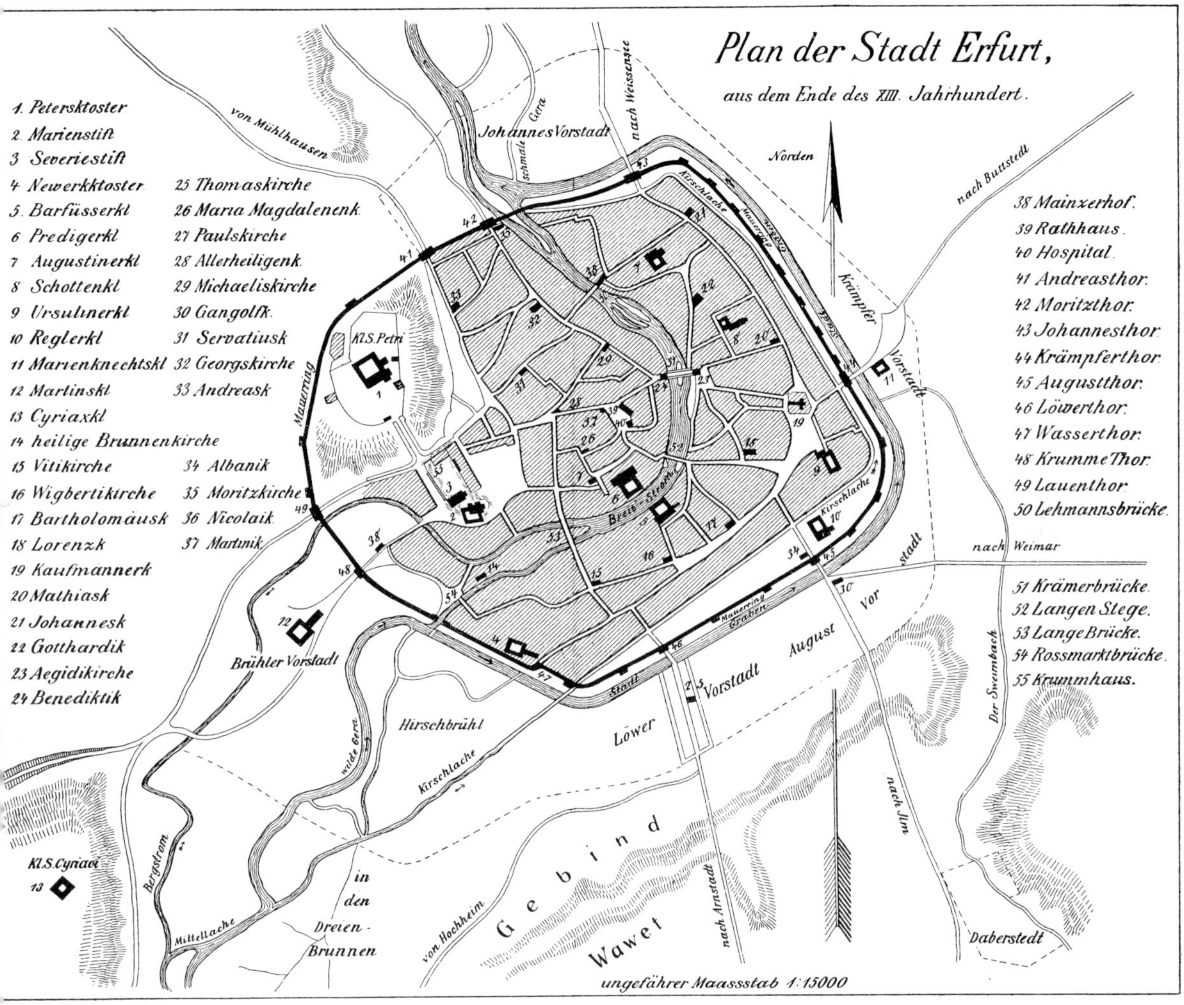
Plan der Stadt Erfurt,
aus dem Ende des XIII. Jahrhundert.
1. Petersklоster
2. Marienstift
3. Severiestift
4. Newerkklоster
5. Barfüsserkl.
6. Predigerkl.
7. Augustinerkl.
8. Schottenkl.
9. Ursulinerkl.
10. Reglerkl.
11. Marienknechtskl.
12. Martinskl.
13. Cyriaxkl.
14. heilige Brunnenkirche
15. Vitikirche
16. Wigbertikirche
17. Bartholomäusk.
18. Lorenzk.
19. Kaufmännerk.
20. Mathiask.
21. Johannesk.
22. Gotthardik.
23. Aegidikirche
24. Benediktik.
25. Thomaskirche
26. Maria Magdalenenk.
27. Paulskirche
28. Allerheiligenk.
29. Michaeliskirche
30. Gangolfk.
31. Servatiusk.
32. Georgskirche
33. Andreask.
34. Albanik.
35. Moritzkirche
36. Nicolaik.
37. Martinik.
38. Mainzerhof.
39. Rathhaus.
40. Hospital.
41. Andreasthor.
42. Moritzthor.
43. Johannesthor.
44. Krämpferthor.
45. Augustthor.
46. Löwerthor.
47. Wasserthor.
48. Krumme Thor.
49. Lauenthor.
50. Lehmannsbrücke.
51. Krämerbrücke.
52. Langen Stege.
53. Lange Brücke.
54. Rossmarktbrücke.
55. Krummhaus.
von Mühlhausen
Johannes Vorstadt
schmale Gera
nach Weissensee
Norden
nach Buttstedt
Kirschlache
Krämpfer Vorstadt
Kl. S. Petri
Mauerring
Brühler Vorstadt
Breit-Strom
nach Weimar
August Vor stadt
Graben
Stadt
Löwer Vorstadt
Hirschbrühl
wilde Gera
Kirschlache
Bergstrom
Kl. S. Cyriaci
Mittellache
in den Dreien-Brunnen
von Hochheim
Gebind
Wawet
nach Arnstadt
nach Ilm
Der Sweinbach
Daberstedt
ungefährer Maassstab 1:15000

Stadtplan von Merian, um 1620.

Zu dem die innere Stadt umfassenden Mauerring von 1168 ist im 15. Jahrhundert ein zweiter gekommen, der die Vorstädte mit einschloß. Beide Mauern sind deutlich sichtbar gemacht, wie denn der Plan weniger einen Grundriß, als eine Art Ansicht aus der Vogelschau darstellt.

Der Plan zeigt außerdem die im Anfang des 17. Jahrhunderts neu errichteten Bastionen am Petersberg und die Festung Cyriaksburg, letztere noch im alten Zustande. Er gibt ein gutes Bild von der Unregelmäßigkeit des Straßennetzes und muß überhaupt nach vortrefflichen Unterlagen gemacht sein, denn die Architektur der Kirchen ist richtig wiedergegeben, vor dem Rathaus ist der Brunnen eingezeichnet und vor dem Brühler Tor sieht man das schon Ende des 14. Jahrhunderts errichtete sogenannte Sibyllentürmchen.

Kupferstich: Erfurt, Stadtarchiv.

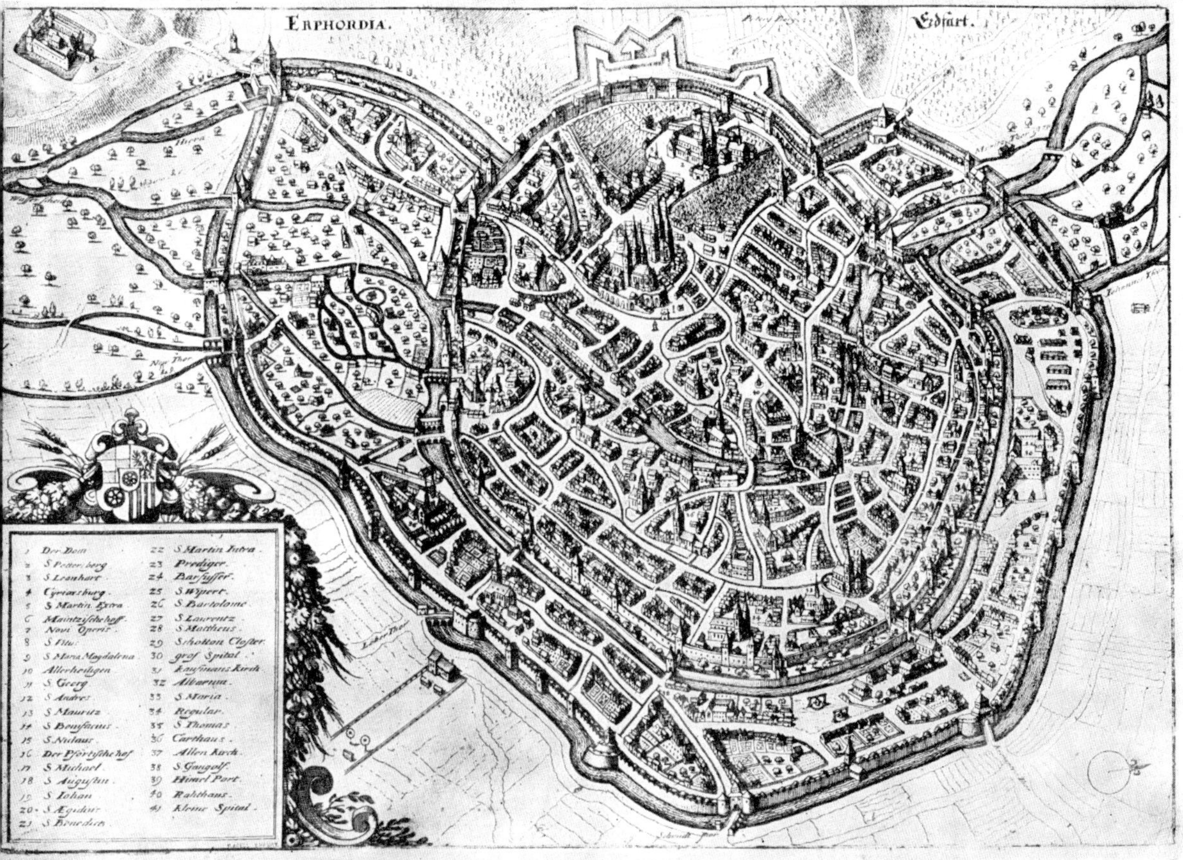
ERPHORDIA.
Erdfurt.
1 Der Dom
2 S Petterberg
3 S Leonhart
4 Cyriacsburg
5 S Martin Extra
6 Maintzische hoff
7 Novi Operis
8 S Vitus
9 S Maria Magdalena
10 Allerheiligen
11 S Georg
12 S Andres
13 S Mauritz
14 S Bonifacius
15 S Niclaus
16 Der Pfortische hof
17 S Michael
18 S Augustin
19 S Iohan
20 S Ægidius
21 S Benedict
22 S Martin Intra
23 Prediger
24 Barfusser
25 S Wypert
26 S Bartolome
27 S Laurentz
28 S Mattheus
29 Schotten Closter
30 grof Spital
31 Kaufmans Kirch
32 Albarum
33 S Maria
34 Regular
35 S Thomas
36 Carthaus
37 Allen Kirch
38 S Gangolf
39 Himel Port
40 Rahthaus
41 Kleine Spital

Stadtplan von Merian, um 1660.

Ein Vergleich mit dem vorigen Plan zeigt die Veränderungen, die der Dreißigjährige Krieg für Erfurts Befestigung mit sich gebracht hatte: Petersberg, Brühlertor und Cyriaksburg haben größere, der neuen Befestigungskunst entsprechende Bastionen erhalten, und auch die äußere Stadtmauer im Süden und Osten ist durch neue Werke verstärkt worden. Das Stadtwappen über der Schrifttafel beweist, daß der Plan noch vor dem Verlust der städtischen Unabhängigkeit, also vor 1664, gemacht sein muß.

Kupferstich: Erfurt, Stadtarchiv.

Erfurt
S. Thomas

Plan um 1675.

Der sehr umfangreiche, von M. Dedekind 1675 in Erfurt herausgebrachte Plan (eigentlich eine Vogelschau-Ansicht) ist dadurch besonders wertvoll, daß er nicht nur die Kirchen und öffentlichen Gebäude gibt, sondern auch die Wohnhäuser, und daß er auch sonst manche interessanten Einzelheiten bringt. So sehen wir deutlich, daß an den Südabhängen des Petersberges und der Cyriaksburg Wein wächst; bei Neuerbe sind zwei Waidmühlen eingezeichnet, und auf der Gera in der Nähe der heutigen Schlösserbrücke schwimmen die Schwäne, die nach Ausweis der Stadtrechnungen vom Rat unterhalten wurden.
Im übrigen aber darf dieser Plan auf geschichtliche Richtigkeit wenig Anspruch machen. Die 1675 z. T. schon vorhandene Befestigung des Petersberges ist überhaupt nicht angegeben, ebensowenig die von den Schweden errichteten Bastionen an der Cyriaksburg und am Augusttor. Andererseits ist der schon 1633 abgebrochene große Turm am äußeren Brühlertor noch eingezeichnet. Dedekind hat offenbar einen älteren Plan benutzt, ohne ihn überall zu berichtigen.

Plan von M. Dedekind, 1675: Erfurt, Stadtarchiv.

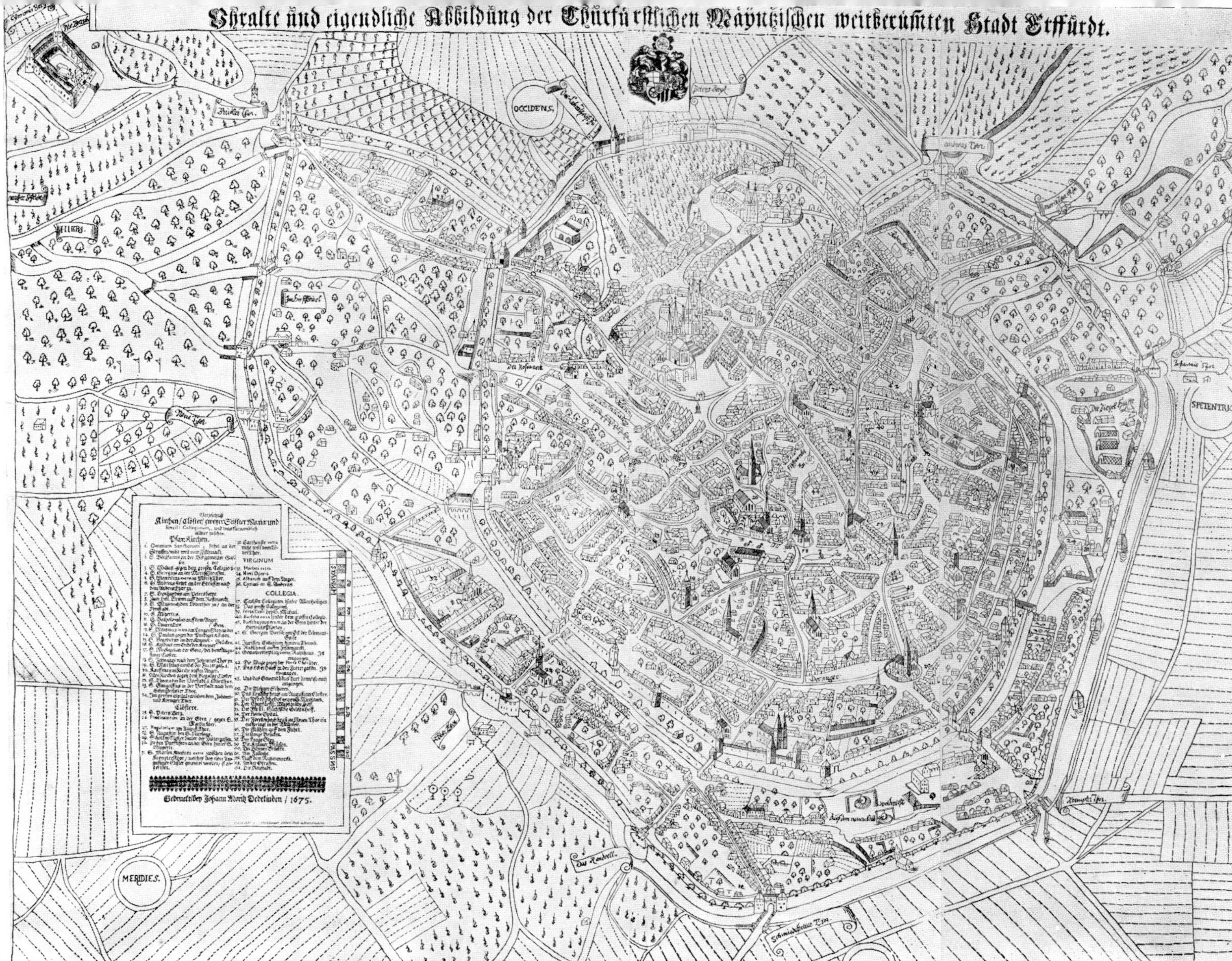
Uhralte und eigendliche Abbildung der Churfürstlichen Mäyntzischen weitberümten Stadt Erffurdt.
OCCIDENS.
SPETENTRIO
MERIDIES.
ORIENS.
VIRGINUM
COLLEGIA
STADIUM
PASSUS
Gedruckt bey Johann Moritz Dedekinden / 1675.

Plan um 1700.

Der Plan zeigt im Vergleich mit den vorigen eine Weiterentwicklung der Festung Petersberg. Sonst sind keine erheblichen Unterschiede vorhanden. Interessant ist die Bemerkung in den beigegebenen, hier nicht mit abgebildeten Erläuterungen, daß in Erfurt „manches große Hauß umb ein gar geringes Spottgeld erkauft werden könnte“. Es zeigt sich darin die Nachwirkung der furchtbaren Pest des Jahres 1683, die über die Hälfte der Einwohner hinwegraffte und ganze Häuser menschenleer werden ließ.

Kupferstich von Georg Christian Kilian (um 1700): Erfurt, Stadtarchiv.

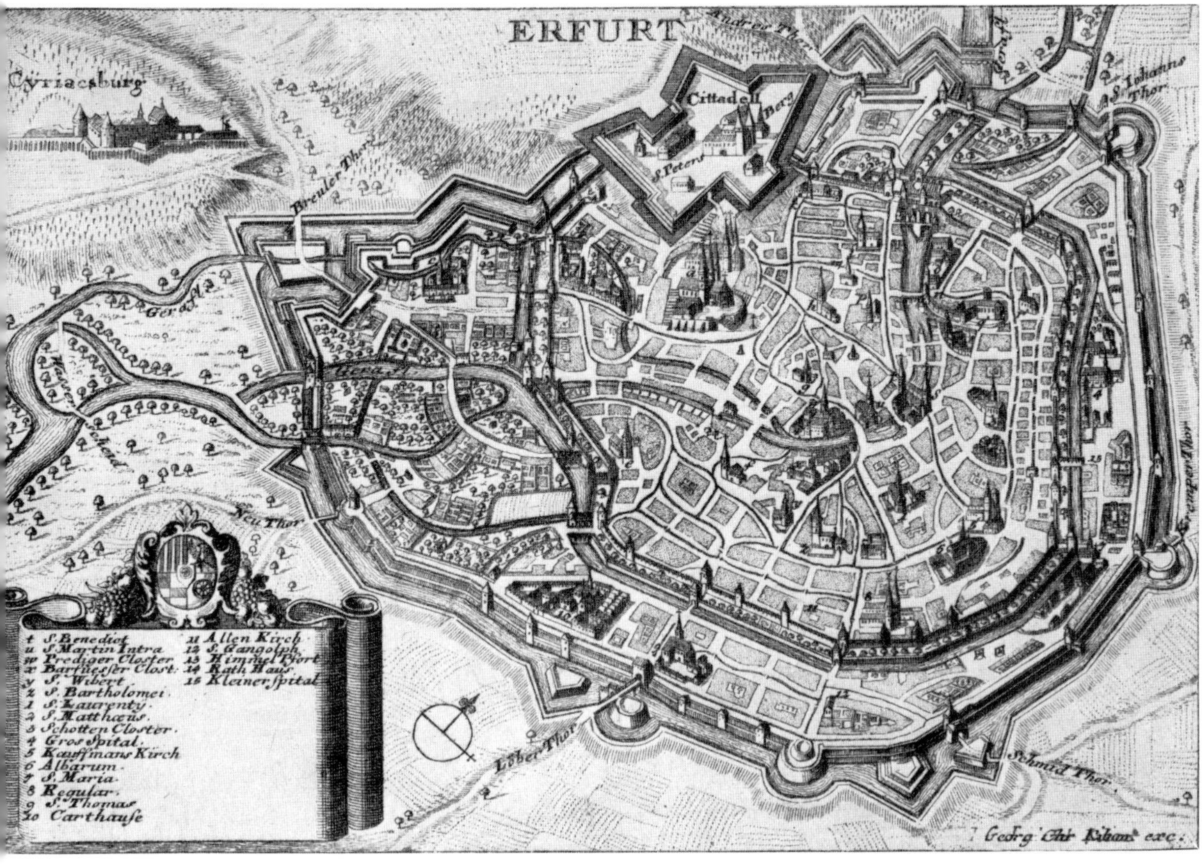
ERFURT
Cyriacsburg
Cittadell
Berg
S. Peters
Breuler Thor
Neu Thor
Löber Thor
Schmid Thor
S. Iohanns Thor
S. Benedict
S. Martin Intra
Prediger Closter
Barfüesser Clost.
S. Wibert
S. Bartholomei
S. Laurenty
S. Matthaeus
Schotten Closter
Gros Spital
Kauffmans Kirch
Albarum
S. Maria
Regular
S. Thomas
Carthause
Allen Kirch
S. Gangolph
Himmel Pfort
Rath Haus
Kleiner Spital
Georg Chr. Kilian exc.

Stadtplan von 1740.

Auf diesem Plan kommen die äußere und innere Umwallung, vor allem aber die komplizierte Befestigung des Petersberges zu besonders sinnfälligem Ausdruck. Auch die Wasserläufe: Breitstrom, Bergstrom, Hirschlache und Wilde Gera sind herausgehoben. Man kann infolgedessen gerade hier die führenden Linien des Erfurter Stadtgrundrisses besonders klar erkennen.

Kolorierter Kupferstich von Matthäus Seutter nach einer Zeichnung von Erhard Georg König, Augsburg 1740: Erfurt, Stadtarchiv.

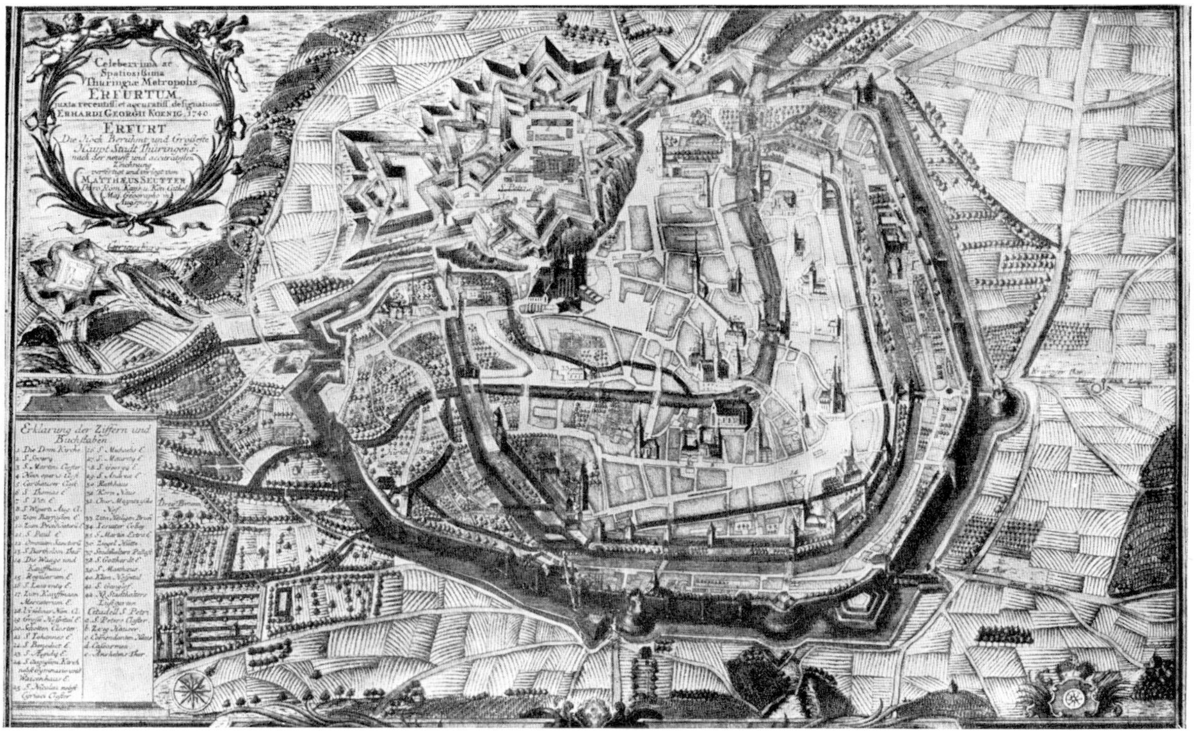
Celeberrima ac Spatiosissima Thuringiæ Metropolis
ERFURTUM,
ERHARDI GEORGII KOENIG. 1740.
ERFURT
MATTHÆUS SEUTTER
Erklärung der Ziffern und Buchstaben
1. Die Dom Kirche
30. Rathhaus
Citadell S. Petri

Plan von 1745.

Gegenüber dem mehr zusammenfassenden, Mauern und Hauptgebäude plastisch wiedergebenden Plan von 1740 stellt der von 1745 einen wirklichen Grundriß dar, dem ein genaues Straßenverzeichnis beigegeben ist. Er ist geschichtlich darum wertvoll, daß er auch die Landstraßen vor der Stadt und die Flurbezeichnungen genau angibt, so den Rabenstein an der Leipziger Straße mit Galgen, Rad und Richtblock, ferner Namen wie „Im Esbach“ und „Der treue Brunnen“ (heute Dreienbrunnen) usw.
Der Plan hat die Überschrift: „Erfurth, der Haupt Stadt in Thüringen neuester mit Fleiß verfertigter Grundriß.“ Mit ihm ist eine vortreffliche Ansicht der Stadt verbunden (siehe den Abschnitt „Erfurt im 18. Jahrhundert“). Die dem Plan zugrunde liegende große, farbige Originalzeichnung befindet sich im Archiv der Stadt Erfurt.

Plan, herausgegeben von den Erben Homann in Nürnberg, 1745: Erfurt, Stadtarchiv.

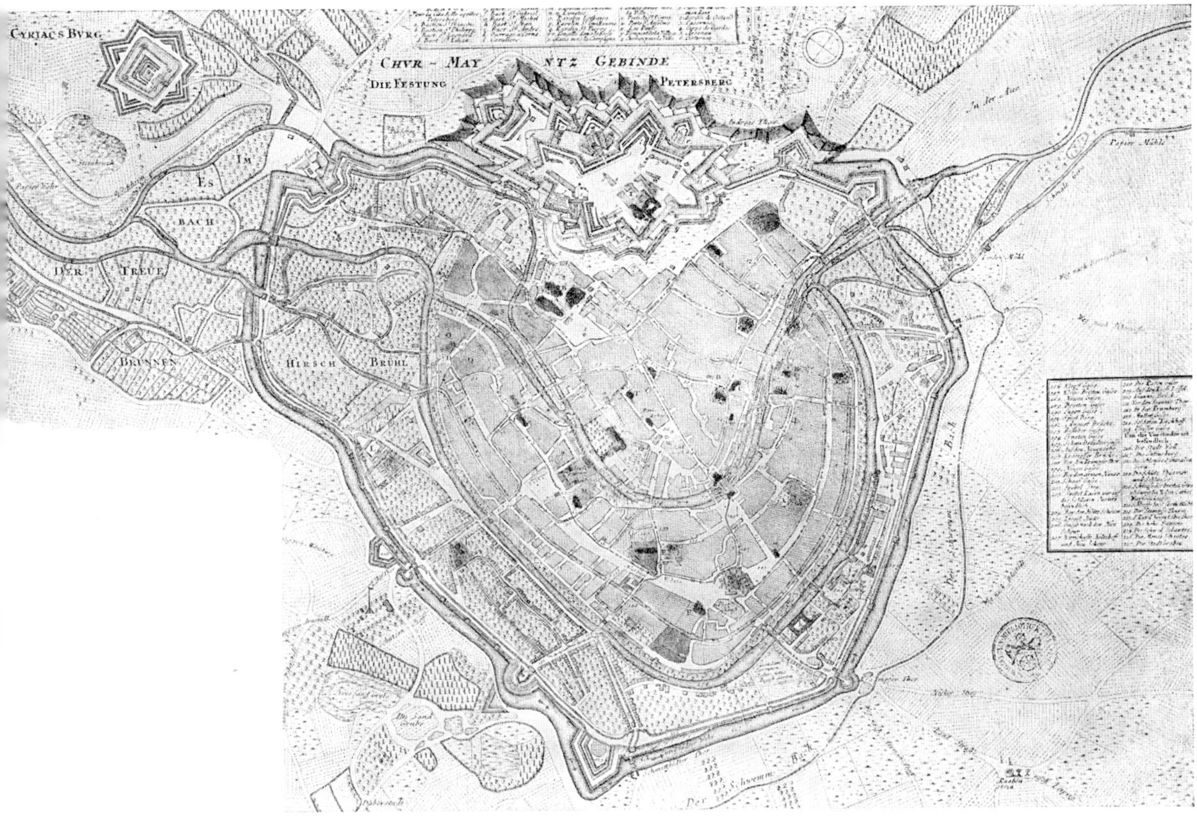

CYRIACS BURG
CHUR - MAY NTZ GEBINDE
DIE FESTUNG PETERSBERG
IM
ES
BACH
DUR TREUE
BRUNNEN
HIRSCH BRUHL

Plan von 1850.

In dem Jahrhundert von 1740 bis 1850 hat sich der Erfurter Stadtplan nur dadurch verändert, daß der Stadtteil am Fuße von Domhügel und Petersberg, der am 6. November 1813 von den Preußen zusammengeschossen und nicht wieder aufgebaut wurde, seit dieser Katastrophe fehlt, und daß seit der zweiten Hälfte der vierziger Jahre die Eisenbahnlinie Erfurt berührt. Im übrigen war die Stadt auch um die Mitte des 19. Jahrhunderts noch nicht über ihren alten Mauerring hinausgewachsen.

Charakteristisch ist, daß auf dem Plan von 1850 der Petersberg fehlt; der Grundriß der Festung durfte nicht veröffentlicht werden.

Lithographie von Gerhardt und Schreiber nach einer Zeichnung von v. Stülpnagel unter Zugrundelegung einer Aufnahme von Naumann, 1850: Erfurt, Stadtarchiv.

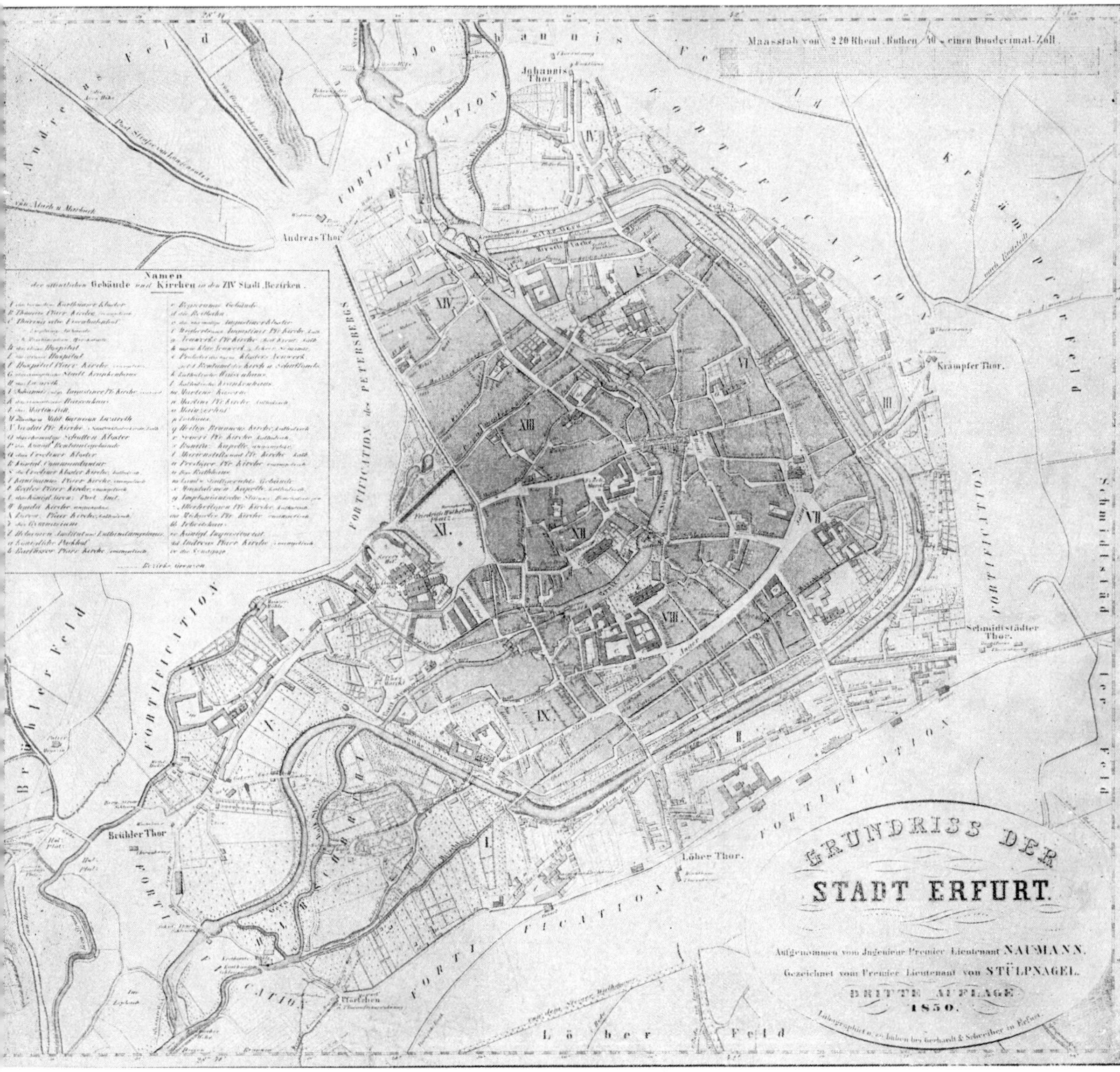

GRUNDRISS DER
STADT ERFURT.
Aufgenommen vom Ingenieur Premier Lieutenant NAUMANN.
Gezeichnet vom Premier Lieutenant von STÜLPNAGEL.
DRITTE AUFLAGE
1850.
Lithographirt u. zu haben bei Gerhardt & Schreiber in Erfurt.
Maasstab von 220 Rheinl. Ruthen / 10 = einen Duodecimal-Zoll
Namen
der öffentlichen Gebäude und Kirchen in den XIV Stadt Bezirken.
Andreas Thor
Johannis Thor
Krämpfer Thor.
Schmidtstädter Thor.
Löber Thor.
Brühler Thor
FORTIFICATION
FORTIFICATION des PETERSBERGS
Johannis Feld
Krämpfer Feld
Schmidtstädter Feld
Löber Feld
Brühler Feld
Andreas Feld

Plan von 1886.

Der Plan zeigt, verglichen mit dem von 1850, daß die Stadt sich inzwischen über ihren alten Mauerring ausgedehnt hat, und daß im Süden und Nordosten neue Stadtteile im Entstehen sind. Das Festungsgelände, 1873 in den Besitz der Stadt übergegangen, war z. T. noch im alten Zustande vorhanden, aber man bemerkt schon, daß man im Begriff ist, daraus Promenaden zu machen. Die Anlagen am Fuße des Petersberges sind verschwunden und haben den Neubauten des Landgerichts und des Gefängnisses Platz gemacht. Im Norden ist das Städtische Krankenhaus hinzugekommen.

Auf dem Plan sind auch schon die noch zu bebauenden Straßen der neuen Außenviertel eingezeichnet, charakteristisch für jene mechanisierende Zeit in streng regelmäßiger, schachbrettähnlicher Anordnung. Das 20. Jahrhundert hat diesem Bebauungsplan, so weit es noch möglich war, mehr Beweglichkeit und Unregelmäßigkeit gegeben.

Lithographie von Gerhardt und Schreiber, 1886: Erfurt, Stadtarchiv.

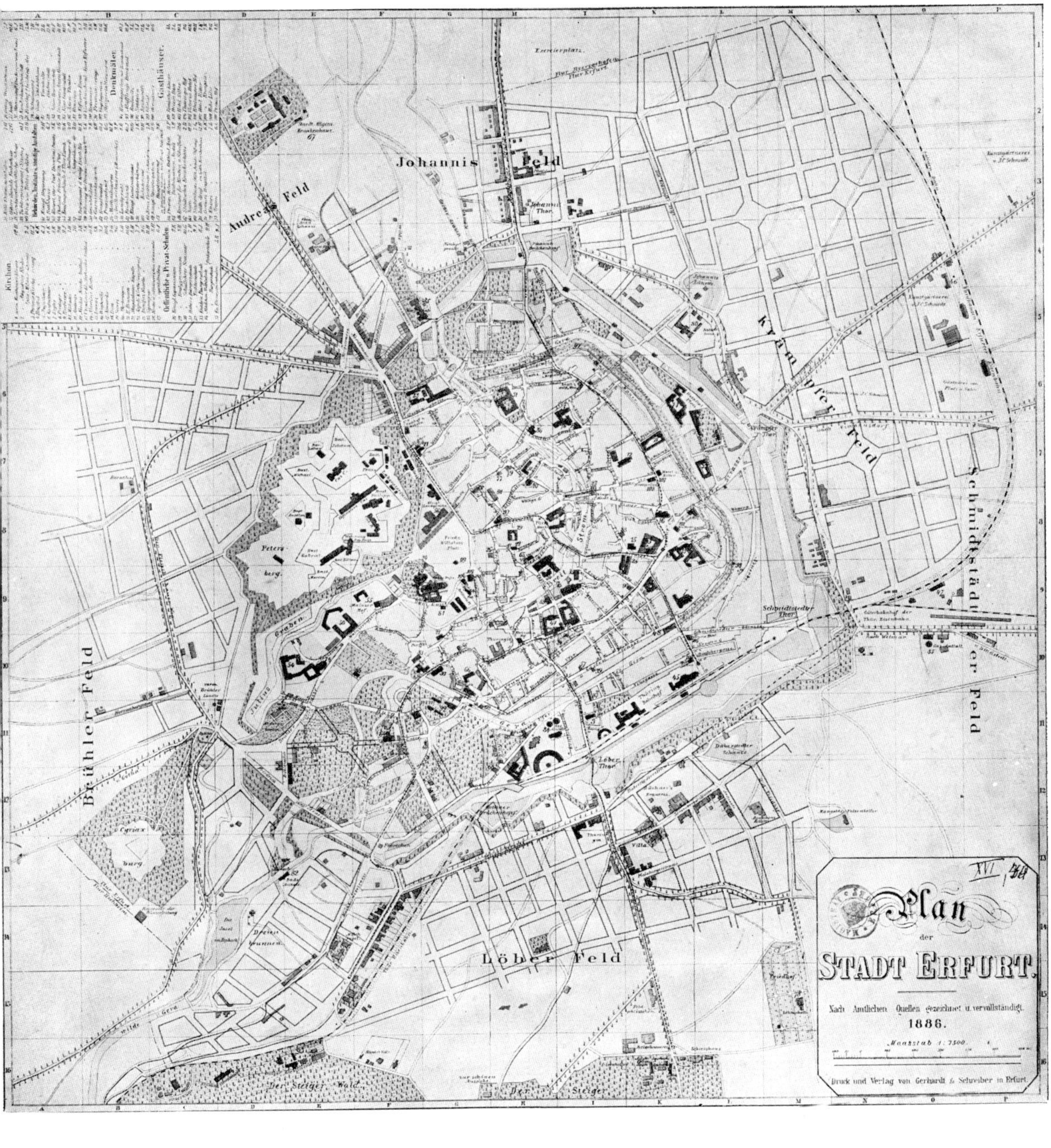

Plan
der
STADT ERFURT.
Nach Amtlichen Quellen gezeichnet u. vervollständigt.
1886.
Druck und Verlag von Gerhardt & Schwaber in Erfurt.
Johannis Feld
Andreas Feld
Krämpfer Feld
Schmidtstädter Feld
Brühler Feld
Löber Feld
Peters-berg
Der Steiger Wald
Der Steiger
Cyriax burg
Exercierplatz
Johannis Thor
Krämpfer Thor
Schmidtstedter Thor
Löber Thor
Graben
Kirchen
Denkmäler
Gasthäuser

Plan von 1926.

Die 40 Jahre von 1886 bis zur Gegenwart bedeuten für Erfurts Stadtplan die größte Veränderung seit den Tagen des ersten Aufblühens im 12. Jahrhundert. Die letzten Reste der mittelalterlichen Befestigung sind verschwunden, ihr Gelände ist zu Promenaden geworden, der Wallgraben der inneren Stadtmauer zur Ringstraße. An allen Seiten ist die Stadt über die alte Grenze hinausgewachsen, neue Vorstädte, ein Industriegelände, Villenkolonien sind entstanden, das Dorf Ilversgehofen ist eingemeindet worden, die Cyriaksburg ist in städtischen Besitz übergegangen und in einen prachtvollen Park umgewandelt worden; in der inneren Stadt hat man durch Straßendurchbrüche und Straßenverbreiterungen bessere Verkehrsmöglichkeiten geschaffen, aber überall, innen und außen, hat man das Grün zu erhalten gesucht, so daß Erfurt heute unter den modernen Großstädten diejenige ist, die das meiste Grün besitzt. Die Einwohnerzahl (um 1500: ca. 19—20000, um 1800: ca. 15000, um 1900: ca. 90000) ist 1929 auf 140000 gewachsen und wächst weiter vermöge der Anziehungskraft, die die einzige Großstadt und wirtschaftliche Hauptstadt Thüringens ausübt.

Stadtplan von 1926 im Erfurter Adreßbuch: Verlag Ohlenroth.

Stadtplan von Erfurt.
Flugplatz Johannesfeld
Bahnhof Erfurt-Nord
Industriegelände
Johannesplatz
Johannes Feld
Krämpfer Feld
Andreas Feld
Güterbahnhof
Haupt-Bahnhof
Bahnhof Erfurt-West
Brühler Feld
Hauptfriedhof
Daberstedter Feld
Dreienbrunnen
Hochheim
Steiger Forst
Löber Feld

Rat und Stadtgemeinde.

Die Anfänge der Selbständigkeit.

Das Aufblühen Erfurts im 12. Jahrhundert, das in dem stetigen Anwachsen der Bevölkerung, in der Ansammlung größeren Kapitalreichtums, in der Gründung neuer Pfarreien sich äußerte, ließ, wie in anderen deutschen Städten, so auch in Erfurt bei den führenden Geschlechtern den Wunsch entstehen, sich in der Stadtverwaltung eine gewisse Unabhängigkeit von dem Stadtherrn, dem Erzbischof von Mainz, zu erwerben. Wenn daher schon 1212 urkundlich 24 Bürger mit Namen genannt werden, „denen die Verwaltung des Gemeinwesens der Stadt Erfurt anvertraut ist“, so dürfen wir darin den Beginn der städtischen Selbstverwaltung und die Anfänge des Rates erblicken. Die damit begonnene Entwicklung ließ sich nicht mehr aufhalten und führte, unterstützt von der dauernden Geldnot der Erzbischöfe, die ein Recht nach dem anderen an die Stadt verpfändeten oder verkauften, innerhalb der nächsten anderthalb Jahrhunderte dahin, daß um 1360 die Stadt Erfurt so gut wie unabhängig von Mainz war und den Reichsstädten gleichgeachtet wurde. Wenn schon 1234 der genialste, gewaltigste und tragischste unter den Hohenstaufenkaisern, Friedrich II., Erfurt, wo er viermal geweilt hat (1214, 1218, 1219, 1220), in seinen besonderen Schutz nahm und dessen alte Rechte bestätigte, so lag darin schon die Anerkennung einer gewissen Selbständigkeit, denn Mainz war in dieser Urkunde gar nicht erwähnt. Seitdem haben sämtliche deutschen Kaiser und Könige der Stadt ein solches Privileg erteilt; die stattliche Reihe dieser Urkunden mit den kaiserlichen Siegeln bewahrt das Stadtarchiv.

Der Rat, anfangs ganz aristokratisch, nur aus den Großgrundbesitzern und Großkaufleuten, den „Gefrunden“ oder „Reichen“, bestehend, wurde schon 1282 und dann nochmals 1309 durch revolutionäre demokratische Erhebungen gezwungen, Vertreter der Handwerker in seine Reihen aufzunehmen und besondere, zum Schutz der Interessen der übrigen Bürgerschaft verpflichtete Männer, die sogenannten Vierherren, als gleichberechtigt anzuerkennen, die aber bald mit den alten Geschlechtern zu einem neuen Patriziat verschmolzen, das dann zwei Jahrhunderte, bis 1509, die Stadt regiert und sie wirtschaftlich und kulturell zu einer der wenigen deutschen Großstädte des Mittelalters gemacht hat.

Das in der Abbildung wiedergegebene erste *Kaiserprivileg Friedrichs II.* für die Stadt Erfurt ist im Juli 1234 in Rieti (Italien) ausgestellt. Das mit gelben und roten Seidenfäden befestigte Siegel ist leider beschädigt; doch ist genug erhalten, um die imponierende Haltung des mit allen Abzeichen seiner, von ihm als Weltherrschaft empfundenen, Würde Geschmückten erkennen zu lassen.

Pergamenturkunde mit Siegel, Juli 1234: Erfurt, Stadtarchiv A I, 1.

Fredericus dei gratia Romanorum Imperator semper augustus Jerusalem et Sicilie Rex. Per presens scriptum notum facimus universis Imperii fidelibus tam presentibus quam futuris quod fideles nostri cives Erfordienses maiestati nostre humiliter supplicaverunt ut eos sub protectione nostra recipientes bonos usus et approbatas consuetudines et antiqua iura quibus hactenus usi sunt sibi et heredibus suis confirmare de nostra gratia dignaremur. Nos igitur supplicationes eorum benigne admittentes et attendentes puram fidem et devotionem sinceram quam ad nos et Imperium indefesse habuerunt semper et habere non cessant predictam civitatem Erfordie et cives ipsius cum omnibus bonis suis sub speciali protectione ac defensione nostre recepimus maiestatis. Et omnes bonos usus et approbatas consuetudines nec non et antiqua iura quibus dicti cives hactenus rationabiliter et libere usi sunt in civitate predicta eisdem civibus Erfordiensibus et eorum heredibus de nostra gratia in perpetuum confirmamus. Mandantes et iniungentes firmiter universis quatenus nullus sit qui eosdem cives fideles nostros vel ipsorum heredes super predictis contra huius protectionis et confirmationis nostre tenorem temere molestare seu perturbare presumat. Quod qui presumpserit indignationem nostri culminis se noverit incursurum. Ad huius autem protectionis et confirmationis nostre memoriam et robur perpetuo valiturum presens scriptum fieri iussimus celsitudinis nostre sigillo munitum.

Datum apud Reatem anno dominice Incarnationis millesimo ducentesimo tricesimo quarto mense Julii septime Indictionis.

Das große Siegel der Stadt Erfurt.

Als zu Anfang des 13. Jahrhunderts, dem Beispiel anderer Städte folgend, auch Erfurt sich eine Selbstverwaltung schuf, war damit die Führung eines Stadtsiegels gegeben, das um 1220 zum ersten Male erwähnt wird.

Das erste große Siegel der Stadt Erfurt ist nur in der ersten Hälfte des 13. Jahrhunderts im Gebrauch gewesen und daher nur in wenigen Abdrücken erhalten. Es zeigt innerhalb einer romanischen Architektur den sitzenden heiligen Martinus, der ja Stadtheiliger war, in seinem Bischofsornat, aber ohne Mitra. Zu seinen Seiten die Inschrift: „Scs. Martinus.“ Die Randumschrift lautet: „Erfordia fidelis est filia Mogontine sedis“ (Erfurt ist die treue Tochter des Mainzer Stuhls).

Dies Siegel wurde um 1250 von einem zweiten abgelöst, das von da ab durch mehr als ein halbes Jahrtausend im Gebrauch blieb. Es ist dem ersten bis auf einige kleine Abweichungen ganz ähnlich: die Architektur ist etwas reicher, der heilige Martin hat eine Mitra auf dem Haupt, und in der Umschrift heißt es Magontine statt Mogontine.

Das erste Siegel hängt an einer Urkunde von ca. 1216—1228: Erfurt, Domarchiv; das zweite Siegel an einer Urkunde vom 22. Juni 1271: Erfurt, Stadtarchiv, A XXIV, 1.

Die Sekretsiegel der Stadt Erfurt.

Mitte des 14. Jahrhunderts kam neben den großen Siegel ein kleineres in Gebrauch, das Sekret genannt und bei minder wichtigen Beurkundungen gebraucht wurde. Es sind im Laufe der Jahrhunderte fünf Sekretsiegel im Gebrauch gewesen, von denen vier hier mitgeteilt werden (das fünfte ist nur 1525 gebraucht worden):

Das erste stammt aus der Zeit von etwa 1360 und zeigt (wie das große) den sitzenden heiligen Martin in einer gotischen Architektur unter einem kleinen Baldachin. Der Stuhl, auf dem er sitzt, ist vorne mit zwei Löwen verziert. Die Umschrift in gotischen Majuskeln lautet: „Secret[um]. Erford[ie]. fidel[is]. filie. Mogunt[ine]. sed[is]. Das Siegel hängt an einer Urkunde vom 8. Juni 1418.

Auf dem zweiten, das an einer Urkunde vom 25. August 1524 hängt, sitzt der heilige Martin mit geneigtem Haupt in einer reicher und zierlicher gestalteten gotischen Architektur, die auch einen größeren Baldachin aufweist. Die Umschrift ist die gleiche, aber nunmehr in Buchstaben der gotischen Minuskel gehalten.

Das dritte Siegel, aus der Zeit um 1500—1520 stammend, zeigt eine ähnliche, fast noch luftigere gotische Architektur, als das zweite. Die Umschrift ist die gleiche, nur mit anderen Abkürzungen; die Buchstaben, römische Kapitale, künden schon die Renaissance an. Das Siegel hängt an einer Urkunde vom 12. Juni 1636.

Auf dem vierten, um 1530 entstandenen Siegel ist Bild und Anordnung des dritten beibehalten worden. Doch zeigen die Balustersäulen und die ganz ausgebildete Antiqua der Buchstaben, daß die Frührenaissance inzwischen die Gotik abgelöst hat. Das Siegel hängt an einer Urkunde vom 27. August 1715.

Vier Pergamenturkunden: 1, 3 und 4 Erfurt, Stadtarchiv III b 6, III b 15 und III b 19; 2: Archiv der Erfurter Andreaskirche.

Kampf um die Selbständigkeit mit dem Erzbischof, die Concordata Gerhardi, 1289.

Angesichts der zunehmenden Selbständigkeitsbestrebungen der Stadt hatte der Erzbischof von Mainz das Interesse, die Rechte, die er in Erfurt besaß und durch seine Beamten ausüben ließ, aufzuzeichnen und auch von der Stadt anerkannt zu wissen. Das geschah am 26. November 1289. Die vom Erzbischof Gerhard II. ausgestellte und vom Mainzer Domkapitel mitbesiegelte Pergamenturkunde beweist durch die farbigen Überschriften und Initialen sowie durch die Anwendung der Buchschrift, daß es sich um einen besonders wichtigen Vertrag handelte. Die mit dem großen Stadtsiegel versehene, für den Erzbischof bestimmte Gegenurkunde des Rats befindet sich im Hauptstaatsarchiv zu München.
Unser Bild gibt den Anfang der sehr umfangreichen, sprachlich und inhaltlich auch über die Erfurter Ortsgeschichte hinaus wichtigen Urkunde, deren erste Bestimmung, in unser Deutsch übertragen, besagt, daß dem Erzbischof die hohe und niedere Gerichtsbarkeit in Erfurt zustehe; aus weiteren Bestimmungen geht hervor, daß noch Marktzoll, Münze und Freizinsen als erzbischöflich gelten sollten. Alle übrigen Befugnisse der Stadtverwaltung gingen damit stillschweigend auf den Rat über, der somit die erste grundlegende Urkunde für seine Selbständigkeit erhielt. Er wußte wohl, daß sie mit den 800 Mark Silbers, die der Erzbischof dafür bekam, nicht zu teuer bezahlt war.
Der Anfang der Urkunde lautet: „In dem namen unsers herren Jesu Christi amen. Hie hebet sich daz gerihte [Gericht] des Erczebischoves unde sines stiftes von Meintze, daz er hat in der stat zu Erforthe. Amen."

Pergamenturkunde mit zwei Siegeln: Erfurt, Stadtarchiv.

In dem namen unsers herren iesu xpi. amen
Hie hebet sich daz gerihte des Ertzebischoues unde sines stiftes von
Meintze daz er hat in der stat zu Erforthe. Amen.
Man bekennet dem ertzebischoue von Meintze an sinem gerihte
zu Erforthe. kamphis. Gotesvrides. unde Burcvrides. unde siner achte
und ouch der notnunft. unde alles des rehtes daz er von altere hat an
sinem gerihte gehabet. unde swa sin schultheizze oder sin rihtere niht vil
wol zu Erforthe gerihten mach da sol der Rat zu helfen endeliche die des
Jares ist. daz dem Ertzebischoue reht gesche unde öch deme clegere.
swenne der Rat des gemant wirt von deme Rihtere. des Ertzebischoues.
Von deme Gotes vride. unde von deme Burcvride.
Nieman sal den anderen beclagen umbe backenslege. oder umbe schelt,
wort. oder umbe rouffen in deme Gotisvride. und in dem Burcvride. ez ensi
blütrunst. oder heimsüche. oder totslac. oder knuttiln mit bedahtem mute.
Dit ist daz reht von dem vrigen Güte. daz da cinset uf des Ertzebischo-
ues Tisch in der stat zu Erforthe. unde vor der stat zu Erforthe.
Swer vrigüt kouffit zu Erforthe. daz sal lihen des Ertzebischoues
schultheizze. unde der köffere des Gütes sal ime gebin einen schillink
von der mark. dar an mac der schultheizze gnade wol tün ob er wil gegen
deme kouffere. Dit ist daz reht des schultheizzen von deme vrigen Güte.
Ein iclich man mak wol von sinem vrigen güte verkouffin
ein mark geldis. oder minner oder mer, also. daz er gebe des Ertzebischoues
schultheizzen einen schillink von der marc. Von vrige und von
Erbe. daz man verkouffit in der stat zu Erforthe.
Ist ein vrigüt verköffit. da erbecins an ist. daz sal des Ertzebischo-
ues schultheizze lihen zu des Bischoues rehte. unde der erbe herre sal da
bisin. und sal daz güt lihen ouch zu sinem rehte. da sal bi sin der vicetum
und der vribote. unde des Bischoues schribere. Von vrige unde von
Erbe daz man virkouffit zu Erforthe.
Uf deme tage nehste sante Mertins tage. so sal man den vrigen Cins
nemen. und sal ahte tage dar zu sitzen. unde sal niht danne nuwe phen-
ninge nemin. swenne iz aber kumet an den achten tac. so sal der schult-
heizze sitzen uber mitten tac. und sal nemen lute dar zu. daz er zu rehte
habe gewartit des cinses. Swer abir den cins versumet zugebene der wirt
buzhaft an einem phunde. unde der vribote sal ime gebieten drv gebot dri
tage nach ein ander. Also manik gebot. alse der vribote gebutet ime. alse
manges phundis ist er büzhaft deme schultheizzen uf genade. mit der
ersten büzze. Dar nach sal man ime sin vri vronin. Stet aber daz vri
iar und tac in der vrone. so sal daz vri ledik sin dem Ertzebischoue von
Meintze. Die wile aber ime der vribote niht gebutet. so blibet er ane
büzze. Die ersten büzze müz er aber geben deme schribere uf genade.

Erfurter Stadtmünzen.

Das Münzrecht als eins der wichtigsten landeshoheitlichen Rechte wurde in Erfurt ursprünglich vom Könige und vom Erzbischof von Mainz (s. S. 5), seit dem 13. Jahrhundert nur noch von letzterem ausgeübt. Aber nachdem die Erzbischöfe zuerst 1289, dann später wiederholt das Münzrecht an Erfurt für eine hohe Summe verpfändet hatten, ließ die Stadt während der Dauer dieser Verpfändung die Münzen schlagen, ohne freilich ihre eigenen Hoheitszeichen daran anzubringen. Erst mit der Erwerbung der Herrschaft Capellendorf als kaiserliches Lehen, 1352, hatte der Rat das Recht erhalten, eigene Münzen zu prägen. Daher zeigt denn auch die älteste Erfurter Stadtmünze, ein Brakteat, mit dem Stadtwappen vereint das Wappen dieser Herrschaft (Abb. 1). Als dann Erzbischof Gerlach von Mainz 1354 das Münzrecht und die Erhebung des Schlägeschatzes der Stadt verkaufte, hatte diese bei der Prägung völlig freie Hand. Eins der bedeutsamsten Hoheitsrechte war damit in ihren Besitz gelangt, der augenfälligste Beweis für ihre Unabhängigkeit.

Abbildung 2 und 3 zeigen einen im Jahre 1468 geprägten Erfurter silbernen Groschen, dessen Vorderseite den Stadtheiligen Martinus zu Pferde (mit dem Bettler) zeigt und die Umschrift trägt: „Sanctus Martinus . episcopus", während auf der Rückseite das Stadtwappen angebracht ist mit der Umschrift: „Novus . Errfordensis . Grossus."

Auf Abbildung 4 ist ein sächsischer Groschen des 15. Jahrhunderts gegeben, der durch Aufprägung des Erfurter Wappens (Rad) gewissermaßen Kursfähigkeit in Erfurt erhalten hat.

Der Erfurter Groschen von 1525 mit der Umschrift „Grossus . novus . Erfordensis" (Abb. 5) greift wieder auf das Capellendorfer Wappen zurück.

Den ersten Thaler hat die Stadt Erfurt 1548 geprägt (Abb. 6 u. 7). Er zeigt auf der Vorderseite das große Erfurter Wappen mit der Jahreszahl und die Umschrift: „Date . Caesaris . Caesari e[t] qu[od] sunt Dei . Deo" (Gebt dem Kaiser, was des Kaisers ist, und Gott, was Gottes ist); auf der Rückseite das kleine Erfurter Wappen und die Umschrift: „Mon[eta]. Reipublicae . civitatis . Erffurdi" (Münze des Gemeinwesens der Stadt Erfurt).

Im Jahre 1603 hat die Stadt aus Anlaß eines großen, vom 29. August bis 5. September dauernden Schützenfestes einen Schießguldentaler prägen lassen (Abb. 8).

Aus der Zeit der großen Münzverschlechterung 1621 stammt der sogenannte Kipperthaler (Abb. 9 u. 10), der neben dem Erfurter Wappen die bezeichnenden Umschriften trägt: „Gott bessere die Leufte und Zeiten" und „Erffordtische sondere Stadtfortt 1621".

Dagegen zeigt die Umschrift auf dem Erfurter Groschen von 1622 (Abb. 11 u. 12), daß die Münze wieder normal und richtig geworden war; sie lautet: „Nach . den . alten . Schrot . u. Korn."

Ein Erfurter Thaler von 1633 (Abb. 13) hat, abweichend von den bisher geprägten Thalern eine Stadtansicht, über der, von Engeln gehalten, das hebräische Wort „Jehovah" schwebt.

Acht Silbermünzen: Erfurt, Städtisches Museum.

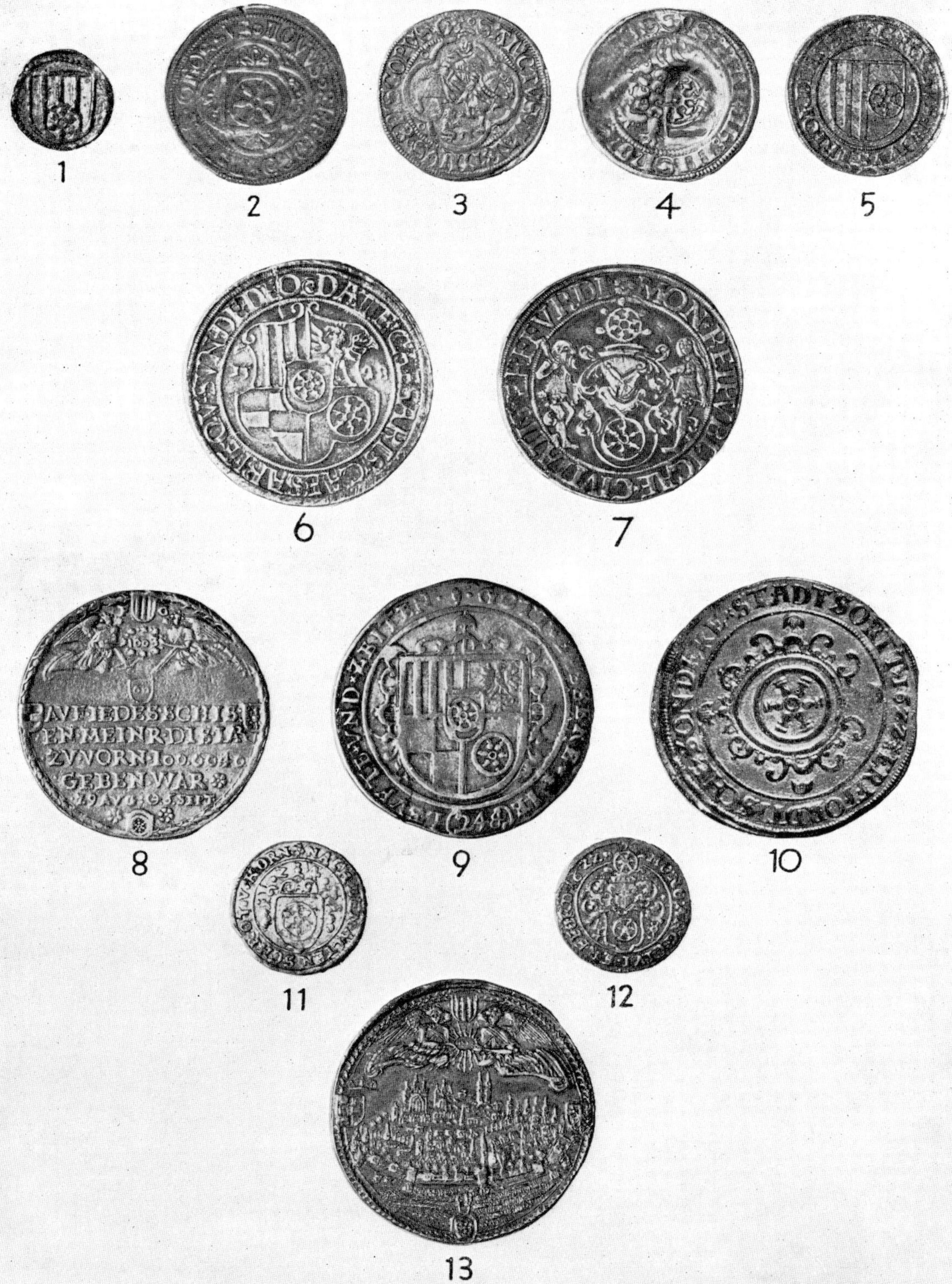
1
2
3
4
5
6
7
8
9
10
11
12
13

Erfurts Landgebiet.

„Erfurt ist keine Stadt, sondern ein Land.“ Dieser alte Spruch hat recht. Seit dem Ankauf des Dorfes Stotternheim im Jahre 1269 hat Erfurts zielbewußte Politik im Laufe des 13., 14. und 15. Jahrhunderts ein so stattliches Landgebiet zu erwerben verstanden, daß der Rat um 1500 über 82 Dörfer und die 1418 aus dem Besitz der Grafen von Schwarzburg angekaufte Stadt Sömmerda gebot. Wirtschaftlich war der Besitz dieses Landgebiets, dessen Einwohnerzahl die der Stadt übertraf, für Erfurt ganz unschätzbar, denn die Bauern mußten nicht nur ihre Steuern an den Rat zahlen und ihre Erzeugnisse an die Stadt liefern, sondern waren auch gezwungen, alle ihre Bedürfnisse dort einzukaufen.

Die Karte, die unten auch eine gute Ansicht der Stadt enthält, zeigt, daß dieses in 7 Vogteien und 4 Ämter geteilte Landgebiet der Hauptmasse nach um Erfurt als Zentrum herumlag. Im übrigen ist sie nicht ganz vollständig, da die nördlich vom Amt Vippach an der Unstrut liegende Stadt Sömmerda nicht mitverzeichnet ist.

Nach der Eroberung Erfurts durch Kurmainz 1664 wurde das ganze Gebiet mit dem Kurstaat vereinigt, obgleich Mainz zwar auf die Stadt Erfurt Rechtsansprüche besaß, nicht aber auf deren Landgebiet.

Karte, in Kupfer gestochen von J. B. Homann in Nürnberg, 1717: Erfurt, Stadtarchiv.

AMPT VIPPACH
HERRSCHAFFT TONNA
AMPT RINCKLEBEN
VOGTEY WALSCHLEBEN
VOGTEY STOTTERNHEIM
VOGTEY UDESTEDT
VOGTEY NOTLEBEN
VOGTEY KERSPLEBEN
VOGTEY BISELEBEN
AMPT TONDORFF
AMPT MÜHLBERG
ERFURT
ARNSTATT
GOTHA
NOVA
TERRITORII
ERFORDIEN
IN SUAS PRAEFECTURA
accurate divisi descriptio
cui accedit
ERFORDIAE URBIS
exterior Facies et Prospectus
Auctore
IOH. BAPT. HOMANNO
Norimbergae.

Das Wappen der Stadt Erfurt mit den Wappen der ihr gehörigen Herrschaften.

Zum Landgebiet der Stadt Erfurt gehörten auch vier größere Herrschaften, Vieselbach, Capellendorf, Vippach und Vargula, deren Wappen im Verein mit dem der Stadt das sogen. große Wappen Erfurts darstellten.

Das Wappen der Stadt ist von Mainz entlehnt und zeigt ein sechsspeichiges silbernes Rad (im Mittelalter kommen zuweilen auch acht Speichen vor) in rotem Felde; in der Helmzier wiederholt sich das Rad, aber hier mit fünf Pfauenspiegeln besteckt.

Das Wappen der Grafschaft Vieselbach, die 1324 endgültig aus dem Besitz der Grafen von Gleichen angekauft wurde, war ein mit vier roten Querbalken belegter, gekrönter silberner Adler; der Helmschmuck zeigt denselben Adler in einem mit Pfauenfedern besteckten Schirmbrett.

Die Herrschaft Capellendorf wurde der Stadt 1352 von Kaiser Karl IV. als Reichslehen gegeben. Auf ihren Besitz gründeten die Kaiser das Recht, die Stadt Erfurt zu den Reichstagen und den Reichslasten heranzuziehen, und wenn Erfurt gewollt hätte, wäre es ihm nicht schwer gewesen, auf Grund dieses Reichslehens und seiner sonstigen weitgehenden Unabhängigkeit von Mainz gleich Köln und Straßburg die Reichsunmittelbarkeit zu gewinnen. Der Besitz von Capellendorf gab der Stadt aber auch das wertvolle Recht, Münzen zu prägen. Das Wappen der Herrschaft zeigt 4 (manchmal nur 3) schwarze Pfähle in silbernem Felde und als Helmschmuck einen silbernen (zuweilen mit 3 schwarzen Pfählen belegten) Köcher und einem Bunde daraus emporsteigender Pfauenspiegel.

Die Herrschaft Vargula, 1385 aus dem Besitz des Deutschen Ordens erworben, hat als Wappen ein schwarzes sechs- oder achtspeichiges Rad in silbernem Felde und als Helmzier einen offenen geteilten Flug oben in Silber, unten in Schwarz. Die Farben Schwarz-Weiß hat man vom Deutschen Orden übernommen.

Das Wappen der Herrschaft Vippach, die 1387 von den Herren von Vippach erworben wurde, zeigt einen einmal gespaltenen und zweimal geteilten Schild abwechselnd in Silber und Rot, als Helmschmuck zwei in denselben Farben geteilte Hörner.

Die nebenstehende Wappenvereinigung mit der interessanten Frührenaissanceleiste findet sich in einem Erbzinsregister des Erfurter Rates vom Amte Vargula von 1528.

Farbige Zeichnung auf Pergament: Erfurt, Stadtarchiv.

Lappelnd.
Biselbach.
Ripp:
Vargila.

König Rudolf I. in Erfurt.

Keinen anderen mittelalterlichen König hat Erfurt so lange in seinen Mauern gesehen, wie Rudolf, den ersten Habsburger. Fast ein Jahr, vom 14. Dezember 1289 bis zum 31. Oktober 1290, hat der König als Gast des Petersklosters in der thüringischen Hauptstadt Residenz gehalten, die damit für diese Zeit auch des Reiches Hauptstadt und Mittelpunkt der Reichsverwaltung wurde. Unauslöschlich hat sich die Gestalt des damals schon über siebzigjährigen Herrschers in das Gedächtnis der Erfurter eingeprägt. Zunächst ging er in unnachsichtlicher Strenge gegen die Raubritter vor, die durch ihren Straßenraub den Erfurter Handel empfindlich schädigten; schon im Dezember 1289 ließ er nach Eroberung eines der schlimmsten Raubnester die Besatzung kurzerhand hinrichten, und im März 1290 nahmen und zerstörten seine durch Erfurter Hilfskräfte verstärkten Truppen eine große Anzahl Thüringer Burgen, die nie wieder aufgebaut werden durften. Sodann gab er den Bürgern allerhand zu schauen: unausgesetzt kamen und gingen Fürsten, Bischöfe, Grafen und Herren; der Sohn des Königs, der spätere König Albrecht, besuchte den Vater; eine Festlichkeit folgte der andern, am 4. Juli 1290 vermählte der König eine junge Verwandte mit dem Grafen von Cleve, eine Feier, die in der Peterskirche stattfand. Vor allem aber war es die Leutseligkeit Rudolfs, die aller Herzen gewann. Bekannt ist die Geschichte, wie der König eines Tages mit seinem Gefolge durch Erfurts Straßen ritt, bei dem Hause des Ratsmeisters Siegfried von Buttstedt von diesem gebeten wurde, einmal Erfurter Bier zu versuchen, und, nachdem er getrunken, mit dem Becher in der Hand einige Häuser weiter ritt und nach Art der Erfurter Bierrufer laut verkündete, daß im Hause des von Buttstedt ein gutes Bier aufgetan sei. Der Chronist der dies erzählt, setzt hinzu: „Es war ein wunderbares Ereignis, daß der römische König sich herabließ, das Bier eines Erfurter Bürgers auszurufen."

Während seines Erfurter Aufenthalts hat Rudolf am 21. Februar 1290 der Stadt zwei Schutzbriefe des Landgrafen Friedrich von Thüringen von 1283 bestätigt. Unsere Abbildung bringt diese mit einem ziemlich gut erhaltenen Siegel versehene Urkunde, in deren Datierungszeile am Schluß der Ausstellungsort Erfordie angegeben ist.

Pergamenturkunde mit Siegel von 1290: Erfurt, Stadtarchiv A I.

Privileg Kaiser Siegmunds für Erfurt, 1429.

Gleich seinen Vorgängern und Nachfolgern hat auch Kaiser Siegmund aus dem Geschlecht der Luxemburger am 1. August 1429 die alten Privilegien der Stadt Erfurt bestätigt, insbesondere das Recht, daß ihre Bürger nicht vor ein auswärtiges Gericht gezogen werden durften. Das an der Urkunde befestigte Siegel ist von herrlichster Arbeit und schöner, klarer Komposition.

Pergamenturkunde mit Siegel von 1429: Erfurt, Stadtarchiv, A 1.

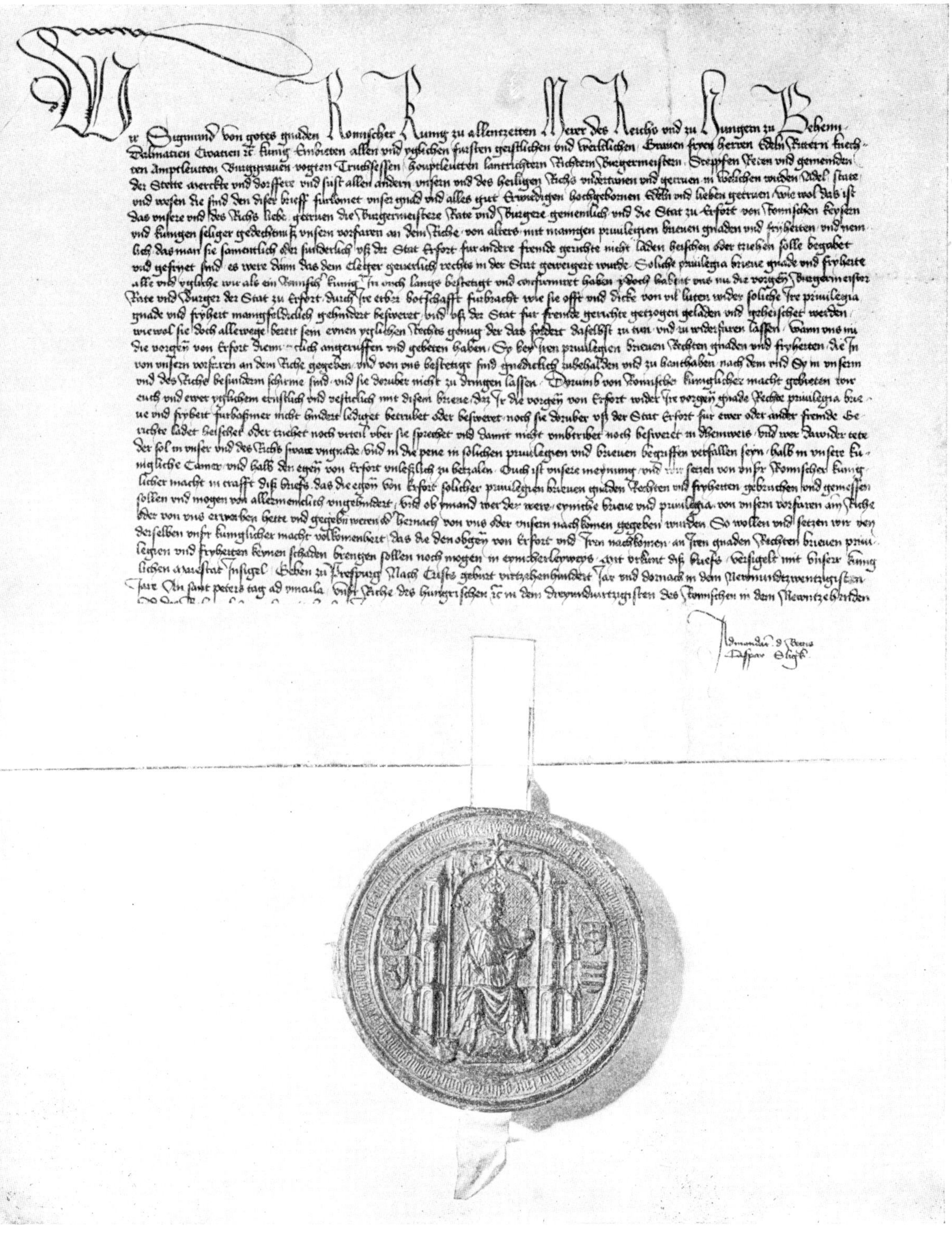
Wir Sigmund von gotes gnaden Romischer Kunig zu allentzeiten Merer des Reichs vnd zu Hungern zu Behem
Dalmatien Croatien etc. kunig Enbieten allen vnd yglichen fursten geistlichen vnd werltlichen Grauen frien herren Edeln Rittern knech-
ten Amptleuten Burggrauen vogten Truchsessen houptleuten lantrichtern Richtern Burgermeistern Scheppfen Reten vnd gemeinden
der Stette merckte vnd dorffere vnd sust allen andern vnsern vnd des heiligen Richs vndertanen vnd getruen in welichen wirden Adel state
vnd wesen die sind den diser brieff furkomet vnser gnad vnd alles gut Erwirdigen hochgebornen Edeln vnd lieben getruen Wie wol das ist
das vnsere vnd des Richs liebe getruen die Burgermeistere Rate vnd Burgere gemeinlich vnd die Stat zu Erfort von Romischen keysern
vnd kunigen seliger gedechtnuss vnsern vorfaren an dem Riche von alters mit mangen priuilegien brieuen gnaden vnd friheiten vnd nem-
lich das man sie samentlich oder sunderlich vss der Stat Erfort fur andere frende gerichte nicht laden heisschen oder triben solle begabet
vnd gefriet sind es were dann das dem clager geuerlich rechts in der Stat geweigert wurde Soliche priuilegia brieue gnade vnd friheite
alle vnd yglichs wir als ein Romisch kunig In ouch lange bestetigt vnd confirmiret haben Jedoch habent vns nu die vorgen Burgermeister
Rate vnd Burger der Stat zu Erfort durch Ire erber botschafft furbracht wie sie offt vnd dicke von vil luten wider soliche Ire priuilegia
gnade vnd friheit mangfeldiclich gehindert beswert vnd vss der Stat fur frende gerichte gezogen geladen vnd geheisschet werden
wiewol sie doch allewege bereit sein eynen yglichen Rechts genug der das fordert daselbst zu tun vnd zu widerfaren lassen Wann vns nu
die vorgen von Erfort diemuticlich angeruffen vnd gebeten haben Sy bey iren priuilegien brieuen Rechten gnaden vnd friheiten die In
von vnsern vorfaren an dem Riche gegeben vnd von vns bestetigt sind gnediclich zu behalden vnd zu hanthaben nach dem vnd Sy in vnserm
vnd des Richs besundern schirme sind vnd sie doruber nicht zu dringen lassen Dorumb von Romischer kuniglicher macht gebieten wir
euch vnd ewer yglichem ernstlich vnd vesticlich mit disem brieue daz Ir die vorgen von Erfort wider ire vorgen gnade Rechte priuilegia brie-
ue vnd friheit furbasmer nicht hindert ledigt betrubet oder beswert noch sie doruber vss der Stat Erfort fur ewer oder ander frende Ge-
richte ladet heisschet oder triebet noch vrteil vber sie sprechet vnd damit nicht vmbtribet noch beswert in dheinweis Wer aber dawider tete
der sol in vnser vnd des Richs swere vngnade vnd in die pene in solichen priuilegien vnd brieuen begriffen verfallen sein halb in vnsere ku-
nigliche Camer vnd halb den egen von Erfort vnlesslich zu betzalen Ouch ist vnsere meynung vnd wir setzen von vnser Romischer kunig-
licher macht in crafft diss briefs das die egen von Erfort solicher priuilegien brieuen gnaden Rechten vnd friheiten gebruchen vnd geniessen
sollen vnd mogen von allermeniclich vngehindert Vnd ob ymand wer der were eynche brieue vnd priuilegia von vnsern vorfaren am Riche
oder von vns erworben hette vnd gegeben weren oder hernach von vns oder vnsern nachkomen gegeben wurden So wollen vnd setzen wir von
derselben vnser kuniglicher macht volkomenheit das die den obgen von Erfort vnd iren nachkomen an iren gnaden Rechten brieuen priui-
legien vnd friheiten keynen schaden brengen sollen noch mogen in eyncherleywise Mit vrkunt diss briefs versigelt mit vnserr kunig-
lichen Maiestat Insigel Geben zu Presspurg Nach Crists geburt viertzehenhundert Jar vnd dornach in dem Newnundtzwentzigisten
Jare An sant peters tag ad vincula vnser Riche des hungrischen etc. in dem dreyundviertzigisten des Romischen in dem Newntzehenden

Ad mandatum d. Regis
Caspar Sligk

Das älteste Erfurter Stadtrecht (die sogenannte Willkür), 1306.

Mit dem Wachsen der Stadt im Laufe des 13. Jahrhunderts ergab sich das Bedürfnis, die wichtigsten Bestimmungen der Stadtverfassung und Verwaltung und des Privatrechtes aufzuzeichnen und damit einen festgelegten Text zu schaffen, nach dem man sich ein für allemal richten konnte. Das geschah in Erfurt im Jahre 1306 in einer Pergamenthandschrift, die in Buchschrift Bestimmungen des öffentlichen und privaten Rechtes enthielt. Die erste Seite dieser Handschrift zeigt durch die wundervolle gotische Initiale und durch die reichen Verzierungen, daß der Rat sie als das offizielle Exemplar des Rechtsbuches angesehen wissen wollte. Der untere Teil des Blattes ist durch den Gebrauch von Jahrhunderten schmutzgebräunt.

Der Text der Einleitung lautet:

Dit ist di willekur der stat zu Erforte.

Do man zalte nach Gotis geburte tusint iar drihundirt iar unde in deme sechsten iare, do waz her Gotschalc di Marckitmeister und her Richmar di ratismeistere mit anderen iren kumpanen, die hinach geschriben sten: Her Cunrat Hotirman (es folgen noch 21 Namen des Ratsherren). In deme selbin iare wurden der stat recht[e] gerichtit.

Pergamenthandschrift von 1306 mit Zusätzen bis 1403: Erfurt, Stadtarchiv.

Dit ist di willekur dr stat zu Erfort

D[…] nach
Gotis geburte Tusint iar Dri
hundirt iar unde in deme sechsten iare
Do waz her Gotschalc di Marc
kit meistir Unde her Richmar di
Ratismeistir unt andiren iren kumpa
nen die hi nach geschriben sten Her
Cunrat Hotheman

Das alte Rathaus.

Seit dem Beginn der städtischen Selbstverwaltung zu Anfang des 13. Jahrhunderts der Sitz des Rats und der städtischen Selbstverwaltung, genau im Zentrum der Altstadt gelegen, einerseits an der großen Straße, welche die Domhügel- und Petersbergsiedlung mit der Marktsiedlung verbindet, andererseits mit seiner Hauptfassade einem kleinen Platz, dem Fischmarkt, zugewandt, der, damals abseits vom Verkehr, Raum bot, um auf ihm die Gemeinde zu versammeln.

Ein wundervoller Bau, malerisch in der köstlichen Unregelmäßigkeit seiner Anlage. Von etwa 1260 an haben Jahrhunderte an ihm gebaut: der Kern ist gotisch, aber die Renaissance hat ihn mit Portal, Reliefs und Türmchen geschmückt. Die hohen gotischen Fenster zeigen die Halle und den großen Saal an. Ein leiser Hauch von Verfall scheint den Bau zu umwehen, aber auf seinen Mauern ruht der Zauber einer langen und stolzen Geschichte.

Es ist ein im stärksten Sinne des Wortes wahrhaft unersetzlicher Verlust, daß das nüchterne 19. Jahrhundert das alte Rathaus vollkommen vernichtet hat. Im Jahre 1830 wurde der Hauptteil, der Hallen- und Saalbau, abgebrochen. Den Rest ereilte 1870 dasselbe Schicksal.

Lithographie nach einer 1828 verfertigten Zeichnung von Rehkopf: Erfurt, Städtisches Museum.

Das alte Rathaus, 1842.

Das Bild zeigt den nach dem Abbruch von 1830 noch verbliebenen Rest des herrlichen alten Baues, an dem von der Gotik bis zur Renaissance Jahrhunderte gebaut hatten. Der große Turm ist 1350 errichtet worden. Das Stadtwappen über dem dreiteiligen Fenster ist ein Werk des bedeutenden Erfurter Bildhauers Meister J. von 1418.
Der schlichte südliche Anbau aus dem 18. Jahrhundert ist das einzige, was von dem Gebäude heute noch übrig ist, in und vor dem sich die bedeutsamsten Ereignisse der Erfurter Geschichte abgespielt haben, in dem der Sitz der Verwaltung einer mittelalterlichen Großstadt und eines Landgebietes von einer Stadt (Sömmerda) und 82 Dörfern sich befand. Alles übrige ist kurz vor 1870 beseitigt worden, um dem anspruchsvollen Neubau Platz zu machen, der sich ein gotisches Maskenkleid umgeworfen hat in dem Wahn, damit sei der Charakter des Alten gewahrt.
Das prachtvolle Fachwerkhaus steht gleichfalls nicht mehr; auch der schöne Renaissance-Brunnen ist verschwunden. Nur der Roland blickt noch von seiner Säule in eine verwandelte Welt.

Ölgemälde in Privatbesitz.

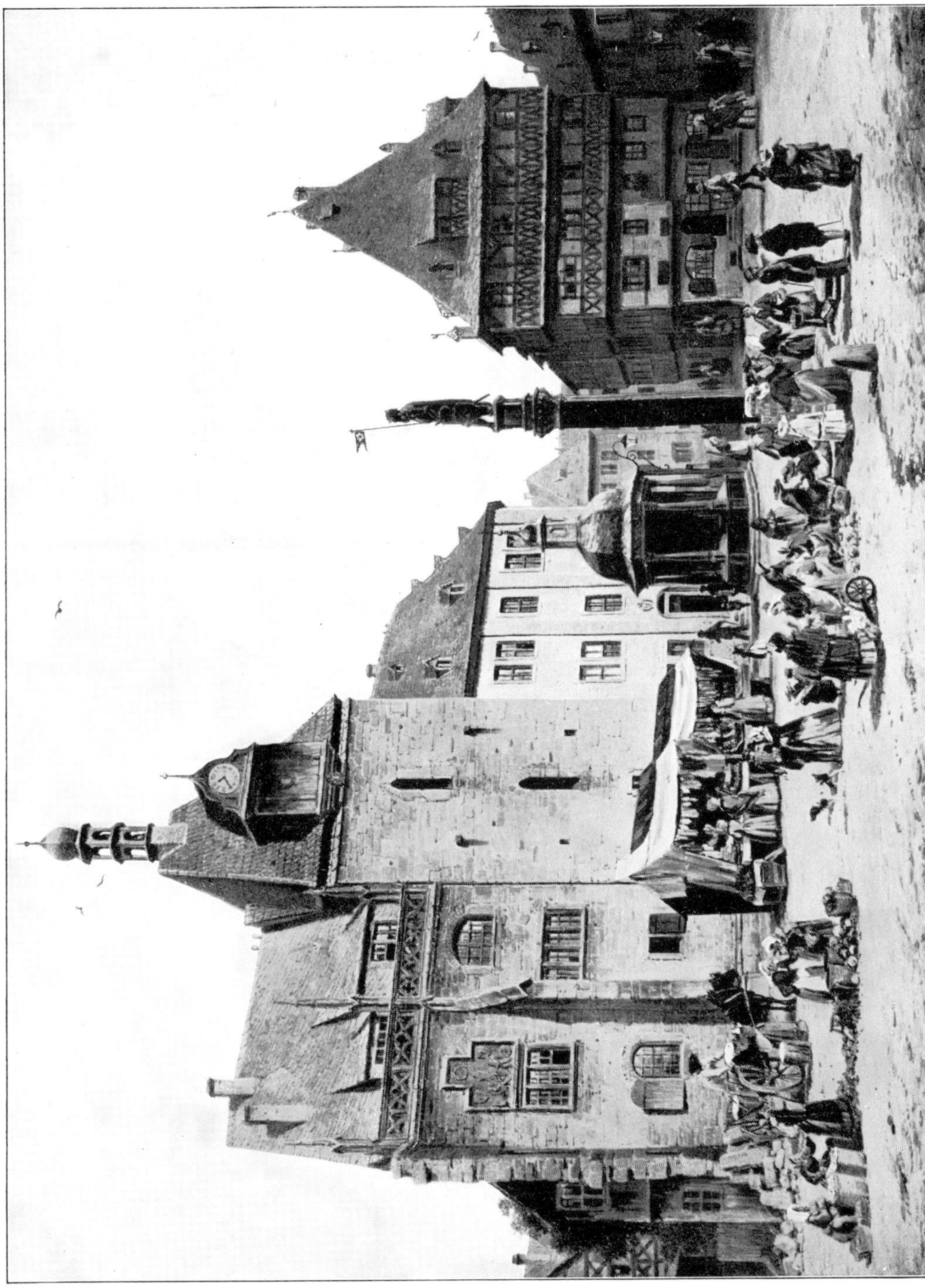

Der große Saal des alten Rathauses.

Vier hohe Fenster mit gotischem Maßwerk lassen das volle Licht in den Saal hineinfluten, der sich mit zwei gewaltigen hochgotischen Bogen nach der großen Halle öffnet und dessen bemalte Decke auf einem Holzpfeiler ruht. Der steinerne Mittelpfeiler der Bogen wird von einem zierlichen gotischen Gehäuse umfaßt. Links eine Tür, zwei Wandschränke mit gotischem Eisenbeschlag und ein Treppenansatz.
In diesem wundervollen Raum ist nichts späterer Zusatz. Hier herrscht in monumentaler Wucht noch ganz und ungebrochen die Gotik, das Mittelalter.
Das unersetzliche Bauwerk wurde 1830 — anscheinend ohne äußeren Grund — abgebrochen.

Die große Halle im alten Rathause.

Der prachtvolle Raum, dessen Eindruck zunächst von dem mächtigen Holzgewölbe bestimmt wurde, war voll von Erinnerungsstücken an Erfurts mittelalterliche Glanzzeit. An dem Gewölbe hingen Wappenschilder, hingen die Rundbilder von ca. 1350, auf denen weise Männer Sprüche aus der bekannten Spruchsammlung „Freidanks Bescheidenheit“ mitteilten, und die Rundbilder aus derselben Zeit, die die menschliche Tätigkeit in den 12 Monaten des Jahres zur Anschauung brachten. Von der Decke hing der schöne Kronleuchter des 15. Jahrhunderts herab. An einem der Querbalken war die große Armbrust befestigt, und an der Wand hatte man die kostbaren Setzschilde aufgehängt, die auf diese Weise der Nachwelt erhalten blieben.
Alle diese Ausstattungsstücke befinden sich jetzt im Städtischen Museum. Aber der Raum, in dem sie lebendig waren und ein Stück Geschichte darstellten, ist nicht mehr; 1830 hat man ihn abgebrochen.

Tuschzeichnung von H. Kruspe nach einer kurz vor dem Abbruch aufgenommenen Zeichnung von F. Kuchenbuch: Erfurt, Städtisches Museum.

Tuschzeichnung von Diener kurz vor 1830: Erfurt, Städtisches Museum.

Der Bilderschmuck des alten Rathauses.

In der großen Halle des alten Rathauses hing an dem Holzgewölbe der Decke eine große Anzahl von Wappen und von bemalten Rundschilden (S. 66), von denen sich ein namhafter Teil erhalten hat.

Von den 12 Monatsbildern sind 9 auf uns gekommen, die meisten leider in sehr beschädigtem Zustande. Das erste unserer Bilder zeigt die Darstellung des Februar (hier Hornung genannt): ein junger Mann in reicher Tracht tritt mit einem bekränzten jungen Mädchen zum Tanz an. Das Erfurter Rathaus mag damals öfter im Karnevalsmonat solche Tanzbelustigungen der Bürgerschaft gesehen haben. Auf dem zweiten, mit Oiwestman (Augustmond) bezeichneten Bilde sehen wir einen Mann mit Hut, der mit einer kurzen Sichel Ähren schneidet.

Die größte Gruppe stellten die Brustbilder von Männern und Jünglingen dar, die Sprüche aus dem bekannten Spruchbuche „Freidanks Bescheidenheit" auf Spruchbändern halten. Von ihnen sind noch 26 vorhanden, auch sie meist stark beschädigt. Da standen den Ratsherren täglich Sprüche vor Augen, die aus Denken und Erfahrung weise Lehren verkündeten:

Wein, Weib, Würfelspiel
Machen dummer Leute viel.

⋆

Niemand doch verfälschen mag
Gottes Wort und lichten Tag.

⋆

Fliegen, Flöhe, des Teufels Neid
Plagen die Leute zu aller Zeit.

Der Stolz eines selbstbewußten Bürgertums aber spricht aus den Versen:

Wer recht tut, der ist wohl geboren,
Adel ohne Tugend ist gar verloren.

Von den nebenstehenden Bildern zeigt das erste einen bärtigen alten Mann, die rechte Hand lehrend erhoben, während die linke das Band faßt, das um den Rand des Bildes läuft und den Spruch enthält:

Gott hat den Weisen Sorge gegeben,
Dabei den Toren sanftes Leben.

Rundbilder auf Holz gemalt: Erfurt, Städtisches Museum.

Prunktür aus dem alten Rathause, 1581.

In reichster Renaissance-Umrahmung, der Eichenholzkern z. B. mit Nußbaum furniert und mit anderen Hölzern eingelegt, so ist diese Tür mit der Jahreszahl 1581 ein prachtvolles Zeugnis für die Höhe des damaligen Erfurter Kunstgewerbes und zugleich für das Bedürfnis der Erfurter Bürgerschaft, ihr Rathaus künstlerisch auszuschmücken.

Erfurt, Städtisches Museum.

Stadtwappen am alten Rathaus, 1544.

Oben im Tympanon Gottvater als Weltherrscher in den Wolken mit von Engeln gehaltenem, wallendem Mantel, mit erhobener Rechten die Stadt Erfurt halb mahnend, halb behütend. Dazu die Umschrift:

Wo der Herr nicht behut die Stad,
So ist umbsuns der Weisen Rat.

Darunter das von einem wilden Mann und einer wilden Frau gehaltene große Stadtwappen mit dem Wappen der vier zum Stadtgebiet gehörenden Herrschaften Capellendorf, Vippach, Vieselbach und Vargula.

Das, auch bildhauerisch eine gute Leistung darstellende, ziemlich große Relief, war an der Westseite des alten Rathauses über dem Hauptportal angebracht und stammt aus dem Jahre 1544. Wie stark es durch eine, uns heute unfaßbare Nachlässigkeit beim Abbruch des Rathauses im Jahre 1830 beschädigt worden ist, zeigt das zweite Bild, eine kurz vor der Zerstörung aufgenommene Zeichnung mit der Inschrift: „Anno . post . natalem . Christi . 1544."

Relief aus Sandstein: Erfurt, Städtisches Museum.
Getuschte Federzeichnung von Rehkopf, datiert 1830: ebenda.

ANNO·POST·NATALEM·CHRISTI

Portal des alten Rathauses.

Das mit dem Saalbau des alten Rathauses im Jahre 1830 abgebrochene Portal, kurz vor seiner Zerstörung von einem verständnisvollen Zeichner im Bilde festgehalten, zeigt die klassischen Formen der ausgebildeten Hochrenaissance und dürfte um 1580 entstanden sein. Der Giebel ist nach Sitte der Zeit mit vier allegorischen Figuren geschmückt. In den Zwickeln des Halbrundbogens die durch Inschriften bezeichneten Sitzgestalten der Fortitudo und Temperantia; „Fester Mut“ und „Weise Mäßigung“ waren offenbar die Haupttugenden, die man von den Leitern des Gemeinwesens erwartete. Auf dem Bogen selbst die Inschrift: „Der Her bewart deinen Eingang und Ausgang von nu an bis in Ewigkeit, Psl. CXXI.“ Auch in dieser Zeit wurden noch alle Dinge unter dem Gesichtspunkt des Religiösen betrachtet.

Von diesem schönsten aller Erfurter Renaissanceportale ist kein Stein erhalten geblieben.

Getuschte Federzeichnung von Rehkopf, datiert 1830: Erfurt, Städtisches Museum.

Die Revolution von 1509, das „tolle Jahr".

Erfurts Macht, Reichtum und wirtschaftliche Blüte ließen in der zweiten Hälfte des 15. Jahrhunderts bei seinen nominellen Landesherren, den Erzbischöfen und Kurfürsten von Mainz, den Wunsch entstehen, die Stadt entweder wieder ganz in ihren Besitz zu bringen, oder aber doch ihre stark verminderten Hoheitsrechte daselbst zu erweitern. Der kluge und energische Erzbischof Dieter von Isenburg, der schon 1476 begonnen hatte, diese Pläne zu verwirklichen, mußte freilich einsehen, daß er allein nicht imstande sei, Erfolge zu erzielen. Erst als er sich mit Kursachsen verbündete, das als Nachfolger der alten Thüringer Landgrafen Schutzrechte über Erfurt beanspruchte, mußte die Stadt, durch die Straßensperre in Handel und Zufuhr aufs schwerste geschädigt, trotz der 1480 mit großen Kosten erbauten Cyriaksburg 1483 im Frieden von Amorbach nachgeben und den Erzbischof von Mainz als ihren „rechten Erbherren" anerkennen, behielt aber sonst alle ihre bisherigen Rechte und Freiheiten. Verhängnisvoll wurde es, daß sie sich in diesem Friedensvertrage zur Zahlung von 40000 Gulden an Kurmainz und von 150000 Gulden an Kursachsen verpflichtet hatte. Die Anleihen, die der Rat nun dafür aufnehmen mußte und deren Verzinsung nur durch neue Schulden gedeckt werden konnte, weil die Bürgerschaft die dazu nötigen neuen Steuern nicht bewilligen wollte und der Rat sich scheute, die bedenkliche Finanzlage der Stadt zu offenbaren, wuchsen im Verlauf von 25 Jahren zu einer Schuldenlast von 480000 fl. Als der verzweifelte Rat 1509 das Amt Capellendorf an Sachsen verpfänden wollte, brach die Katastrophe herein: die Zahlungen wurden eingestellt, der Bankerott war da, und gleichzeitig erhoben sich die von Mainz aufgewiegelten Volksmassen, stürzten den Rat, dessen Mitglieder darauf zahlreich die Stadt verließen, setzten die Hinrichtung des Obervierherrn Heinrich Kellner durch, dem fälschlich die Hauptschuld an dem finanziellen Zusammenbruch gegeben wurde, und demokratisierten die Verfassung.

Diese Verfassungsänderung, die sogenannte „Regimentsverbesserung von 1510", ist in einer umfangreichen Urkunde niedergelegt worden, deren erste Seite hier abgebildet ist. Praktische Wirksamkeit hat sie nur kurze Zeit gehabt, denn schon nach wenigen Jahren erkannte man, daß die Umwälzung im wesentlichen von der mainzischen Partei veranlaßt worden war, die bei dieser Gelegenheit die Stadt in die Hände des Erzbischofs zu spielen hoffte. So wurde der alte Verfassungszustand stillschweigend wieder hergestellt.

Länger litt Erfurt unter den Folgen des Bankerotts, der bei der zahlreichen, durch ganz Deutschland zerstreuten Gläubigerschaft größte Bestürzung hervorrief. Zwar hatte Kaiser Maximilian I. schon am 11. November 1509 auf Betreiben des Mainzer Erzbischofs der Stadt ein mehrjähriges Moratorium bewilligt, aber eine Regulierung war unabweisbar. Dem Ratsmeister Adolarius Huttner gebührt das Verdienst, den Vergleich mit den Gläubigern auf der Basis der Streichung der rückständigen Zinsen, der Herabsetzung des Zinsfußes und z. T. auch des Kapitals allmählich durchgeführt zu haben. Doch waren erst um 1550 die letzten finanziellen Nachwirkungen des Bankerotts von 1509 verschwunden.

Pergamenthandschrift von 1510: Erfurt, Stadtarchiv, A 11, Nr. 3.

In Namen vnzerteilter Heiliger

Dreyfaltigkeyt vnnd einiger gotheyt Anfangs mittelst vnnd
endes aller guthenn handlungen Amen In dem Jare nach
Cristi vnnsers liebenn herrn geburt Funffzehinhundertenn
vnnd zehenden sint disse nachbeschriebene willkore Statuta
besserung vnnd ordenung des Regiments disser erlichen vnnd
loblichenn Stadt Erffurt durch die verordentenn von virteln
vnnd hanntwerckenn von wegenn der gemeyn vnd gemeines
nutzes willenn angefangen vnnd hernach mit dapfferem zei-
tigen vnnd gehabtenn rathe vnnd bewilligung vnser herrn
der viere der vormunden vonn virteln hanntwerckenn vnnd
gantzer gemeyn gemacht vffgericht vnnd beslossenn
hinfur vnuerruckt ewig also zu haltenn Vnnd
domit man wisse moge aus was mercklichen noten vnnd ve-
sachen willenn solchs gescheenn ist so soll hinfur alle Jare
zu der burgherenn hulde die handelung vnnd geschicht die
man vom alters her In derselbenn hulde gelesen hat noch-
mals wie vor gelesenn werdenn vnnd wann solchs gescheen
ist, soll man alßpalt dissenn nachbeschriebenn eingang
auch von wortenn zu wortenn vorlesenn lassenn zu einem
gedechtnis der ergangen dinge vnd vff das man sich furder vor
schadenn dester furderlicher zuuerwaren wisse vnd dornach
richtenn moge

Zu merckenn wann die alte geschicht vnnd handlunge zur
hulde der burgherrenn wie von alters herkomen vnnd gewonheit
vorlesenn ist, so sal man alßbaldt dorauff nachbeschriebene
geschicht auch vorlesenn lassenn also lutende

Der ehmalige Mainzer Hof, Sitz der Gegnerschaft gegen die Unabhängigkeit der Stadt.

Die Allodialbesitzungen und die Einnahmen, die der Erzbischof von Mainz in Erfurt und Umgebung besaß, wurden von einem Provisor verwaltet, der im sogenannten Mainzer Hof seinen Sitz hatte. Dieser Hof, der auch einen bedeutenden landwirtschaftlichen Betrieb umfaßte, war naturgemäß auch der Mittelpunkt aller gegen die Selbständigkeit der Stadt gerichteten mainzischen Bestrebungen. Das hinderte freilich nicht, daß er im 15. Jahrhundert vorübergehend an den Rat verpfändet war.

Das Bild zeigt die im Jahre 1839 noch vorhandenen, durchweg der gotischen Zeit angehörigen Bauten des Hofes. Die Kapelle in der Mitte war laut Inschrift von Erzbischof Berthold 1504 errichtet worden. Von ihr steht heute nur noch die Fassade des Untergeschosses. Das Obergeschoß und die übrigen Bauten sind bei Erbauung der staatlichen Gewehrfabrik abgebrochen worden.

Zeichnung von Major Böckner (1868) nach einer im Jahre 1839 gemachten Aufnahme von Schubarth: Erfurt, Städtisches Museum.

Der Roland.

Vor dem Rathause, mitten auf dem Fischmarkt, steht die etwas überlebensgroße Renaissancefigur eines Kriegers in römischer Tracht, ein Werk, das der Bildhauer Meister Israel von der Milla (oder Mühlen) 1591 im Auftrage des Erfurter Rates angefertigt hat. Die Statue hieß ursprünglich „der Römer" (die Römerapotheke führt noch heute davon ihren Namen). Die Bezeichnung Roland kommt erst im 18. Jahrhundert auf; Friese schrieb damals in seiner Chronik: „1592 ließ der Rat das steinerne Bild oder Statue gegen das Rathaus aufm Fischmarkt setzen (dergleichen etliche keyserliche Reichsstädte den Rolandum aufgerichtet) zum Beweißthum ihrer Freyheit, so die Stadt von alten Zeiten her gehabt. Die Meintzischen hätten solche gerne wieder umbgerißen gesehen."

Die Figur heißt heute nur „der Roland". Sie ist ein Werk, dem zweifellos auch künstlerische Bedeutung zukommt. Schon die Haltung ist straff und selbstbewußt. Ein mit phantastischer Tiermaske geschmückter Helm bedeckt den langen, schmalen Kopf, dessen Antlitz mit den dicken Lippen und den tiefliegenden Augen durch die zusammengezogenen Brauen und den langen, flatternden Bart etwas Drohendes bekommen hat. Jedenfalls war der kriegerisch Gewappnete wohl geeignet, als Symbol der städtischen Freiheit und Unabhängigkeit zu dienen. Die Säule, auf der die Figur steht, entstammt erst dem Anfang des 18. Jahrhunderts.

Bemalte Figur aus Sandstein von Meister Israel von der Milla, 1592.

Ratssilber.

Der Rat einer so reichen Stadt wie Erfurt hatte selbstverständlich schon im Mittelalter einen größeren Schatz an Tisch- und Prunkgeräten aus Edelmetall angesammelt, um bei den zahlreichen Festlichkeiten zu Ehren auswärtiger, meist fürstlicher Gäste würdig repräsentieren zu können. Dieser gotische Ratssilberschatz ist jedoch nach dem Bankerott von 1509 eingeschmolzen und zur Bezahlung der städtischen Schulden mit verwendet worden. Seit der zweiten Hälfte des 16. Jahrhunderts, als die Finanzverwaltung der Stadt wieder Überschüsse abwarf, hat man wiederum Silbergeschirr zu beschaffen begonnen, und zwar in solchem Umfang, daß, wie ein noch im Stadtarchiv vorhandenes Silberinventar nachweist, der Rat im Jahre 1623 über einen Silberschatz von nicht weniger als 127 Stücken verfügte, unter denen sich schwere Schalen, Trinkgeschirre, Kannen, „ein silbern ganz vergoldet Gießbecken mit Gießkanne von getriebener Arbeit" (also ein kostbares Waschgeschirr), vor allem aber unzählige Pokale und Becher befanden, das meiste vergoldet und von getriebener oder gravierter Arbeit.

Von diesem Silberschatz wurde das meiste im Laufe des Dreißigjährigen Krieges an kaiserliche und schwedische Generale und hohe Offiziere und deren Damen oder an Fürstlichkeiten verschenkt, um die Herren zu gewinnen oder in guter Laune zu halten.

Heute sind von dem alten Erfurter Ratssilber nur noch vier Stücke vorhanden, alle im Städtischen Museum:

1. Ein schwarzbrauner Steingutkrug mit reicher silbervergoldeter Fassung von 1640. Unter dem Hals ein silbervergoldetes Band, auf dem 16 Wappen von zeitgenössischen Erfurter Patrizierfamilien eingraviert sind, unter ihnen die der Ziegler, von Milwitz, Bodewitz, Brandis, von Hagen und Kniephof. Außerdem sind die Erträge der besten Weinjahre von 1563—1638 in Zahlen eingraviert. Danach wären die Jahre 1578 mit 8484 „Leiten" (Fuder) und 1630 mit 7922 Leiten die Rekordjahre gewesen. Der Weinbau in und um Erfurt hat früher eine sehr große Rolle gespielt. Die Stadt war bis weit ins 18. Jahrhundert hinein von Weinhügeln umgeben.

2. Ein silbervergoldeter Sturzbecher von 1566, hervorragende Nürnberger Goldschmiedearbeit, im Inventar von 1623 als „türkische Jungfer" bezeichnet, mit der Inschrift:

Ein frumb Weib ist dem Haus ein Eer,
Die iren Mann erfreuet sehr,
Die den Weine im Wilkumb bedeut,
Der auch dem Mann sein Hertz erfreut.

3. u. 4.: Zwei silbervergoldete Faßbecher von 1592, die zum Ineinanderstecken gearbeitet sind und zusammen ein Fäßchen ergeben. Unter dem Boden zeigen sie das gravierte Wappen der Stadt Erfurt.

Vier Stücke Silbergeschirr von 1566, 1592 und ca. 1640: Erfurt, Städtisches Museum.

Ratsmeister Gangolf v. Milwitz, 1509–1582.

Eine markante Persönlichkeit, Haupt der seit 1555 immer mehr zusammenschmelzenden katholischen Partei in Erfurt. Viele Jahre lang kämpfte er um die ihm und seinen Vorfahren besonders teure Wigbertikirche, und es gelang seiner unermüdlichen Tatkraft, sie dem katholischen Kultus zu erhalten. Einer der vornehmsten Erfurter Patrizierfamilien angehörend, saß Gangolf v. Milwitz seit 1567 als Stadtvogt im Rat und wurde 1576 dritter, 1581 zweiter Ratsmeister. Am 2. Mai 1582 ist er gestorben.

Das vorzügliche Bildnis, etwa um 1575 gemalt, zeigt in dem prachtvollen Kopf mit der hohen Stirn und der markanten Nase etwas von der Kraft, die der Mann besaß. Die Hand umschließt den Schlüssel zur Wigbertikirche, den er so erfolgreich gegen die Evangelischen verteidigt hat. Links oben das Wappen der v. Milwitz, rechts das der Katharina v. Denstedt, Gangolfs Frau.

Die silberne Medaille von 1576 zeigt auf der Vorderseite das Brustbild des Ratsmeisters mit der Umschrift: „Gangolfus Christophori de Milwitz filius“ (Gangolf, Sohn des Christoph v. Milwitz), auf der Rückseite das Wappen, die Jahreszahl 1576 und die Umschrift: „Got gab. Got nahm.“ In Gangolfs Testament ist die Medaille mit folgenden Worten aufgeführt: „Ein Schaugroschen mit meinem Wappen und Bildniß.“

Ölgemälde auf Holz eines unbekannten Malers, um 1575, Silberne Medaille von 1576: Erfurt, Oberbaurat Bäseler-Milwitz.

GANGOLFVS

GOT GAB GOT NAHM

Befestigung und Wehrhaftigkeit.

Die Befestigung.

Das Hauptmerkmal, wodurch die mittelalterliche Stadt sich vom Dorfe unterschied, war die Befestigung. Wenn daher der Heilige Bonifatius schon 742 Erfurt als Stadt (urbs) bezeichnet, so muß es schon befestigt gewesen sein, wobei man freilich nur an einen mit Palisaden verstärkten Wall zu denken hat, um den ein Wassergraben lief. Möglich, daß im 10. Jahrhundert unter dem „Städtebauer" König Heinrich I. diese Befestigung verbessert und verstärkt worden ist; ihren Grundcharakter wird sie behalten haben. Freilich kam dann die Zeit, wo sie versagte. In den Thüringer Kämpfen zur Zeit Heinrichs IV. wurde Erfurt (1074) wiederholt besetzt, 1080 von den Leuten des Königs eingenommen und fast völlig zerstört. Als daher in dem für Erfurts Aufblühen entscheidenden 12. Jahrhundert die Stadt wuchs und ein durch Handel und Handwerk reich gewordenes Bürgertum ein erhöhtes Schutzbedürfnis empfand, ließ Erfurts Landesherr, Erzbischof Christian von Mainz, 1168 eine steinerne Mauer errichten, die, dem künstlich angelegten Wassergraben der Hirschlache folgend, Domhügel und Petersberg mit einschloß und den Lauf der sogenannten Wilden Gera nach vorheriger Regulierung als Wallgraben benutzte.

Dieser erste steinerne Mauerring, dessen Verlauf die heutigen Ringstraßen angeben, und dessen Beschaffenheit unser erstes Bild, eine um 1520 gemalte Stadtansicht, deutlich zeigt, besaß 17 Türme und 9 Torburgen: Andreastor, Moritztor, Johannistor, Krämpfertor, Augusttor (Bahnhofstraße), Löbertor, Wassertor an der Neuwerkskirche, Brühlertor und Lauentor (auf dem Petersberg). Hölzerne Zugbrücken führten von diesen Toren über den Graben der Wilden Gera aus der Stadt hinaus. Das Ganze eine imposante Anlage von stärkster Wehrkraft, die fast drei Jahrhunderte hindurch allen Belagerungen siegreich widerstand. Als aber im 13. und 14. Jahrhundert die Stadt unaufhaltsam über ihren Mauerring hinauswuchs, als die Vorstädte sich ausdehnten und mit Kirchen, Klöstern und Hospitälern besetzt wurden, da ergab sich das zwingende Bedürfnis, auch ihnen einen wirksamen Schutz zu geben. So wurde zwischen 1400 und 1470 ein zweiter Mauerring errichtet, den man im Gegensatz zu dem ersten (inneren) den äußeren nannte, und von dem unser zweites Bild, die Stadtansicht von 1554, eine Anschauung gibt. Er umschloß nunmehr alle Vorstädte, auch das langgestreckte Brühl und das wasser- und gartenreiche Gelände des sogenannten Hirschbrühls (Gegend der heutigen Gustav-Adolf-Straße). Nur auf dem Petersberg, wo keine Vorstadt vorhanden war, begnügte man sich mit der alten Mauer. Selbstverständlich wurde auch ein neuer Wallgraben geschaffen, der von der Pförtchenbrücke an im wesentlichen mit dem Lauf des heutigen Flutgrabens zusammenfällt. Sieben neue (äußere) Tore wurden angelegt, im wesentlichen denen der inneren Mauer entsprechend; nur trat an die Stelle des Augusttores das Schmidtstedtertor, und wer durch das alte innere Wassertor bei Neuwerk ins Freie wollte, mußte sich mit einem kleinen Durchgang durch die neue Mauer begnügen, den man das „Pförtchen" nannte.

Von welch wundervoller Geschlossenheit diese neue Befestigungsanlage war, auf deren Innenseite ein Wall lief, zeigen die späteren Stadtansichten. Keine Vorstadt, kein Gebäude lag vor dieser gewaltigen Mauer, die in monumentaler Abwehr die turmreiche, von Dom, Severi und Peterskirche gekrönte Stadt verteidigte. Sie hat vierhundert Jahre bestanden; erst nach 1873 ist sie niedergelegt worden.

1. Ausschnitt aus der Stadtansicht von c. 1520, Ölgemälde auf Holz: Erfurt, Städtisches Museum.
2. Stadtansicht von 1554, farbiges Relief aus Papiermasse, angefertigt von Herker: Erfurt, Städtisches Museum.

WARHAFTIG GEKVNTERFET DIE STHAT ERFFVRDT,
·1·5· 5·4·
HER KER

Innere Stadtmauer.

Der erst im 20. Jahrhundert beseitigte größere Rest der ältesten Stadtmauer von 1168 am heutigen Johannisring vermag trotz des stark zerstörten Zustandes doch eine annähernde Anschauung von der Stadtseite dieses großen Befestigungswerkes zu geben. Die Quadern sind nicht regelmäßig geschichtet, sorgfältig gefugt und geglättet. Man merkt, daß die Mauer, die, schon 1162 errichtet, 1165 vom Landgrafen Ludwig I. von Thüringen zerstört worden war, 1168 in aller Hast wieder aufgebaut worden ist. Der Raum für die Verteidiger, der Wehrgang, ist noch deutlich sichtbar.

Die äußere und innere Stadtmauer vom Andreas- bis zum Johannistor.

Diese schematische, der Wirklichkeit gegenüber stark zusammengezogene Zeichnung von 1723 gibt trotz ihrer späten Entstehung doch den mittelalterlichen Zustand dieses Abschnitts der Erfurter Stadtbefestigung vortrefflich wieder. Wir sehen die inneren und äußeren Tore von St. Johannis, St. Moritz und St. Andreas nebst der Überbrückung der Wasserläufe und den Türmen der äußeren Stadtmauer. Das innere Moritztor lag dicht neben dem Kornhof des Rates, das äußere Moritztor war 1723 geschlossen.

1. Photographie von ca. 1900—1910: Erfurt, Städtisches Museum.
2. Aquarell, 1723 angefertigt im Auftrage des Erfurter Wasseramts: Erfurt, Stadtarchiv.

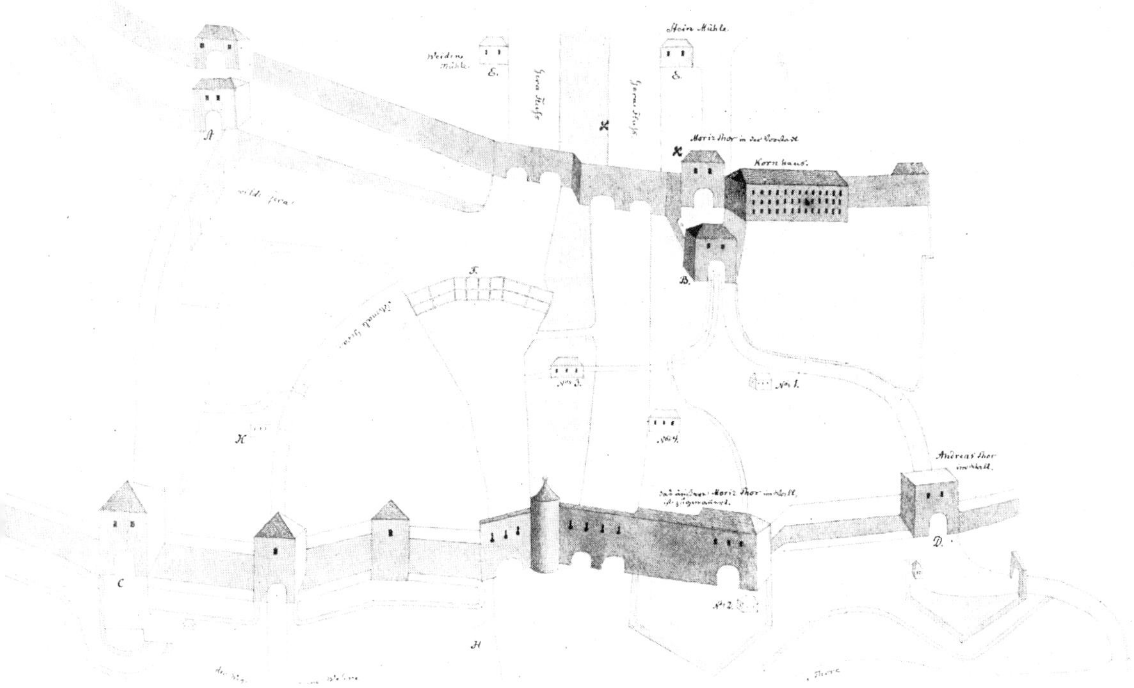

Mühle
Korn haus
A
B
C
D
E
F
H
No 1
No 2
No 3
No 4

Stadtmauer am Schmidtstedter Tor.

Das Bild zeigt die (schon von Gestrüpp halb verdeckte) im 15. Jahrhundert erbaute äußere Stadtmauer mit den wuchtigen, auf quadratischem Grundriß errichteten Türmen. Die ganze Anlage ist von 1873—1900 allmählich abgebrochen worden.

Turm von 1458 und äußere Stadtmauer am Moritztor.

Noch 1892 hat der prachtvolle Turm gestanden, der den Ausfluß der schmalen Gera aus der Stadt zu schützen bestimmt war und die Inschrift trug: „Anno Domini MCCCCLVIII, do [h]er Lorentz Schuler und h[er] Heinrich Grusse bowmeister (d. h. Ratsdezernenten für Bauwesen) waren, warde dieser thorn vorbracht." Auch die anschließende äußere Stadtmauer war damals noch vorhanden. Kurz nachher sind diese baulichen Denkmäler des 15. Jahrhunderts niedergelegt worden. Wir wissen heute, daß man sie ohne Schaden für die moderne Entwicklung der Stadt hätte erhalten können

1. Photographie von ca. 1870: Erfurt, Städtisches Museum.
2. Photographie von 1892: Erfurt, Städtisches Museum.

Ein Wallturm der äußeren Stadtmauer.

Die im Laufe des 15. Jahrhunderts errichtete äußere Stadtmauer war in unregelmäßigen Abständen mit Türmen besetzt, die auf fast quadratischem Grundriß erbaut waren und drei Stockwerke mit je zwei Schießscharten umfaßten. Unsere in der ersten Hälfte des 19. Jahrhunderts entstandene Zeichnung zeigt zunächst die vordere Ansicht des Turmes mit Mauer und Graben, dann den von der Seite genommenen Durchschnitt mit dem Wall, von dem aus man das Obergeschoß des Turmes betreten konnte.

Das ehmalige Krämpfertor von außen.

Im 15. Jahrhundert mit der ganzen äußeren Umwallung erbaut, zeigt das vor 40 Jahren abgebrochene Tor noch ganz den gotischen Charakter seiner Erbauungszeit. Es war das Tor, durch das die wichtigste Handelsstraße Erfurts, die Leipzig-Frankfurter, führte.

1. Aquarellierte Zeichnung aus der ersten Hälfte des 19. Jahrhunderts: Erfurt, Stadtarchiv.
2. Photographie von ca. 1885: Erfurt, Städtisches Museum.

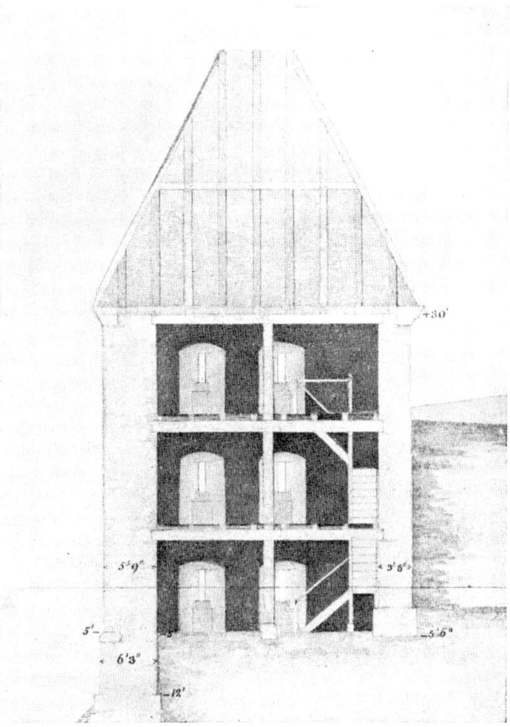
+30'
5'9"
5'8"
5'
6'3"
5'6"
12'

Ehmaliges Schmidtstedter Tor, Innenseite.

Das Tor, ursprünglich gotisch, dann in der ersten Hälfte des 17. Jahrhunderts barock umgestaltet, zeigt, daß der Rat der Stadt Erfurt auch bei den reinen Nutzbauten der Festungsanlagen die Kunst nicht ausgeschlossen hat.

Photographie von ca. 1885: Erfurt, Städtisches Museum.

Das Brühler Tor mit dem großen Festungsturm, 1631.

Unmittelbar neben dem äußeren Brühler Tor hatte der Rat im 15. Jahrhundert einen gewaltigen Turm errichten lassen, der so hoch war, daß man an dieser gefährdetsten Stelle der Stadt einen weiten Ausblick hatte und nahende Feinde bald bemerken konnte. Dieser Turm, der nach der Errichtung der Cyriaksburg keinen großen Wert mehr hatte, aber dem Stadtbild einen besonders schönen Akzent gab, ist im Jahre 1633 von den Schweden mit vieler Mühe niedergelegt worden.

Die Cyriaksburg.

Im Jahre 1123 verlegte Erzbischof Adalbert I. von Mainz das schon 836 erwähnte Nonnenkloster St. Paul vom Domhügel auf den im Südwesten der Stadt steil abfallenden Berg und weihte es dem heiligen Cyriakus. Da aber dieser Berg, der seitdem Cyriaksberg hieß, die Stadt beherrschte, verlegte der Rat 1480, als er in schwerem Streit mit Erzbischof Dieter von Mainz lag, mit päpstlicher Genehmigung das Kloster in die Stadt zurück und errichtete an seiner Stelle auf der strategisch wichtigen Höhe eine starke Festung, die er Cyriaksburg nannte.
Unser um 1670 entstandenes Bild zeigt in ungeschickter, aber sachlich klarer Zeichnung diese Festung nebst den 1637 im Dreißigjährigen Kriege von den Schweden zu ihrer Verstärkung angelegten dreieckigen Vorwerken.

Federzeichnungen von ca. 1670 von Sam. Fritz in seiner Chronik: Erfurt, Stadtarchiv.

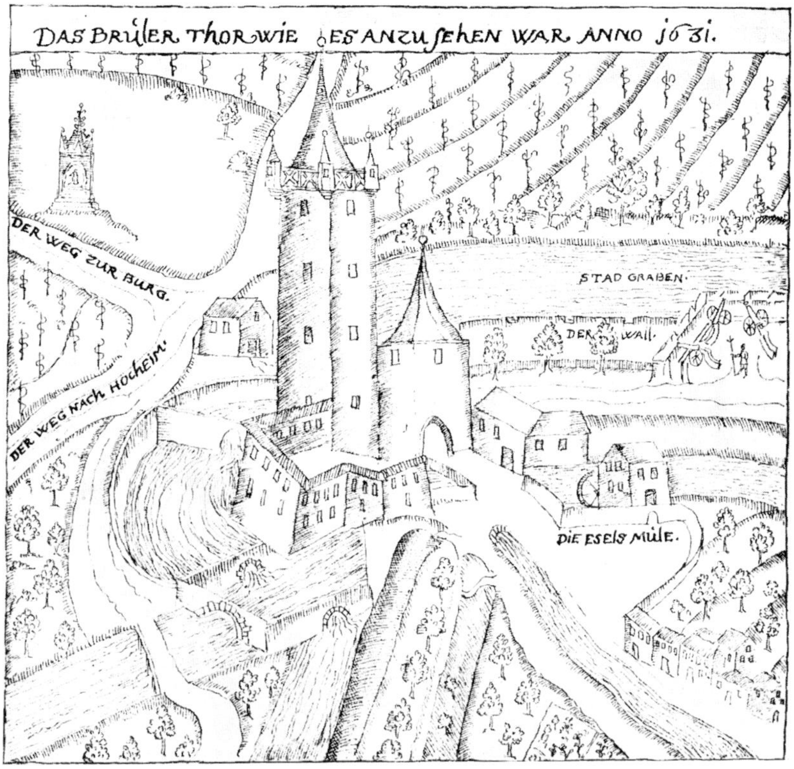
DAS BRÜLER THOR WIE ES ANZUSEHEN WAR ANNO 1631.
DER WEG ZUR BURG.
DER WEG NACH HOCHEIM
STAD GRABEN.
DER WALL
DIE ESELS MÜLE.

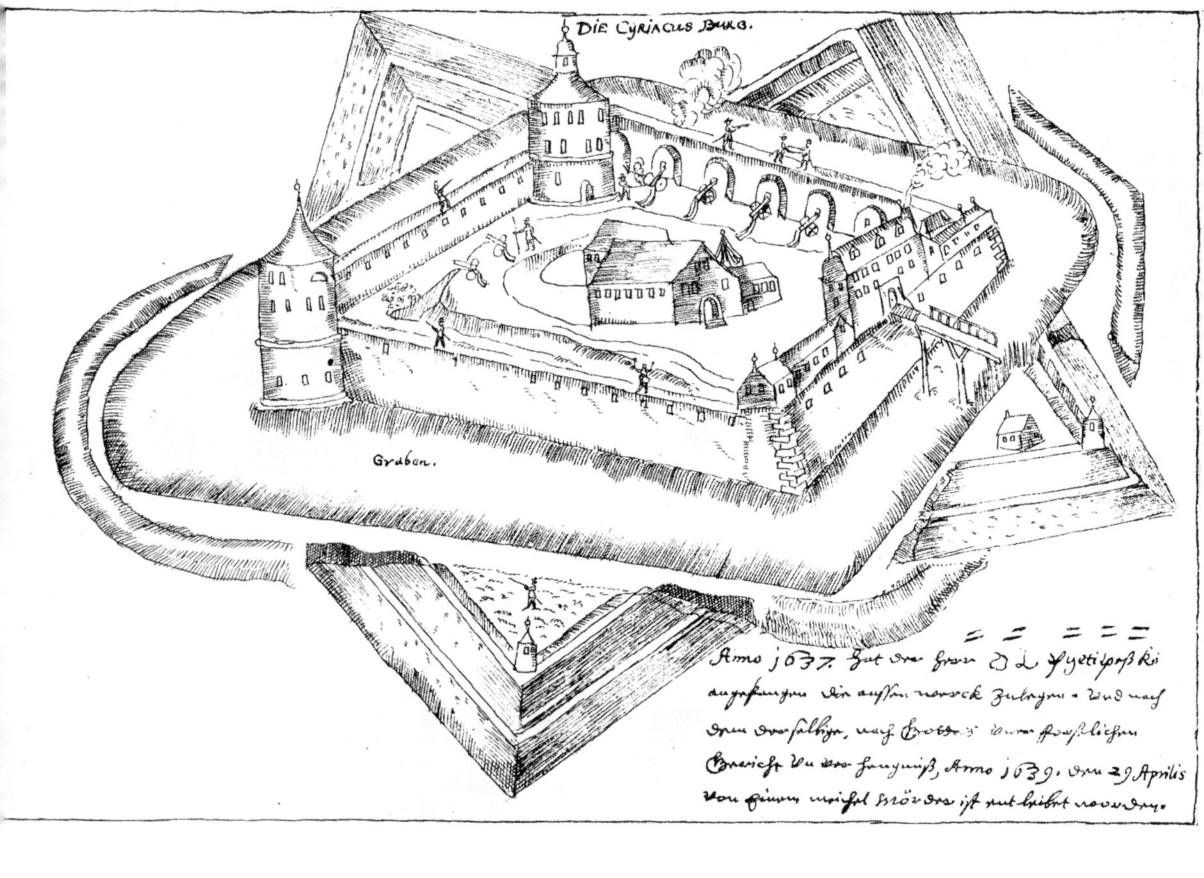
DIE CYRIACUS BURG.
Graben.
Anno 1637. hat der Herr D. L.
angefangen die aussen werck zu legen. Und nach
Anno 1639. den 29 Aprilis

Grundriß der Zitadelle Petersberg, um 1710.

Um etwaigen Abfallgelüsten der Erfurter Bürgerschaft entgegenzutreten und die 1664 wieder errungene Stadt auch gegen äußere Feinde besser zu sichern, ließ die mainzische Regierung unter großen Kosten den Petersberg mit einer nach den Grundsätzen der damals modernen italienischen Befestigungskunst errichteten Zitadelle versehen, die von dem berühmten Architekten und Ingenieur Maximilian von Welsch (den Adel erhielt er für diesen Erfurter Bau) vollendet wurde. Die Festung zeigt ein überaus kompliziertes System von in- und übereinander gelegten Bastionen, Lünetten, Eskarpen und Kontereskarpen, in deren Mitte das alte Peterskloster ganz verloren und eingeengt erscheint. Das Erfurter Stadtbild ist durch sie stark verändert worden (vgl. S. 30 und 31).
Die Zitadelle ist heute noch vorhanden und nur an einer Stelle, beim Durchbruch der vor wenigen Jahren angelegten Lauentorstraße, durchbrochen worden.

Stadtansicht von Süden 1824.

Man sieht die langgestreckte äußere Stadtmauer und die ihrer bekrönenden Kirche beraubte Festung Petersberg. Noch immer wird das äußere Stadtbild in seiner Geschlossenheit von dem Festungscharakter bestimmt und bleibt so bis zur Niederlegung der gesamten Ringmauer (1873—1900).

Originalzeichnung des Erbauers Maximilian von Welsch: Magdeburg, Staatsarchiv.
Farbige Lithographie von C. Wießner in Nürnberg nach einer Zeichnung von A. Heidenbach, datiert 1824: Erfurt, Städtisches Museum.

Renvois pour la Citadelle
Porte S. Andrée
S. Andre
Jüden Markt
Ville

Große Armbrust.

Die riesige, mit Einlagen aus Hirschhorn versehene Armbrust von 2,55 m Höhe und einer Spannweite von 2,50 m entstammt dem 14. Jahrhundert, ist in Erfurt zu militärischen Zwecken, wahrscheinlich zur Verteidigung benutzt worden und stellt ein einzigartiges Waffenstück dar, wenigstens ist ein ähnliches bisher nicht bekannt geworden. Zu spannen war sie natürlich nur auf maschinellem Wege.

Setzschilde.

Die 20 Setzschilde der Stadt Erfurt aus der Zeit vom Ende des 13. bis zum Ende des 14. Jahrhunderts sind einzigartige Stücke, denn nirgendwo anders sind diese Verteidigungswaffen erhalten geblieben, da sie weder Material- noch Kunstwert besaßen und mit der Vervollkommnung der Feuerwaffen überflüssig wurden. Ihre Erhaltung in Erfurt ist nur dem glücklichen Umstand zu verdanken, daß sie schon sehr früh als Schmuckstücke an der Wand der großen Halle des alten Rathauses hoch oben aufgehängt worden sind (s. S. 66).
Die Schilde waren, wie schon ihr Name sagt, nicht zum Tragen bestimmt, sondern wurden mit ihren eisernen Zwingen in den Boden gerammt, um so aufrecht stehend dem hinter ihnen befindlichen Schützen Deckung zu gewähren. Es ist daher zu vermuten, daß sie meist auf den Wällen zu Verteidigungszwecken benutzt worden sind. Sie bestehen aus einem Kern von Eichen- oder Fichtenholz, der mit Schweinsleder überzogen ist. Das Leder ist rot bemalt und auf allen Schilden mit dem Erfurter Wappen versehen.
Unsere Abbildung zeigt den einzigen Doppelschild, der sich unter ihnen befand, und einen der 19 einfachen Schilde. Beide stammen, wie aus den Wappen hervorgeht, aus der Zeit um 1400.

Armbrust und Setzschilde: Erfurt, Städtisches Museum.

Kirche und religiöses Leben im Mittelalter.

Meister Eckehart.

Nur wer die ungeheure Bedeutung kennt, die Kirche und religiöses Leben im Mittelalter für den einzelnen wie für die Gesamtheit gehabt haben, wird den mittelalterlichen Menschen und damit mittelalterliche Geschichte verstehen können. Vermöge seines überreichen kirchlichen Lebens, seiner Universität und seiner ausgezeichneten Schulen hat Erfurt vielfach im Mittelpunkt der jene Jahrhunderte bewegenden religiösen Probleme gestanden. Die weltgeschichtlichen Gestalten Meister Eckeharts und Martin Luthers legen davon Zeugnis ab.

Meister Eckehart von Hochheim, der Vater der Mystik (ca. 1260—1327) hat volle 28 Jahre dem Erfurter Prediger-Kloster angehört, zunächst von ca. 1278—1298 als Novize, Mönch, Prior und Vikar für Thüringen, dann von 1303—1311 als Provinzial der Dominikaner-Ordensprovinz Sachsen. So darf man wohl Erfurt als die eigentliche Heimat dieses größten und tiefsten Denkers des deutschen Mittelalters ansehen; denn den Rest seines Lebens hat er meist auf Reisen verbracht, hauptsächlich in Köln, Straßburg und Paris. Wie später Luther im Augustinerkloster, so mag auch Meister Eckehart schon in seiner Erfurter Klosterzelle die grundlegenden Gedanken für seine unerhört tiefe und kühne Lehre empfangen haben, die ihn allmählich in Gegensatz zu der Kirche brachte und ihm zuletzt die Anklage wegen Ketzerei eintrug. Nur der Tod hat ihn vor der Verurteilung bewahrt.

Unser Bild zeigt das Refektorium des Predigerklosters, eine prachtvolle hochgotische Halle, in der Meister Eckehart der Überlieferung nach seine berühmten Reden und Gespräche gehalten hat.

„Das sind die Reden der Unterweisung, die der Vikarius von Thüringen, der Prior von Erfurt, Bruder Eckehart vom Predigerorden, mit solchen frommen Leuten pflag, die ihn bei Ansprachen um viele Dinge fragten, als sie bei abendlichen Tischgesprächen beieinander saßen."

Überschrift einer Schrift von Meister Eckehart, herausgegeben von Franz Pfeiffer „Die deutschen Mystiker", Band II (1857), Traktat XVII.

Moderne Photographie des Refektoriums (heute Turnhalle der Mittelschule): Erfurt, Städtisches Museum.

Das Vesperbild des Ursulinerklosters.

Um 1340 ist die überlebensgroße, ausdrucksgewaltige Gruppe entstanden, die wie keine andere die tiefe Frömmigkeit und das aus innerstem Herzen kommende menschliche Mit-Leiden der Menschen jener Epoche offenbart. Ein erschütterndes Werk in seiner, jeder Sentimentalität fernstehenden Darstellung der Gewalt des Schmerzes und der körperlichen und seelischen Leiden.

Christus als Schmerzensmann, um 1360.

Unmittelbar in das religiöse Empfinden des Mittelalters führt uns die eingeritzte Linearzeichnung, die Christus zeigt, wie er, mit allen Zeichen seines Leidens ausgestattet, sich zu einem knieenden, anbetenden Menschen wendet, aus dessen Seele und Munde die brünstige Bitte kommt:

Christ geruhe zu labine
Die Seele der Begrabine. Amen.

Das um 1360 aus der tiefen Sorge um das Seelenheil der Toten entstandene Werk findet sich an der Außenmauer des Chors der Peterskirche und steht seinem Inhalt nach sicher in Beziehung zu dem dort früher vorhandenen Friedhof. Daß die deutsche Sprache bei dem Vers gebraucht wurde, ist für diese Zeit eine außerordentliche Seltenheit, vielleicht etwas Einzigartiges und scheint zu beweisen, daß der Knieende nicht ein Mönch des Petersklosters, sondern ein Erfurter Bürger ist.

1. Überlebensgroße Holzgruppe: Erfurt, Ursulinerkloster.
2. Linearzeichnung auf Sandstein: Erfurt, Chor der Peterskirche.

Das Marienstift.

Erfurt ist die kirchenreichste Stadt Mitteldeutschlands gewesen; am Ende des 14. Jahrhunderts befanden sich dort nicht weniger als 21 Pfarrkirchen, 4 Stiftskirchen, 11 Klosterkirchen, eine Hospitalkirche und 3 Kapellen. Seine Bedeutung als Hauptstadt Thüringens beruht nicht zum wenigsten auf dieser kirchlichen Machtstellung. Denn in Erfurt saß nicht nur der Weihbischof, der in Vertretung des Erzbischofs von Mainz die Pontifikalhandlungen in Thüringen ausübte, sondern den Pröpsten der Erfurter Stifter St. Marien und St. Severi unterstand auch die gesamte kirchliche Verwaltung und Gerichtsbarkeit über einen erheblichen Teil des Thüringer Landes; Weimar, Gotha, Jena waren kirchlich von Erfurt abhängig.
Die weitaus wichtigste Kirche Erfurts war das Stift St. Marien, gewöhnlich „Dom“ genannt. Wahrscheinlich schon von Bonifatius gegründet, ursprünglich Hauptpfarrkiche der Stadt und damit Patronin fast aller anderen Erfurter Kirchen, im Besitz reicher Güter, Sitz des Weihbischofs, hatte sie fast den Rang einer Kathedralkirche. „Das Haupt aller Kirchen und die Hauptpfarrei der ganzen Stadt“ nennt sie ein Erfurter Chronist des 14. Jahrhunderts. Ihr Propst hatte eine fast fürstliche Stellung, wie denn auch von etwa 1360—90 mehrere Franzosen und Italiener, nur um die reichen Einkünfte zu genießen, sich vom Papst zum Propst von St. Marien haben machen lassen, ohne Erfurt je gesehen zu haben. Die Dekane, Scholastiker und Domherren von St. Marien sind vielfach bedeutende Gelehrte gewesen und haben als Juristen, Theologen und Philosophen an der Erfurter Universität gewirkt, mit der das Stift auch dadurch zusammenhing, daß in seinen Räumen die Doktorpromotionen stattfanden. Die Reformation hat den kirchlichen Verwaltungsbezirk des Stiftes stark eingeengt; aber es blieb erhalten und wurde der Mittelpunkt der zunächst sehr kleinen, dann seit der völligen Vereinigung Erfurts mit Mainz 1664 allmählich größer werdenden katholischen Gemeinde der Stadt. Als Stift 1803 von Preußen aufgehoben, behielt die Marienkirche doch ihre Stellung als Haupt der katholischen Kirchen Erfurts, und ihr Pfarrer führte und führt noch heute den Titel Propst.
Unser Bild zeigt die Marienkirche (Dom) von Südwesten mit dem vorgelagerten großen Kapitelhaus, das den Kreuzhof umschließt.

Das Severistift.

Wahrscheinlich schon vor 1100 gegründet, 1121 zuerst urkundlich erwähnt, ist St. Severi zur unmittelbaren Nachbarin des Marienstiftes geworden, weniger bedeutend zwar und minder begütert, aber doch ein Domherrenstift mit allen Rechten eines solchen und einem kirchlichen Verwaltungs-(Propstei-)Bezirk, der einen Teil des westlichen Thüringen umfaßte. Auch seine Domherren sind mit der Universität in engster Verbindung gewesen, auch seine Schule hat Bedeutung gehabt. Im Ganzen freilich hat das Stift mehr oder weniger im Schatten von St. Marien gestanden. Im Jahre 1803 wurde es aufgehoben.
Das Bild zeigt die gewaltige Kirche von Norden mit der Eingangshalle und dem spätgotischen Anbau, dessen Erdgeschoß jetzt als Sakristei dient.

Photographien von E. Bissinger, Erfurt.

Die Schottenkirche.

Das Benediktinerkloster St. Jakob, das Schottenkloster genannt, weil es von Schotten gegründet wurde und bis zu seiner Aufhebung im Jahre 1803 seinen Ersatz immer aus Schottland bezog, ist eines der ältesten Erfurter Klöster gewesen. Die Zeit seiner Gründung liegt im Dunkel; doch wird es schon im 12. Jahrhundert erwähnt. Die Volksfremdheit seiner Mönche und der geringe Güterbesitz haben das Kloster nie eine bedeutende Rolle spielen lassen. Die um 1200 erbaute Kirche aber, wenn auch von außen gänzlich umgestaltet, ist doch im Inneren interessant als der einzige, aus der romanischen Baukunst stammende kirchliche Raum, den Erfurt noch besitzt, wenn auch in seiner Wirkung beeinträchtigt durch Erhöhung des Fußbodens und allerlei spätere Einbauten.
Unser Bild zeigt die prachtvollen Bündelpfeiler mit den verschiedenen romanischen Kapitellen. Der Raum wäre wert, durch Tieferlegung des Fußbodens in seiner alten Gestalt wieder hergestellt zu werden.

Photographie von E. Bissinger, Erfurt.

Die Bettelorden: Predigerkloster.

Die sogenannten Bettelorden, zu denen Dominikaner (Prediger), Franziskaner (Barfüßer) und Augustiner, später auch noch die Serviten oder Marienknechte gehörten, sind klösterliche Gemeinschaften, die das Ideal der Armut zu verwirklichen, vor allem aber auf das Volk durch Lehre, Predigt und Beispiel zu wirken suchten. Daher sind sie erst zu Beginn des 13. Jahrhunderts gegründet worden, in einer Zeit also, wo die Städte aufzublühen und Träger der Kultur zu werden begannen. Im Gegensatz zu den auf dem Lande, ja in der Einsamkeit gegründeten älteren, aristokratischen Klöstern des Benediktinerordens siedelten sich die Bettelmönche nur in den Städten an, um für das Bürgertum und mit ihm zu leben. Erfurt ist die einzige Stadt Thüringens, in der alle vier Bettelorden Niederlassungen besaßen. Sie haben dort in den ersten Jahrhunderten ihres Bestehens wegen ihrer Volkstümlichkeit eine große Rolle gespielt: Bürger und Zünfte wetteiferten mit einander in der Zuwendung von Schenkungen. Die Bettelordenskirchen in Erfurt sind fast ganz aus Stiftungsgeldern der Bürger und Handwerker erbaut worden. Aber auch für die Erfurter Geistesgeschichte sind die Bettelorden, vor allem die drei ersten, von höchster Bedeutung gewesen. Berühmt waren ihre Schulen, die z. T. ausgezeichnete Lehrer besaßen, so das Augustinerkloster die Theologieprofessoren Heinrich von Friemar (gest. um 1340) und Johannes Zachariä, den Hußbesieger. Viele dieser Lehrer sind dann auch Zierden der Erfurter Universität gewesen.

Unter den Bettelorden in Erfurt ragten die Dominikaner oder Prediger besonders hervor. In ihrem Kloster hat Meister Eckehart (ca. 1260—1327), der größte religiöse Denker des deutschen Mittelalters, 28 Jahre lang gelebt und gewirkt (s. S. 102), und einer der bedeutendsten deutschen Ketzerrichter, der einem alten Erfurter Patriziergeschlecht angehörige Generalinquisitor Walter Kerlinger (um 1360), ist aus dem Predigerkloster hervorgegangen.

Die Kirche war die schönste unter den Erfurter Bettelordenskirchen. Ihr Chor ist in den Jahren 1290—1300 in den edlen und schlichten Formen der Gotik der Bettelorden erbaut. Sein Bau fällt in die Zeit, wo Meister Eckehart Prior des Prediger- oder Dominikanerklosters war, so daß der große Mystiker wahrscheinlich die Pläne zu Chor und Kirche begutachtet hat. Der Turm stammt aus der Mitte des 15. Jahrhunderts.

Photographie von E. Bissinger, Erfurt.

Die Barfüßerkirche.

Brüder des vom Heiligen Franz von Assisi 1215 gestifteten Franziskaner-Minoriten- oder Barfüßerordens sollen schon um 1222 nach Erfurt gekommen sein, aber erst um 1230 werden sie ein bescheidenes Kloster mit einer Holzkirche errichtet haben, die dann später durch eine steinerne ersetzt worden ist. Der Orden war von vornherein mehr auf ein gefühlsmäßig orientiertes Leben in reiner Armut eingestellt. Das hat ihm zweifellos die Herzen des Volkes gewonnen. Erst später wandte auch er sich den Studien zu, ohne jedoch darin in Erfurt mit den Bruderorden der Prediger und Augustiner erfolgreich wetteifern zu können.
Die Barfüßerkirche in Erfurt ist ein Bau von imponierender Wucht, kunstgeschichtlich darum interessant, weil er aus dem Schema der deutschen Bettelordenskirchen ganz herausfällt. Der Eindruck des langgestreckten von keinem Dachreiter unterbrochenen Außenbaues, der durch die stark hervortretenden Strebepfeiler gegliedert wird, ist, wie unser Bild zeigt, ganz gewaltig. Auch das Innere mit seinen schweren, reichgegliederten Pfeilern und der ungewöhnlichen Weite seiner Arkadenbögen, grundverschieden von dem der Predigerkirche, ist von großer Wirkung. Die Kirche enthält einige der bedeutendsten Werke der Erfurter Plastik (S. 124 und 146).

Photographie von E. Bissinger, Erfurt.

Weihbischof Graf Albert von Beichlingen, † 1371.

Die Erzbischöfe von Mainz hatten in Thüringen einen Weihbischof, der sie in allen geistlichen Amtshandlungen vertrat und in Erfurt residierte. Der dem alten Thüringer Dynastengeschlecht der Grafen von Beichlingen angehörige Bischof, durch den Gurtstrick als ein dem Barfüßerorden Nahestehender gekennzeichnet und in der Kirche dieses Ordens begraben, zeigt den hohen und vornehmen Kleriker, der auch irdischen Genüssen nicht abgeneigt war. Aber der große Künstler, der seine Grabplatte geschaffen, hat ihm neben der Wohlbeleibtheit, dem fetten, unrasierten Gesicht mit den Hängebacken auch eine Kraft und Würde gegeben, die dem Bischof geziemt und daran erinnert, daß er der gewaltigsten Macht des Mittelalters, der Kirche, angehört. Albert war, wie die Inschrift besagt, Titularbischof von Hippo.

Weihbischof Johann von Laasphe, † 1510.

In der Reihe der Weihbischöfe ist Johannes Bonemilch aus der westfälischen Stadt Laasphe bemerkenswert. Ursprünglich Pfarrer der Michaeliskirche, Domherr des Marienstiftes, Doktor der Theologie und Philosophie, wurde er 1495 Rektor der Universität und 1498 Weihbischof. Im Jahre 1500 erbaute er die kleine Kapelle neben der Michaeliskirche mit dem schönen Erker (s. S. 277) und am 3. April 1507 hat er im Dom den jungen Martin Luther zum Priester geweiht. Sein Grabstein, leider nur unvollkommen erhalten, steht im südlichen Seitenschiff des Domes und zeigt ihn als die imponierende und geistvolle Persönlichkeit, die er gewesen ist. Sein Todestag war der 17. Oktober 1510.

1. Grabplatte aus Sandstein: Erfurt, Barfüßerkirche.
2. Grabplatte, Bronze auf Sandstein: Erfurt, Dom.

Die Pfarrkirchen.

Keine deutsche Stadt mit Ausnahme von Köln hat im Mittelalter so viele Pfarreien gehabt, wie Erfurt. In der ältesten Zeit waren nur zwei Pfarrkirchen vorhanden: St. Marien (Dom) und die Kaufmannskirche. Aber mit dem Anwachsen der Stadt im 12. Jahrhundert wurden neue Kirchen gegründet, bereits 1182 erhielt Erfurt eine neue Pfarrei-Einteilung, und im 13. Jahrhundert gab es nicht weniger als 21 Pfarrkirchen: Ägidii, Allerheiligen, Andreä, Bartholomäi, Benedikti, Georgii, Johannis, Kaufmannskirche, Lorenz, Martini intra, Martini extra, Mathiä, Marien, Michaelis, Moritz, Nikolai, Pauli, Servatii, Thomas, Viti und Wigberti. Da inzwischen auch das Severistift, das Reglerstift, das Neuwerkskloster und das Peterskloster Pfarreien gegründet hatten, letzteres sogar zwei (St. Peter und St. Leonhardi), so betrug die Gesamtzahl der Pfarreien 27, wozu 1399 noch die Hospitalpfarrei hinzukam. Alle diese Kirchen, zu denen sich noch sechs Klosterkirchen gesellten, lagen mit zwei Ausnahmen im Gebiet der inneren Stadt. Auf Schritt und Tritt ragte hier dem die Stadt Durchwandernden ein Gotteshaus entgegen, immer geschickt und wirkungsvoll in die Umgebung hineingestellt.

Von den Pfarrkirchen, die ja in erster Linie dem täglichen religiösen Bedürfnis der Bürger dienen sollten, standen die meisten an der Ecke zweier Straßen, oder an einem Platze, möglichst weithin sichtbar und immer das Straßenbild beherrschend oder abschließend. Die Allerheiligenkirche z. B. ist, unbekümmert um die Schwierigkeit der Gestaltung des Innenraumes und der Dachkonstruktion so in den spitzen Winkel zwischen Allerheiligen- und Marktstraße hineingebaut, daß die Fassaden des Langhauses in der Fluchtlinie der beiden Straßen, also im spitzen Winkel, verlaufen, und alles auf die Wirkung des Turmes angelegt ist, der im Scheitel des Winkels emporragt, allen sofort sichtbar, die, vom Dome kommend, diese belebteste Straße des alten Erfurt betraten.

Die ehemalige Vitikirche, 1809 abgebrochen, stand an der Ecke von Regierungstraße und Langebrücke, da, wo heute der Rheinische Hof liegt. Durch ihren Turmanbau führte eine Torstraße zur Langenbrücke. Die Kirche war 1399 abgebrannt. Der Neubau stammte aus dem 15. Jahrhundert.

Photographie von E. Bissinger, Erfurt.
Zeichnung von G. Kruspe, um 1850: Erfurt, Städtisches Museum.

Die ehemalige S. Viti-
Kirche

Die Pfarrkirchen Ägidii und Benedikti.

Die heute noch erhaltene, seit 1826 als Privathaus dienende Ägidienkirche, schon 1110 als Kapelle erwähnt, 1325 nach einem Brande neu erbaut, ist mit dem neben ihr stehenden schlanken Turm eine von den für das innere Erfurter Stadtbild bedeutsamsten Kirchen. Sie beherrscht den Wenige Markt, an dem sie liegt, sie bildet den Abschluß der Futterstraße, sie bewacht endlich den östlichen Eingang der, das mittelalterliche Verkehrszentrum der Stadt bildenden Krämerbrücke, zu der durch sie hindurch ein Torweg führt.

Der Wenige Markt, der als Kornmarkt diente, schon 1217 urkundlich erwähnt, war, wie unser Bild zeigt, damals noch von einer prachtvollen, saalartig wirkenden Geschlossenheit, die heute durch die gewaltsam hineingebrochene Verbindungsstraße zum Rathause etwas gelitten hat. Von der malerischen Wirkung, die der Platz infolge seiner unregelmäßigen Gestaltung besitzt, kann man indessen auch heute noch einen Eindruck bekommen.

Am westlichen Ende der Krämerbrücke lag die ehemalige Benediktikirche, 1225 als Kapelle erwähnt, später Pfarrkirche, 1810 abgebrochen. Auch unter ihr führte, wie bei Ägidien, ein gewölbter Torweg zur Krämerbrücke. Ihr Turm hat noch bis 1898 gestanden.

1. Farbige Lithographie nach einer Zeichnung von F. Kuchenbuch, datiert 1842. Erfurt, Städtisches Museum.
2. Aquarell von F. Kuchenbuch, gemalt 1864 nach den auf eigener Anschauung beruhenden Angaben Karl Hermanns: Erfurt, Städtisches Museum.

Die Kaufmannskirche.

Außer St. Marien wahrscheinlich die älteste aller Erfurter Kirchen. Wie der seltsame und sehr seltene Name Kaufmännerkirche (ecclesia Mercatorum) beweist, ist sie die Pfarrkirche der den Kern der Stadt bildenden ersten Marktabsiedlung gewesen und vielleicht schon von Bonifatius gegründet worden, denn sie ist als einzige Kirche Thüringens dem heiligen Gregor geweiht, jenem großen Papst, der als Begründer der Christianisierung Englands dem Angelsachsen Bonifatius besonders teuer gewesen sein muß, und hat schließlich diesen selbst als zweiten Schutzpatron angenommen.
Auf das hohe Alter der Kaufmannskirche läßt auch der Umstand schließen, daß sie eine der beiden Hebestellen des dem Erzbischof von Mainz als dem Grundherrn zu entrichtenden Freizinses war, der schon 1108 erwähnt wird und zweifellos in weit ältere Zeiten zurückgeht. Für ihre besondere Stellung scheint zu sprechen, daß sie allein unter allen Erfurter Pfarrkirchen mit zwei Türmen ausgestattet war, während die übrigen Pfarrkirchen entsprechend dem geringen Umfang ihrer Gemeinden durchweg nur einen Turm besaßen.
Der jetzige Bau ist nach einem Brande von 1291 errichtet und stammt im wesentlichen aus dem 14. Jahrhundert.

Die Hospitäler.

Die Armen- und Krankenfürsorge war im Mittelalter Sache der Kirche und religiöser Stiftungen. In Erfurt hat der Rat allerdings schon früh Einfluß darauf gewonnen und nach der Reformation die Oberaufsicht über die Anstalten geführt. Als das älteste von ihnen darf das Hospital zum Heiligen Geist vor dem Krämpfertore gelten, dem schon 1183 Kaiser Friedrich Barbarossa ein Privileg erteilt hat (S. 14). 1196 wurde es verlegt und in ein Nonnenkloster (Neuwerk) verwandelt. Schon 1117 wird ein zweites Hospital, das des heiligen Augustinus, bei der Allerheiligenkirche erwähnt, das gleichfalls später verlegt wurde und in dem Reglerstifte aufging. Um 1217 finden wir dann das Martins-Hospital, zunächst Neues Hospital genannt, das damals schon reiche Stiftungen besaß. Es ist identisch mit dem noch heute bestehenden Großen Hospital, lag aber anfangs bei der Schlösserbrücke in der Nähe des Rathauses und wurde erst 1385 vor das Krämpfertor, also an seinen jetzigen Standort verlegt. Im Jahre 1399 wurde die Kirche des Hospitals zur Pfarrkirche erhoben. Ein weiteres Hospital, zunächst für arme Pilger und Fremde, stifteten 1410 in der Hospitalgasse die wohlhabenden Tuchschneider Konrad von Duderstadt und Siegfried von Leubingen (S. 160); es wurde zum Unterschied von dem vorigen das Kleine Hospital genannt und besteht gleichfalls noch heute. Eine ähnliche Herberge für arme Fremde wurde 1414 bei der Martinskirche gegründet, aber 1559 mit dem Kleinen Hospital vereinigt. Daneben bestand schon 1247 bei Ilversgehofen das Hospital für Aussätzige, das sogenannte Leprosenhaus. Das Bild zeigt das freilich erst 1544 erbaute Herrenhaus des Großen Hospitals. Das langgestreckte Gebäude, in dem sich u. a. das Heimatmuseum befindet, bildet die Ostseite eines von der Hospitalkirche, einem älteren und einem neuen Gebäude umschlossenen Hofes von großem malerischem Reiz.

Photographie von E. Bissinger, Erfurt.

Aus der Blütezeit der Erfurter Kunst.

Dom und Severi.

In dem Platz vor dem Domhügel hat sich das mittelalterliche Erfurt einen repräsentativen Raum höchsten Ranges geschaffen, der nicht seines gleichen hat, denn er bildet den Rahmen für eines der gewaltigsten, mit höchster Kunst geschaffenen Städtebilder, die Deutschland besitzt: für die beiden Stiftskirchen St. Marien (Dom) und Severi, die beide in engster Nachbarschaft auf dem mäßig hohen Hügel zu einer unvergleichlichen Gruppe verbunden sind. Alles an diesem Bild ist Monumentalität und Geschlossenheit: die gewaltigen Substruktionen (Kavaten), auf denen der Chor des Domes ruht, die breite, sich verjüngende Treppe, die in Abschnitten hinaufführt, die emporstrebende Vertikale der sechs Türme, gestützt und beruhigt durch die breitlagernde Horizontale der kirchlichen Nebengebäude vor St. Severi, die meisterhafte Anlage, daß die Achsen der beiden Kirchen sich in spitzem Winkel schneiden. und daß die Lücke im Hintergrunde durch den Portalvorbau des Domes verdeckt wird. Um wie viel mächtiger das Bild früher wirkte, als der Platz kleiner war und auch die Türme des Domes noch die hohen, spitzen gotischen Helme besaßen, die sie durch den Brand von 1717 verloren haben, zeigt die untere Abbildung von 1679.

1. Photographie von E. Bissinger, Erfurt.
2. Kupferstich von 1679: Erfurt, Städtisches Museum.

Dem Hochwürdigsten, Durchlauchtigsten Fürsten und Herrn
Des Heiligen Stuels zu Mainz Ertzbischoffen
Des Heil. Röm. Reichs durch Germanien Ertzcantzlarn
und Churfürsten
Churfürstl. Mainz:
Erbhuldigung
wie solche
Von dero
Rahten Gerichts Personen Beambten
Stadt Rähten dienern und gesambter treu-
esten Burgerschafft
in
Erffurd

Domportal.

Um 1350, gleichzeitig mit dem Chor, ist dieser herrliche Portalbau, der sich vor das alte romanische Querschiff legte, in jener dreieckigen Form errichtet worden, die ihn in Deutschland einzigartig macht und ihm in Erfurt den Namen Triangel eingetragen hat. In den reifsten Formen der Hochgotik erbaut, mit einer erstaunlichen Fülle plastischen Schmuckes versehen, hat er seinen Zweck, die auf der monumentalen Treppe Emporsteigenden zu empfangen und zum Eintritt einzuladen, bis heute immer wieder von neuem erfüllt. Der heilige Bonifatius, wahrscheinlich der Gründer des Marienstiftes, seine Gefährten Adolar und Eoban, deren Gebeine im Dome ruhen, die Apostel, die klugen und die törichten Jungfrauen, Maria mit dem Kinde, Christus als Weltenrichter: sie alle stehen in steinernem Bilde in den Portalen und am Gewände des Baues, Zeugnis ablegend von dem Reichtum des Stiftes und der Kunstblüte Erfurts im 14. Jahrhundert.

Photographie von E. Bissinger, Erfurt.

Chor des Domes.

Von grandioser Geschlossenheit, unsagbar feierlich in der Wirkung als Werk einer von stärkster Religiosität erfüllten Zeit, so stellt sich dieser um 1350 erbaute hochgotische Innenraum den Blicken dar. Alle irdische Schwere ist hier verschwunden: die Mauern sind durchbrochen und aufgelöst, leicht und frei steigen die Dienste empor, oben in die schlanken Rippen des Gewölbes übergehend. Statt der schweren Wände schließen hohe, gemalte Fenster den Raum gegen die Außenwelt ab; ihre dunkelleuchtenden Farben, edlen Teppichen gleich, geben weiches, geheimnisvolles Licht. Was das späte Mittelalter wollte: einen Raum schaffen, der, geschmückt mit allem Hohen und Schönen der Kunst, die gläubigen Herzen und Sinne aus der Welt und ihren Kämpfen heraushebt und emporführt zu Gott, das ist hier geleistet.

Erlesene Kunstwerke vieler Jahrhunderte sind in dem Chor vereinigt: die Bronzefigur des Leuchterträgers von etwa 1190, das älteste uns erhaltene vollplastische Werk der deutschen romanischen Bronzekunst; das gotische Kirchengestühl von etwa 1370 mit seinen prachtvollen Schnitzereien; die herrlichen Glasmalereien der Fenster aus der Zeit um 1400; die liebliche Renaissance-Madonna von Altmeister Lukas Cranach; endlich der prunkvolle Barock-Hochaltar von 1697, als imposanter Abschluß meisterhaft in die Nische des Chores hineinkomponiert und trotz des ganz abweichenden Stiles eins geworden mit dem gotischen Raume.

Photographie von E. Bissinger, Erfurt.

Die Severikirche.

Die Severikirche, um 1270 begonnen und um 1350 vollendet, bietet in ihrem Äußeren heute noch dasselbe, von keinen Umbauten oder Zutaten berührte Bild wie am Ausgang des Mittelalters. Mit ihrer dreitürmigen Anlage, den hohen, spitzen, von wundervoller grüner Patina bedeckten Türmen und dem riesigen Dach übertrifft sie an Wucht und monumentaler Geschlossenheit den nachbarlichen Dom, der ja in den letzten Jahrhunderten viele Veränderungen erlitten hat.

Gewiß ist gerade der Doppelklang der beiden Kirchen von einzigartiger Schönheit, aber, wie unser Bild zeigt, wirkt auch St. Severi allein mit fast verblüffender Großheit und eindrucksvollster Schönheit.

Photographie von W. Lorenz, Erfurt.

Leinen-W
GRUNE
APOTHEKE

Predigerkirche: Inneres gegen Osten.

In der Gestaltung des Innenraumes ist die Erfurter Predigerkirche neben der Dominikanerkirche in Regensburg wohl die schönste Bettelordenskirche auf deutschem Boden. Die fünfzehn schlanken, achteckigen Pfeiler leiten in prachtvollem Rhythmus den Blick in die Tiefe des in Dämmerung sich verlierenden Chores, gleichzeitig aber auch in die Höhe, wo ein aus den unsichtbaren Oberfenstern strömendes Licht die Gewölbe in reizvollem Wechsel von Hell und Dunkel umspielt. Der Raum ist von wunderbarer Feierlichkeit und vermittelt doch auch wieder den Eindruck des Gelösten, von aller Schwere Befreiten.

Anderthalb Jahrhunderte, von c. 1290, wo man mit dem Chor begann, bis um 1440 hat man an der Kirche gebaut; aber der ursprüngliche Plan ist streng innegehalten worden. Die Mittel dazu sind fast durchweg von Erfurter Bürgern und Zünften aufgebracht worden, die je ein Gewölbe stifteten und im Schlußstein dann ihr Wappen anbrachten.

Die Kirche, noch heute voll von Kunstwerken der Jahrhunderte von 1300—1700, ist von 1539—1802 Ratskirche gewesen; in ihr fand alljährlich beim Ratswechsel der Ratskirchgang und der damit verbundene feierliche Gottesdienst statt.

Photographie von E. Bissinger, Erfurt.

Madonna unter dem Baldachin, um 1370.

Eines der reifsten Werke der Erfurter und der deutschen Plastik, hervorragend durch die vollendete Anmut der leicht bewegten Gestalt, durch den weichen Fluß der Gewandung, durch den elfenbeinfarbenen, mit goldenen Hirschen geschmückten, von der linken Hand leise gerafften Mantel. Kunstgeschichtlich ist die Madonna dadurch interessant, daß sie die früheste uns bekannte Darstellung der Maria der Apokalypse ist, die, auf dem Monde stehend und das Haupt von der Sonne umstrahlt, gebildet wurde.

Die Figur ist ein Werk des ausgezeichneten Bildhauers, der auch die meisterhaften Grabplatten der Cinna von Vargula und des Weihbischofs Grafen Albert von Beichlingen in der Barfüßerkirche gearbeitet hat. Sie stammt wahrscheinlich aus der Hospitalkirche.

Grabplatte der Cinna von Vargula, 1370.

Eins der herrlichsten Werke nicht nur der Erfurter, sondern der deutschen Kunst des Mittelalters: schlank, von vollendeter Anmut, in wundervoller Leichtigkeit, so steht die dem vornehmen Geschlechte der Ziegler angehörige Frau vor uns, den Kopf eingerahmt von den prachtvollen Wappen des Vaters und des Mannes. „Ihr Meister ist einer der besten Bildhauer des Jahrhunderts, der größte, den Erfurt in seinen Mauern gesehen hat.“ Er hat auch den Grabstein des Weihbischofs Grafen Albert von Beichlingen in der Barfüßerkirche gearbeitet (S. 115).

1. Holzfigur mit Bemalung: Erfurt, Städtisches Museum.
2. Grabplatte aus Sandstein: Erfurt, Barfüßerkirche.

Kreuzigungsgruppe.

Jesus am Kreuz, auf der einen Seite die ohnmächtige Maria, von Johannes und einer Frau gehalten, auf der andern der kniende und anbetende Stifter des Steines. Ein Meisterwerk des Erfurter Bildhauers, dessen Hauptleistung der Severisarkophag in der Severikirche ist. Prachtvoll und eindringlich ist das Schlaffwerden und Hinsinken der Maria, der Schmerz in den Gesichtern der Leidtragenden, die Inbrunst in der Hingabe des Betenden, der göttliche Friede im Antlitz Christi gegeben. Der Körper des göttlichen Dulders, fern von jeder Realistik, ganz auf den Ausdruck hin gebildet. Das Werk ist um 1360—1370 entstanden und befand sich früher in der Barfüßerkirche.

Relief aus Sandstein: Erfurt, Städtisches Museum.

Anbetung der Könige.

Von der Höhe, auf der die Malerei in Erfurt wenig nach der Mitte des 14. Jahrhunderts stand, mag diese aus einem Altar der Augustinerkirche stammende Tafel der Anbetung der Könige eine Anschauung geben. Die zarte, diskrete Farbengebung, die Vornehmheit der durchaus höfisch dargestellten Personen, die wohlabgewogene Komposition geben diesem Bilde wie den drei anderen dazu gehörigen einen ganz besonderen Reiz. In den unteren Ecken sieht man zwei Propheten mit Spruchbändern, oben links König David.

Temperagemälde auf Holz: Erfurt, Städtisches Museum.

St. Michael, 1467.

Das im Chor der Severikirche in die Wand eingelassene Relief ist ein Werk, das nicht nur für die Erfurter, sondern auch für die deutsche Kunstgeschichte von Bedeutung ist. Der jugendliche Erzengel ist dargestellt, wie er mit dem Teufel um eine Menschenseele kämpft, die in Gestalt eines Kindes auf seinem Arme sitzt. Alles Licht, aller Glanz, alle Pracht sind auf ihn vereinigt: vom blauen Hintergrunde hebt sich seine helle Gestalt ab, Flügel und Gewandsäume glänzen golden, goldene Kleinode schmücken Brust und Haar, Haupt und Flügel wachsen über den inneren Rand der Platte hinaus, und der gewaltige Mantel mit seinen prachtvoll sich bauschenden Falten gibt der Figur eine mächtige Fülle. Zu dieser hochaufgerichteten, erdrückenden Lichtgestalt bildet der Teufel den wirkungsvollsten Gegensatz: schwarzbraun gefärbt, mit roten Flügeln und langem Schweif, windet sich seine dunkle, häßliche Tiergestalt besiegt und ohnmächtig am Boden wie ein ekles Gewürm, über das der Fuß des Überwinders hinwegschreitet.

Das 1467 datierte Relief ist das Werk eines namenlosen Erfurter Meisters, von dem sich auch noch andere hervorragende Arbeiten erhalten haben.

Relief aus Alabaster: Erfurt, Severikirche.

Handel und Handwerk.

Erfurt als Handelsstadt.

Als Handelsniederlassung, als Warentauschort zwischen Germanen und Slawen tritt Erfurt in die Geschichte ein, und so ist denn auch der Handel zu allen Zeiten der Lebensnerv der Stadt und die Hauptquelle ihres Reichtums und damit ihrer politischen Macht und kulturellen Bedeutung gewesen. Ermöglicht wurde diese Handelsbedeutung Erfurts einmal durch seine überaus günstige Lage im Mittelpunkt der Thüringer Landschaft (später auch des Reiches) und in einer außergewöhnlich fruchtbaren, wasserreichen Umgebung, vor allem aber dadurch, daß alle Hauptstraßen Thüringens in Erfurt mündeten. Wie die beigegebene Karte zeigt, liegt die Stadt wie eine Spinne mitten im Thüringer Straßennetz. Besondere Bedeutung besaßen die West-Ost-Straße, Königs- oder Hohestraße genannt, die von Köln und Frankfurt über Gotha, Erfurt, Eckartsberga nach Leipzig führte, und die Süd-Nord-Straße von Nürnberg nach den Hansestädten der Nord- und Ostsee. Mit Recht sagt daher der hervorragendste Sachkenner mittelalterlicher Verkehrsgeographie: „So entstand das Erfurtische Straßenkreuz als der lebensvolle Ausdruck sowohl der vom Bodenbau bedingten Vorrangsstellung Erfurts für den Verkehr mit allen anderen Städten Thüringens, als auch der Tatsache, daß dieses Land das Herz Mitteleuropas ausmachte, das Zentrum Deutschlands in seinem alten Umfange. Erfurt war die Mitte der Mitte."

Wichtig für Erfurt war, daß auch ein Zwang bestand, diese Straßen zu benutzen, denn die Thüringer Landesherren, anfangs die Landgrafen, dann die Herzöge von Sachsen, besaßen das mit einer Abgabe verbundene Geleitsrecht auf den Hauptstraßen und sahen darauf, daß nur diese benutzt wurden. In Erfurt hatten sie daher ein sogen. Geleitshaus, das zuerst in der Futterstraße, später im Hause zum Vaterland in der Regierungstraße (S. 323) lag. Eine alte Aufzeichnung sagt daher: „Alle Güter, die aus Niederland kommen, Eisenach und Kreuzburg berühren und fort nach Leipzig, Posen oder solchen Ländern gehen, müssen alle auf der hohen Straße, nämlich Erfurt, Buttelstedt und Eckartsberga bleiben und fahren und allda ihr Geleit pflegen; desgleichen was von Nürnberg oder aus den Landen zu Franken nach den Seestädten fahren will, muß alles auf Erfurt zukommen."

So war der Durchgangswarenverkehr der wichtigste Zweig des Erfurter Handels, denn vermöge des Stapelrechts der Stadt waren die durchreisenden Kaufleute gezwungen, ihre Waren in Erfurt eine Zeitlang feilzubieten. Den Zwecken dieses Niederlagsrechtes diente das Kaufhaus oder „die Wage" (S. 160).

Gegenstände des Handels waren die Rohprodukte, die in Erfurt eingeführt und verarbeitet wurden: Holz, Wolle, Pelze, Metall, Felle usw., ferner Getreide, Wein, Waid, Anis und Saflor, Gewürze, Heringe, endlich die Erzeugnisse des Erfurter Handwerks, Wollwaren, Pelzwaren, Holzwaren, Eisen- und Stahlwaren, Lederwaren usw.

Das Geldverleihgeschäft war im Mittelalter in Erfurt sehr bedeutend. Fast alle Thüringer Fürsten waren Schuldner reicher Erfurter Bürger oder Erfurter Juden. Im Jahre 1290 war der Rat von Lübeck 40 Erfurter Bürgern insgesamt 1340 Mark Silbers schuldig, die er ihnen in Brügge in Flandern anwies. Für das Geldgeschäft wurde die Vertreibung der Juden aus Erfurt 1458 verhängnisvoll. Der Geldmarkt erstarrte, ein Wechselrecht, wie in Leipzig, bildete sich nicht aus und, es fehlte an einer Bank, wie sie Frankfurt schon 1402 besaß.

Im Mittelalter waren auch Erfurts Messen von Bedeutung. Die erste wurde 1331 von Kaiser Ludwig dem Baiern verliehen, die zweite 1473 von Friedrich III. Aber seitdem Leipzig 1507 das große Meßprivileg erhalten hatte, war Erfurts Bedeutung als Messestadt dahin. Haupt- und Stapelort für den Thüringer Handel ist es dagegen geblieben.

Thüringer Hauptstraßen im Mittelalter.

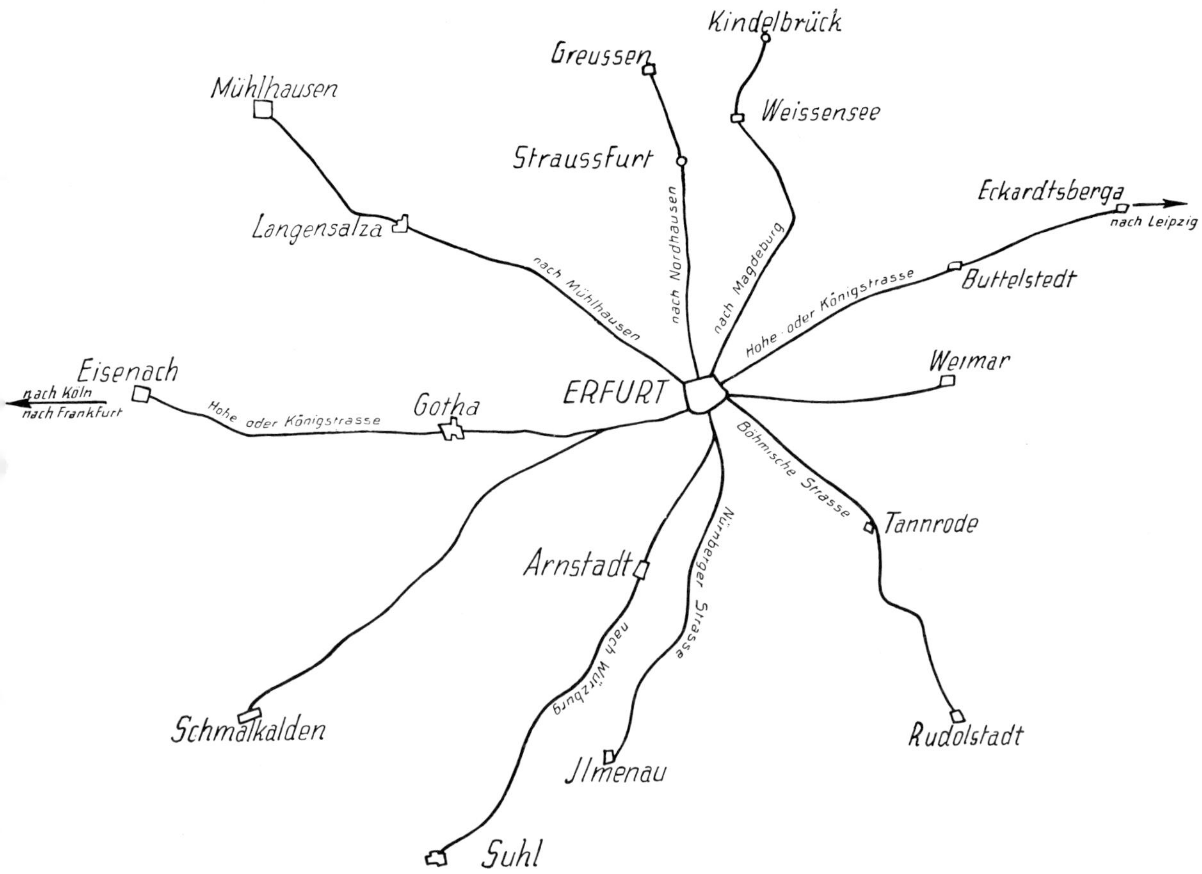
Kindelbrück
Greussen
Mühlhausen
Weissensee
Straussfurt
Eckardtsberga
nach Leipzig
Langensalza
nach Mühlhausen
nach Nordhausen
nach Magdeburg
Hohe oder Königstrasse
Buttelstedt
Eisenach
nach Köln
nach Frankfurt
Hohe oder Königstrasse
Gotha
ERFURT
Weimar
Böhmische Strasse
Tannrode
Arnstadt
Nürnberger Strasse
nach Würzburg
Schmalkalden
Rudolstadt
Jlmenau
Suhl

Die Wage.

Alle Waren, die nach Erfurt kamen, mußten zunächst zur Wage gebracht werden, wo sie um des Zolles willen gewogen wurden. Die Wage lag ursprünglich in der Michaelisstraße an der Ecke der nach ihr benannten Wagegasse, später in dem 1705—1711 erbauten Barockbau Ecke Anger und Bahnhofstraße, in dem sich heute Museum und Stadtbücherei befinden. Mit der Wage waren große Lagerräume verbunden, in denen die nur für die Durchfuhr bestimmten Waren auf Grund des Stapelrechtes der Stadt (S. 158) eine Zeitlang ruhten. Die obere Abbildung zeigt einen Teil der heutigen Wagegasse mit schönen alten Fachwerkbauten (Lagerräume), die untere den prunkvollen Barockbau der späteren Wage (auch Packhof genannt) nach einer Lithographie aus dem Jahre 1829.

1. Photographie von E. Bissinger, Erfurt.

2. Lithographie nach einer Zeichnung von E. Spaetzel in dem Buche von Erhard „Erfurt mit seinen Umgebungen", 1829.

Erfurts Großhandel.

Erfurt war nicht nur im Mittelalter, sondern bis weit ins 18. Jahrhundert hinein der einzige Großhandelsplatz in Thüringen. Es versorgte das ganze Land mit Waren. Mit Ausnahme der Reichsstädte Mühlhausen und Nordhausen waren die Thüringer Städte, wie Weimar, Gotha, Jena usw. noch viel zu unbedeutend, um in ihren Mauern Großkaufleute tragen zu können. Außer den durch Selbstanbau gewonnenen Lebensmitteln und den gewöhnlichen Erzeugnissen des Handwerks bezogen sie alles aus Erfurt. Das zufällig erhaltene Hauptbuch der Erfurter Großhandelsfirma Ellinger aus den Jahren 1614—1645 beweist, daß nicht nur die Bürger der thüringischen Städte und der Landadel, sondern auch die Fürstenhöfe in Weimar, Gotha und Arnstadt ihren gesamten Bedarf an Woll- und Seidenwaren, Spitzen, Gold- und Silberbesatz, Posamenten und Luxusstoffen von dieser Erfurter Firma bezogen haben.

Die nebenstehend abgebildete Seite aus diesem Hauptbuch führt die Weimarer Herzöge auf, die im Jahre 1622 bei der Firma für insgesamt 9369 Gulden gekauft und, wie die diagonalen Striche beweisen, bezahlt haben. Ähnliche Rechnungen finden sich zu jedem der folgenden Jahre bis 1645. Die obere Aufstellung unseres Blattes ist in Gulden, die untere in Reichstalern gemacht.

Hauptobjekte des Erfurter Großhandels waren Waid (S. 164), Häringe und Wein. Letzterer wurde in großen Mengen in Erfurt und Umgebung angebaut. Gegenstand des Handels aber waren vor allem die auswärtigen und ausländischen Weine. Noch Schiller und Goethe haben ihren Weinbedarf nicht in Weimar, sondern in Erfurt gedeckt.

Hauptbuch der Erfurter Großfirma Ellinger, 1614—45: Erfurt, Stadtarchiv.

Item, die Herrschafften zu Weymar ꝓ sollen mir, als: Herzogk Johan Ernst in E. fol: 250

Item, die Herrschafften zu Weymar ꝓ sollen mir, als: Herzogk Johan Ernst in E. fol: 250	1000.	—	—
Herzogk Friederich ꝓ laut diß fol: 25	233.	7.	2
Herzogk Wilhelm ꝓ laut fol: 45	630.	17.	7½
aber folio 27	610.	12.	—
Herzogk Albrecht ꝓ laut fol: 30	2004.	4.	6
aber laut folio 39	474.	—	—
Herzogk Johan Friederich laut fol: 31	604.	4.	3.
aber fol: 43	669.	2	6
Herzogk Ernst ꝓ laut folio 32	9.	—	—
mehr dito	07.	—	—
Noch mehr dito	115	10	—
Herzogk Bernhardt ꝓ laut fol: 3	1119	—	—
aber dito	996.	3.	10½
Summa	9369 fl	1.	11.

Herzog Johan Ernst ꝓ laut fol: 50				35.	15.	9
Herzog Friederich ꝓ laut folio 25				10	—	—
Herzog Wilhelm ꝓ laut folio 45	191.	6	—	821.	17.	4½
aber laut folio 70	630	11.	4½			
Herzog Albrecht ꝓ laut folio 54	465.	11	—	703.	9	7½
aber laut folio 54	33	—	6			
mehr folio 55	204.	22.	1½			
Herzog Johann Friedrich ꝓ laut folio 44	151.	16	—	537.	6.	3
aber laut folio 63	374.	17.	3			
mehr folio 3	10	21	—			
Herzog Ernst ꝓ folio 32				29.	21.	—
Herzog Bernhardt ꝓ folio 73	300	14	—	164.	16.	9
aber laut folio 78	126.	2	9			
die [illegible] Herrschafft ꝓ folio 79	054.	22.	3.	003.	21.	4.
mehr laut folio 79	22	6	4.			
aber folio 81	6.	16.	9			
Summa				3106.	12.	1.

Dr. 3012. Reichs Daler den Leipziger Neuen Jarßmarckt 1623.

Rest mir noch 174 daler 12 g 1 ₰

Ist gegen uber geth

Waidbau und Waidhandel.

Der Anbau der als Blaufärbemittel dienenden Pflanze mit den gelben Blüten ist in keiner anderen deutschen Landschaft in solchem Umfange gepflegt worden wie in Thüringen. Er brachte den Bauern viel Geld, so daß Martin Luther sagen konnte, die vom Waid erlösten Thaler täten den Bauern zu wohl, Gott würde sie ihnen nehmen. Den größten Nutzen von diesem Anbau hatte freilich die Stadt Erfurt. Sie verdiente doppelt: einmal durch den Anbau selbst, den sie in den 82 ihr gehörigen Dörfern nach Kräften pflegte, und von dem sie Steuern erhob, dann aber vor allem durch den Handel. Der Waidhandel war vom 13. bis zum Anfang des 17. Jahrhunderts das Rückgrat der Erfurter Wirtschaft, oder, wie der Chronist sagt, „die fürnehmste Nahrung“ der Stadt, eine Hauptquelle des Reichtums ihrer Bürger. Wenn schon 1248 eine Waidabgabe, der „Waidpfennig“, erwähnt wird, wenn schon im 14. Jahrhundert zahlreiche Bestimmungen über Waidbau und Waidkauf erlassen werden, wenn wir hören, daß 1579 im Erfurter Gebiet 4344 Äcker mit Waid bepflanzt waren, wenn wir aus den sogenannten „Verrechtsbüchern“ der Stadt Erfurt aus dem 16. und 17. Jahrhundert im Stadtarchiv ersehen, daß fast alle Bürger, welche die größten Vermögen versteuerten, „Waidkäufer“ waren, wenn im Jahre 1617 der Großkaufmann Hiob von Stotternheim (S. 282) für 125000 fl. Waid kaufte und davon einen Reingewinn von 30500 fl. zog, so geht daraus hervor, welche Bedeutung der Waid für den Erfurter Handel besaß. Der Erfurter Waid galt denn auch für den besten. Der Rat tat alles, um diesen Ruf zu erhalten. Die Zahl der mit Waid bepflanzten Äcker in den Erfurter Dörfern mußte jährlich in die Waidregister der Stadt eingetragen werden, von denen einige sich noch erhalten haben, und die Bauern durften ihren Waid nur in Erfurt auf den Markt bringen.

Überall in den Erfurter und Thüringer Dörfern standen die Waidmühlen, in denen die untersten Blätter der jungen Pflanzen von einem großen, radförmigen Stein zerquetscht, dann mit der Hand zu kleinen Ballen zusammengepreßt und auf Gestellen getrocknet wurden, um dann, zu Pulver zerstampft, in Fässern in den Handel zu kommen. Eine genaue Anschauung von einer solchen Mühle gibt die nebenstehende erste Abbildung, auf der im Hintergrunde auch ein Waidfeld zu sehen ist. Die beiden Eckpfosten der durch Pferde getriebenen Mühle waren meist aus Stein, zuweilen (wie hier) aus Holz. Die letzte Waidmühle Thüringens und wohl auch Deutschlands hat sich, wie die untere Abbildung zeigt, in dem gothaischen Dorfe Pferdingsleben bis heute erhalten. Der Dedekindsche Stadtplan von 1675 (Abb. 26) beweist, daß damals auch in Erfurt (im Neuerbe) Waidmühlen bestanden haben. Auch heute erinnert in Erfurt noch manches an den Waid: der Anger, dessen östlicher Teil als Waidmarkt diente, die Weitergasse, deren Name schon 1248 erwähnt wird, endlich das aus dem 15. Jahrhundert stammende Waidhaus im Bezirk des ehemaligen Augustinerklosters.

Nach dem Dreißigjährigen Kriege ging der Waidbau in Thüringen zurück. Im 18. Jahrhundert spielte der Waidhandel nur noch eine bescheidene Rolle in Erfurt, um im 19. ganz aufzuhören. Der Indigo hatte das deutsche Blaufärbemittel verdrängt.

1. Kupferstich von 1757.
2. Photographie von C. Schmidt, 1896.

Die Krämerbrücke.

An Stelle der Furt über die Gera, die der Stadt den Namen gegeben hat, ließ der Rat 1325 an Stelle einer abgebrannten hölzernen eine auf sechs gewaltigen Bogen ruhende steinerne Brücke errichten, die den Namen Krämerbrücke trug. Denn auf ihr — und das macht diese Brücke einzigartig in Deutschland — siedelten sich, wie auf dem Ponte Vecchio in Florenz, die Kaufleute an. Zweifellos war sie der günstigste Ort zum Verkauf von Waren, denn über diese Brücke hat viele Jahrhunderte lang fast der gesamte thüringische Handel seinen Weg genommen. Alle Warentransporte mußten die Stadt passieren und in ihr wiederum die Krämerbrücke. Zwei Kirchen bewachten sie, im Westen die Benediktikirche, im Osten die Ägidienkirche. Große gewölbte Torfahrten durchbrachen das Schiff dieser Kirchen und führten zur Brücke, die damals wie heute einer Straße glich. Erst, wenn man eine ihrer Langseiten betrachtet, bemerkt man, daß die Häuser auf steinernen Bogen über dem darunter fließenden Wasser stehen.
Das Bild zeigt den Ostdurchgang durch die Ägidienkirche.

Krämerbrücke und Mühlstege, 1894.

Das Bild zeigt die Südseite der Krämerbrücke und den Fußsteg, der um sie herum vom Rathaus nach dem Wenige Markt führte. Im Hintergrunde der mit einem klassizistischen Säulenbau geschmückte Turm der Benediktikirche. Im Jahre 1898 wurde statt des Steges eine Straße angelegt, der auch der Benediktiturm zum Opfer fiel.

1. Photographie von E. Bissinger, Erfurt.
2. Photographie von 1894: Erfurt, Städtisches Museum.

Krämerbrücke von Norden.

Der stille Spiegel des Wassers, das aus den dunklen Wölbungsbogen der Brücke fast geheimnisvoll hervorkommt, die Brücke selbst mit ihren Galerien und altersgrauen Dächern, im Hintergrunde der Turm der Ägidienkirche, das alles gibt ein Bild von feinem malerischen Reiz. Erst hier wird man sich ganz bewußt, wie einzigartig diese ganz mit Wohnhäusern besetzte Brücke in Deutschland ist.

Photographie von E. Bissinger, Erfurt.

Erfurter Handwerk.

Das Handwerk hat von jeher in Erfurt in hoher Blüte gestanden, und die Handwerker als die wesentlichen Vertreter dessen, was man heute Mittelstand nennen würde, haben stets eine große wirtschaftliche und politische Rolle in der Stadt gespielt. Wie überall, so auch hier in Zünften zusammengeschlossen, die feste wirtschaftliche Organisationen darstellten und deren Satzungen vom Rat genehmigt werden mußten, waren sie schon im 13. Jahrhundert eine Macht und setzten 1283 durch, daß in den Rat, der bisher nur von den patrizischen „Gefrunden" besetzt wurde, 10 Handwerker aufgenommen wurden, die freilich den neuen sogen. „großen Zünften" der Krämer, Bäcker, Löber, Wollweber, Schuhmacher, Schmiede, Kürschner, Fleischer und Schneider entnommen werden mußten, während die übrigen neun Innungen, die sogenannten „kleinen Zünfte" (Weißgerber, Senkler, Böttcher, Schilderer, Hutmacher, Pergamenter, Färber, Häringer und Schuhflicker) ohne Vertretung im Rate blieben. Doch hatten diese seit 1310 das Recht, mit den „großen" zusammen bei der Wahl der damals neu geschaffenen Vierherren mitzuwirken, die dem Rate gegenüber die Interessen der sogenannten Gemeinde zu wahren hatten. Alle übrigen nicht zu den beiden Gruppen gehörigen Zünfte besaßen als solche keine politischen Rechte.

Von allen Erfurter Innungen haben sich Ordnungen erhalten (im Stadtarchiv); die älteste unter ihnen ist die der Weber von 1315. Ältere Ordnungen sind zweifellos vorhanden gewesen, aber nicht auf uns gekommen. Ausführliche und strenge Vorschriften regelten die Arbeit und das innere Leben der Zunft, ihrer Meister, Gesellen und Lehrlinge. In jener Zeit der Unsicherheit und engen Gebundenheit, wo der einzelne nichts bedeutete, sondern nur in einer größeren Gemeinschaft seine Kräfte zu entfalten vermochte, war diese straffe Organisation mit ihren strengen Satzungen und dem damit verbundenen Zwang eine Notwendigkeit. Nur innerhalb der Innung galt der Handwerker etwas; die Innung gab ihm seine politischen und wirtschaftlichen Rechte und seine soziale Stellung; nur unter ihrem Zwang, aber auch unter ihrem Schutz hatte er festen Boden unter den Füßen. Sinnvolle Gebräuche waren bei Zusammenkünften, bei Aufnahme neuer Mitglieder, bei Festlichkeiten lebendig, und der Wanderzwang der Gesellen weitete den Blick. Die soziale Stellung der Handwerker war eine gehobene; sie bildeten den wesentlichen Teil der dem Mittelstande angehörigen Bürger.

Durch Beschränkung der Zahl der Meister, durch Fleiß und Tüchtigkeit sind die Erfurter Zünfte schon im Mittelalter zu einer hohen wirtschaftlichen Blüte gekommen. Große Stiftungen, wie das von den Schneidern gegründete Kleine Hospital (S. 160), beweisen, daß sie über bedeutende Geldmittel verfügten. Mit Vorliebe aber haben sie ihre Stiftungen den Bettelorden zugewandt, besonders den Predigern und Barfüßern, die ja dem Volke näher standen, als der alte aristokratische Orden der Benediktiner; die Kirchen dieser beiden Orden sind zum großen Teile durch solche Handwerker-Stiftungen erbaut worden. Die reichsten Zünfte der Stadt haben je ein Gewölbe der im Laufe des 13. und 14. Jahrhunderts erbauten Kirchen der Prediger- und Barfüßerorden gestiftet. Das bezeugen nicht nur Urkunden, sondern auch die noch heute vorhandenen Schlußsteine dieser Gewölbe.

Unsere Bilder zeigen drei dieser Schlußsteine aus der Predigerkirche und einen aus der Barfüßerkirche, die besagen, daß Fleischer, Färber, Schneider und Hutmacher die betreffenden Gewölbe gestiftet haben.

Bemalte Gewölbeschlußsteine 14.—15. Jahrhundert: Erfurt, Predigerkirche und Barfüßerkirche.

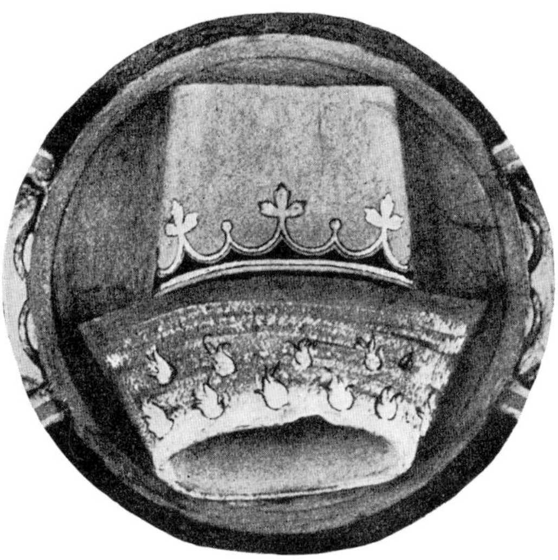

Handwerksladen.

Im Leben der Innung spielte die Lade eine große Rolle. Sie diente nicht nur als Behälter zur Aufbewahrung der Innungsgeräte, Siegel, Ordnungen und Schriftstücke, sondern bei geöffneter Lade fanden auch die Versammlungen der Innung statt; sie war gewissermaßen das Symbol der Innung.

Lade der Kürschner. Sie gehört der Gotik des 15. Jahrhunderts an und zeigt auf rotbemaltem Grund ein schön gearbeitetes Schloß und einen guten, klar gegliederten, als Ornament wirkenden Eisenbeschlag. Auf dem Deckel ein Rest von Malerei, einen Pelz darstellend.

Lade der Bäcker. Sie ist 1595 datiert und dementsprechend in den Formen der Renaissance gehalten, der es vor allem (auch beim Kunstgewerbe) auf Fassadenwirkung ankam. Die Lade ist Nußbaum furniert und zeigt auf ihrer mit vergoldeten, reliefierten Ornamenten versehenen Schauseite zwei von je einem Engel gehaltene Wappen, deren eines durch die Brezel als das Innungswappen gekennzeichnet ist, während das andere die Hausmarke des Obermeisters enthält. Über den Wappen die Inschriften: Er Ciliax Kune und Caspar Schad.

Deckel, Rückseite und die beiden Schmalseiten sind 1718 erneuert und mit eingelegten Barockornamenten verziert worden. Sie enthalten die Namen A. Nicolaus Briheim, A. Caspar Nitling, B. Heinrich Krönch, B. Christoph Erhart Sutor.

Lade der Müller. 1683 datiert, aber noch ganz in Renaissanceformen gehalten. In den zwei Feldern der Schauseite das gemalte Wappen der Innung mit den Abzeichen des Handwerks. Auf der Innenseite des Deckels eine Flußlandschaft mit Wassermühle.

Lade der Beutler, Gürtler und Taschner. Sie stammt auch aus dem Jahre 1683 und ist aus schwarz bemaltem Buchenholz gefertigt, hat aber schon Barockform und ist mit Barockornamenten in gestanztem und getriebenem Messing verziert. Auf der Vorderseite die Inschrift: Handwerk der Gurdler, Beutler und Taschner 1683; auf der Rückseite: Macht mich Johann Jackob Huck dem Handwerck zu Ehren 1683.

Vier Laden: Erfurt, Städtisches Museum.

ER CILIAX KUNE
CASPAS SCHADE

Innungs-Schwurtafeln.

Bei allen Eidesleistungen, die die Innung vorgeschriebenermaßen forderte, mußte der Schwörende seine Finger auf die sogenannte Schwurtafel legen, die in Form einer abgestumpften Pyramide aus Holz gebildet und auf allen vier Seiten mit religiösen Darstellungen bemalt war.

Die Abbildungen zeigen die beiden Schwurtafeln der Erfurter Huf- und Waffenschmiede aus dem Ende des 13. Jahrhunderts (oben) und der Tuchmacher aus dem 14. Jahrhundert (unten). Beide Tafeln haben auf der Schauseite die Kreuzigungsgruppe, auf der Rückseite Christus als Weltenrichter, an den Schmalseiten je eine Heiligengestalt. Auf der unteren Tafel sieht man oben noch die vier Evangelistensymbole. Leider sind die Malereien sehr schlecht erhalten.

Schwurtafeln, Buchenholz, bemalt: Erfurt, Städtisches Museum.

Die Schneidermeister Konrad von Duderstadt und Siegfried von Leubingen, Gründer des Kleinen Hospitals, 1410.

Die beiden wohlhabenden Handwerksmeister, die 1410 das noch heute bestehende Kleine Hospital gestiftet haben, knieen unter einer auf unserem Bilde nicht sichtbaren Kreuzigungsgruppe, zwei Männer in vorgerückten Jahren, bekleidet mit hohen Mützen und langen Mänteln. Zu ihren Füßen lehnen ihre Wappen. Die um die Platte laufende Inschrift besagt, daß der Bau des von den beiden Schneidern gegründeten Armenhospitals und der damit verbundenen Kapelle 1410 begonnen worden ist. Auf den Spruchbändern zwischen ihnen steht lateinisch: „Erbarme Dich meiner, allmächtiger Gott, nach Deiner großen Barmherzigkeit.“

Der Gedenkstein ist 1420—30 errichtet worden.

Bemalte Sandsteinplatte: Erfurt, Kleines Hospital.

Die Fleischbänke in Erfurt auf dem Markt vor dem Dom, 1550.

Diese Zeichnung des 1683 gestorbenen Samuel Fritz, der selbst auf dem Markt (heute Friedrich-Wilhelm-Platz) wohnte, geht vielleicht auf eine ältere Abbildung zurück, darf jedenfalls, was die Architektur der Giebelhäuser angeht, auch noch für 1550 gelten. Auch der Brunnen und der quer über den Platz fließende Wasserlauf waren um diese Zeit genau so vorhanden. Man sieht die mit dem Beil hantierenden Fleischer bei ihren Bänken. Die hier nicht sichtbare Beischrift lautet, aus der Erfurter Orthographie jener Zeit in die unsere übertragen: „Eigentliche Delineatio der Fleischbänke zu Erfurt anno 1550. Das ist die Seite auf dem Markt an dem Roten Hahn, da stunden viel Weidenbäume. Es klagen die Fleischer, das Geschmeiß fiel ihnen auf das Fleisch. Darum wurden die Bäume alle in einer Nacht abgehauen."

Führungszeugnis für einen Kürschnergesellen, 1770.

Das Zeugnis ist vom Kürschnerhandwerk in Erfurt für den Gesellen C. F. Braun aus Prenzlau ausgestellt und von zwei Ratsherren, dem Obervormund und dem Untervormund des Handwerks sowie von dem Meister unterschrieben worden, bei dem er zwei Jahre gearbeitet hatte. Oben eine Ansicht der Stadt mit der Überschrift: „Erfurt, die Hauptstadt in Thüringen." Ähnlich waren die Lehrbriefe ausgestattet, die den Lehrlingen nach abgelaufener Lehrzeit ausgehändigt wurden.

1. Federzeichnung von ca. 1670 von Samuel Fritz in seiner Chronik: Erfurt, Stadtarchiv.
2. Zeugnis, Kupferstich von G. H. Werner: Erfurt, Städtisches Museum.

Erfurt die Haupt-Stadt in Thüringen

Wir zur Zeit Verordnete Vormünder und sämtliche Meister E. Ehrsamen Handwerks derer Kürschner in der Churfürstl. Maynzischen Kauff Handel- und Wandel-Stadt Erfurt in Thüringen attestiren, krafft dieses, das gegenwertiger Gesell, Nahmens Christian [illegible] Braun gebürtig von [illegible] seines alters 25 Jahr, von Statur mittel und braun Haaren, ist bey uns allhier 2. Jahr — Wochen in Arbeit gestanden und solche Zeit über sich treu, fleißig, still, friedsam und ehrlich, wie es einem jeden Handwerks-Gesellen gebühret, verhalten, Weshalben wir unsere gesamten MitMeister jedes Orts, diesen Gesellen nach Handwerks Gebrauch zu fördern; hiermit gedienend ersuchen wollen.

Erfurt, den 12t. Februarij Anno 1740.

gestochen in Verlag v. G.H. Werner Hof-Medailleur

Johann Andreas Wiegand. Raths Verwand

Nicolaus Heinrich Wiedemann. Unter Vormund

Pokal, sogenannter „Willkommen“ der Erfurter Sattlerinnung.

Der stattliche Zinnpokal, nach Handwerkssitte mit vielen, meist silbernen Medaillen und Schaustücken behängt, ist dadurch interessant, daß in der obersten Behangreihe ein silbervergoldetes Schaustück mit dem Bildnis des Königs Gustav Adolfs hängt, ein Geschenk desselben an die Innung, als er in einer launigen Stunde als Geselle aufgenommen worden war.

Zinnpokal der Müllergesellen.

Der in den seit dem Barock üblichen Formen gehaltene Zinnpokal der Erfurter Müllergesellen stammt aus der zweiten Hälfte des 18. Jahrhunderts. Am Kelchrand die Inschrift: Altgesell G. C. Breidenherd, Beysitz-Meister J. Gottfridt Beck, J. Samuel Heintze.
Die anhängenden Wappenschilder tragen Inschriften der Stifter aus den Jahren 1778—1891.
Der Pokal stammt aus der aufgelösten Müllerinnung.

1. Pokal aus Zinn, 17. Jahrhundert: Erfurt, Sattlerinnung.
2. Zinnpokal: Erfurt, Städtisches Museum.

Die Weberkrone, 1728.

Das aus der Herberge der Erfurter Webergesellen stammende, zum Aufhängen bestimmte Schmuckstück der Herbergsstube zeigt eine aus Zinn gebildete Krone, an deren Reif drei Weberschiffchen aus demselben Metall hängen. In der Krone hängen bunte Seidenbänder, z. T. mit Widmungen aus den Jahren 1800—1849 bedruckt.
Auf dem Reif der Krone die Inschriften: Meister Johan Martin Franken als Beisitzer, Georgius Kretschner als Altgeselle; Carl Wilhelm Boettger Zingiser den 7. August 1728, Johan George Theman in Markleisen als Altgeselle.
An den Weberschiffchen die Verse:

Der Weber Lob kan nicht vergehen,
Solange de Ertkreis wirt bestehn.
Des Menschen Kleit ins Grab hinein
Mus Weber-Zeug und Leimwandt sein.

Arbeit des Erfurter Zinngießers Wilhelm Böttcher.

Tür aus einem Erfurter Bürgerhause, 1539.

Eine Querleiste teilt die Tür in zwei gleich große Felder, deren jedes mit ornamentalen Schnitzereien gefüllt ist. Oben ein gekröntes Meerweib, dessen nackter Leib in zwei geschuppte Fischschwänze ausläuft und die Jahreszahl 1539 trägt. Zu seiten ihres Kopfes je ein Wappen; das rechte ist das der Erfurter Familie Pfaffe. Im unteren Feld zwei verschlungene, mit Ranken besetzte Delphine.
Die in ihren Motiven für die deutsche Frührenaissance sehr charakteristische und technisch ausgezeichnet gearbeitete Tür stammt aus dem in den Dreißiger Jahren des 16. Jahrhunderts erbauten Hause zum goldenen Sternberg in der Allerheiligenstraße (S. 274).

Siegelkapsel der Erfurter Goldschmiede, 1592.

Auf dem Deckel, umgeben von einem mit feinen Ranken und Blumen in Niello-Arbeit verzierten Rande die sitzende Figur des heil. Eligius, des Patrons der Goldschmiede, und die Jahreszahl 1592. Auf der Rückseite die Namen der zehn Erfurter Goldschmiede: Hans Knewel, Hans Libperd, Hans Weber, Heinrich Heilschwinck, Andres Grining, Chrisdoff Weber, Josd Frommer, Hans Gronnenberger, Christdoff Elskhun, Joseph Laurich.
Die vorzüglich gearbeitete Kapsel umschließt das Siegel der auf Pergament geschriebenen Statuten der Erfurter Goldschmiede-Innung von 1591. Diese ist eine der vornehmsten und reichsten unter den Erfurter Zünften. In der Predigerkirche hat sie, wie die Schlußsteine ergeben, nicht weniger als drei Gewölbe gestiftet. Einer dieser Schlußsteine ist hier abgebildet.

1. Weberkrone: Erfurt, Städtisches Museum.
2. Tür von 1539: Erfurt, Städtisches Museum.
3. Die Statuten im Erfurter Stadtarchiv.
4. Schlußstein, Sandstein bemalt: Erfurt, Predigerkirche.

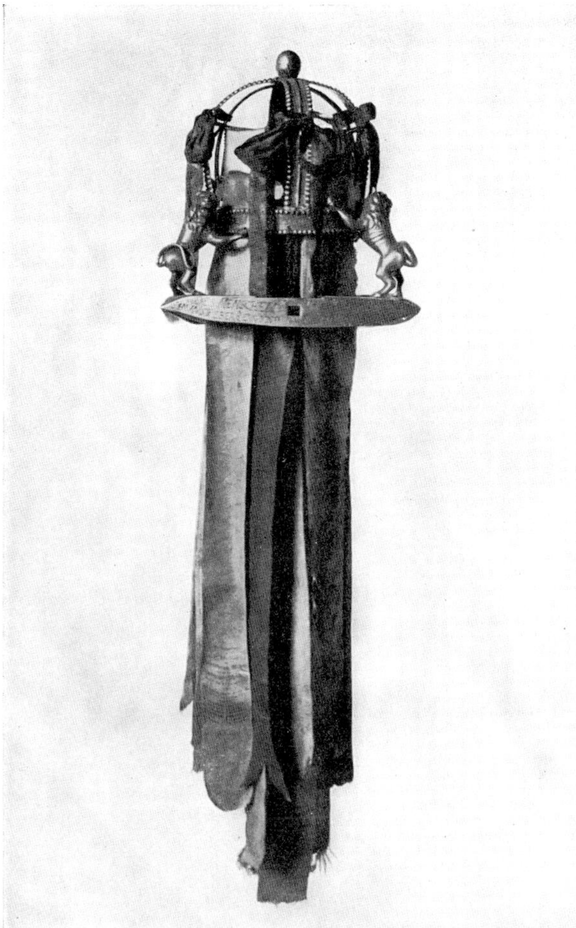

ANNO DOMINI

Zimmer in einem Erfurter Bürgerhause, 1616.

Die Wandtäfelung aus Holz in reichen Renaissanceformen befand sich in einem 1893 abgebrochenen Hause am Junkersand von 1616 und gibt ein gutes Bild von der künstlerischen Ausstattung eines wohlhabenden Erfurter Bürgerhauses. Das Haus gehörte ursprünglich der vornehmen und reichen Familie von der Sachsen, ging aber um 1600 in den Besitz des Ratsherrn Rudolf Jünger, vor 1620 in den Besitz des bekannten Oberstratsmeisters Dr. Hieronymus Brückner über. Letzterer hat wahrscheinlich die Wandtäfelung machen lassen, die sich jetzt im Städtischen Museum befindet.

Photographie von 1893.

Sakristei der Wigbertikirche.

Das um 1670 entstandene Geschränk mit den vier von Putten gehaltenen bemalten Kartuschen als oberer Verzierung gibt ein gutes Beispiel von der Erfurter Tischlerarbeit der Barockzeit. Die Decke zeigt die damals in Erfurt übliche Stuckarbeit, wie sie sich auch in Erfurter Privathäusern noch häufig bis heute erhalten hat.

Photographie von 1910.

Erfurter Glocken.

Die Glockengießerei hat in Erfurt bis ins 19. Jahrhundert hinein auf bedeutender Höhe gestanden. Hervorragende Meister sind hier tätig gewesen und haben ganz Thüringen mit Glocken versorgt, so Günther von Erfurt (um 1350), Claus von Mühlhausen (um 1475), Eckart Kuchen (1564—1599), Melchior Möring (1584—1599), Nikolaus Jonas Sorber (1715—1737).

Am berühmtesten ist die 1497 von Gerhard Wou von Kampen gegossene, 275 Zentner schwere große Glocke im Dom, die sogenannte Maria gloriosa, die zweitgrößte deutsche Glocke, deren wundervoll warmer, tiefer Ton durch alle Jahrhunderte hindurch bis heute die Hörer in seinen Bann gezogen hat.

Das obere Bild zeigt die laut Inschrift von Günther von Erfurt zu Ehren des heiligen Petrus gegossene Glocke (um 1350), die ursprünglich in der Peterskirche hing, dann nach Nottleben kam und seit etwa 20 Jahren sich im Erfurter Museum befindet.

Ebendort ist die zweite Glocke aufgestellt, 1610 von Meister Melchior Möring gegossen, mit einem Bande von Renaissanceornamenten verziert.

Zwei Glocken: Erfurt, Städtisches Museum.

Erfurter Buchbindekunst.

Wie zahlreiche Einbände des Mittelalters und der folgenden Jahrhunderte in der Stadtbücherei und im Stadtarchiv beweisen, hat die Buchbindekunst in Erfurt auf einer ganz besonderen Höhe gestanden. Hier lebte im 15. Jahrhundert der berühmte Johannes Fogel, nach dem Zeugnis des bedeutendsten Fachmannes „der bekannteste Buchbinder seines Jahrhunderts“. Aber auch im 16. und 17. Jahrhundert hat es noch hervorragende Buchbinder in Erfurt gegeben; zahlreiche Einbände von Rechnungsbüchern des Rates der Stadt geben davon Zeugnis.

In der Abbildung wird ein aus dem Ende des 14. Jahrhunderts (ca. 1390) stammender Einband einer Handschrift des ältesten Erfurter Stadtrechtes gegeben, dessen Vorderseite in reichstem Lederschnitt Medaillons mit phantastischen Tiergestalten zeigt, während die Rückseite mit einer reich verzweigten gotischen Ranke verziert ist.

Gotischer Kronleuchter.

Der um 1400 entstandene Leuchter, aus einem Elengeweih gebildet, an dessen Stirnknochen ein jugendlicher Frauenkopf mit Pelzhaube befestigt ist, und der an einer mit dem Erfurter Wappen geschmückten Holzscheibe hängt, stammt aus dem alten Rathause und hing in dessen großer Halle (S. 67).

Handschrift des 14. Jahrhunderts: Erfurt, Stadtarchiv, A I, 5.

Erfurter Bier.

Das Recht des Bierbrauens haftete in Erfurt an bestimmten größeren Häusern, in denen die zum Brauen nötigen Vorrichtungen vorhanden waren. Die Inhaber dieser Häuser und dieses Rechts führten den Namen Biereigen. Sie bildeten eine nach den Stadtvierteln Mariä, Andreas, Mercatorum und Viti gegliederte Genossenschaft, an deren Spitze die sogenannten Walepurgisherren standen, anfangs vier, seit 1678 nur noch zwei. Jedes Viertel besaß einen Knecht, den sogenannten Bierrufer, der in einer besonderen Tracht durch die Straßen ging und ausrief: „Ein gut jung Bier ist in dem Hause zum [folgt der Name des Hauses] aufgetan.“ Bekannt ist die Geschichte von König Rudolf I., der 1290 bei seinem zehnmonatlichen Aufenthalt in Erfurt einmal in guter Laune das Bier des Siegfried von Buttstedt ausgerufen hatte (S. 56). Am 1. Mai, also am Walpurgistage, fand der sogenannte Walpurgis- oder Walperzug in den Steigerwald statt, an dem der Stadthauptmann, die Walpurgisherren, die Biereigenschaft, die Bierrufer und Brauknechte teilnahmen. Im Dreißigjährigen Kriege fiel der Zug aus; 1670 wieder eingeführt, wurde er 1703 gänzlich abgeschafft. Biereigenschaft und Bierrufer haben sich bis zum Anfang des 19. Jahrhunderts in Erfurt erhalten. In den Häusern zur Hohen Lilie auf dem Friedrich-Wilhelms-Platz und zur Engelsburg in der Allerheiligenstraße sind noch heute die früher der Brauerei dienenden Räume vorhanden.

Das Stadtarchiv bewahrt die Verzeichnisse der als Biereigenhöfe bezeichneten, mit dem Braurecht versehenen Häuser und der Biereigen, ferner die Verzeichnisse der Walpurgisherren seit 1573, meist mit deren Wappen versehen. Sie sind auch dadurch interessant, daß sie vielfach ein farbiges Bild der jedesmaligen Viertelsknechte oder Bierrufer enthalten, deren Tracht man auf diese Weise durch zwei Jahrhunderte verfolgen kann. Auch sind öfters gereimte Verse mit eingeflochten.

Das Bild zeigt den Bierrufer Henning Meier, der am 1. Mai 1685 eingekleidet wurde. Die Fahne mit den Figuren der Maria und des Andreas zeigt an, daß er für die Viertel Mariä und Andreas bestellt war. Dabei stehen die Verse zum Lobe des Bieres:

„Es liebe, wer da will, die dünnen Vogel-Weine [Wasser],
Die zwar von solcher Stärke sind, daß sie die Mühlen
Bewegen, aber doch gar wenig Mark im Beine
Verschaffen, sondern sind ohn Nutzen, ohne Kühlen.
Ich nehme Bier davor, das gibt durch dicke Säfte
Dem trocknen Hals und Schlund, dem labsalgierigen Magen,
Den Gliedern insgesamt die besten Mark und Kräfte
Und bringt die Trunkenen schadlos ins Bett getragen.“

Farbiges Aquarell im Stammbuch der Walpurgisherren des Mariä- und Andreas-Viertels: Erfurt, Stadtarchiv.

Universität und Humanismus.

Gründungsurkunde des Papstes Clemens VII. für die Universität Erfurt von 1379.

Die Erfurter Universität ist offiziell erst 1392 ins Leben getreten, d. h. sie hat in diesem Jahre ihren Lehrgang begonnen und die Berechtigung zur Verleihung akademischer Grade erhalten, aber bestanden hat sie als „Studium" schon lange vorher. Bereits um das Jahr 1330 hören wir von einer „Gesamtheit der Studierenden (universitas studencium)" in Erfurt, und die eigentliche Gründungsurkunde stammt schon von 1379. Am 16. September dieses Jahres gibt Papst Clemens VII. dem Rat und der Bürgerschaft der durch die Fruchtbarkeit ihrer Umgebung und ihre sonstigen Einrichtungen und Bequemlichkeiten für die Studierenden berühmten Stadt Erfurt das Recht, eine Universität (studium generale) zu gründen, in der neben der Theologie auch Grammatik, Logik und Philosophie, kanonisches und bürgerliches Recht sowie Medizin gelehrt werden solle. Papst Urban VI. wiederholte am 4. Mai 1389 diese Gründungsurkunde, und dessen Nachfolger Bonifatius IX. erteilte der neuen Universität, die 1392 ihre Pforten öffnete, in den Jahren 1390—95 mehrere Privilegien.

Die Universität Erfurt gehört also nicht nur zu den ältesten, sondern ist auch neben Köln die einzige deutsche Hochschule, die nicht von Fürsten gegründet und unterhalten wurde, sondern der Kulturpolitik einer städtischen Bürgerschaft ihr Dasein und ihren Fortbestand verdankt. Im 15. und in den beiden ersten Jahrzehnten des 16. Jahrhunderts steht sie zweifellos unter den deutschen Universitäten in erster Reihe, ja eine Zeitlang beherbergte sie fast alle die Männer, mit deren Namen Humanismus und Reformation untrennbar verknüpft sind, so daß ihr größter Schüler, Martin Luther, sagen konnte, daß mit ihr verglichen ihm die anderen Universitäten fast wie Anfängerschulen erschienen seien.

Seit 1521 trat die universale Bedeutung der Erfurter Universität für das deutsche Geistesleben zurück, aber sie blieb im 16. Jahrhundert immerhin eine würdige Schwester der meisten anderen deutschen Hochschulen, trotzdem sie in ihrer Entwicklung leider durch den Gegensatz der Konfessionen gehemmt wurde. Denn obwohl die Stadt Erfurt so gut wie ganz evangelisch geworden war, blieben die auf Grund alter Privilegien mit der Universität eng verbundenen geistlichen Stifter St. Marien (Dom) und St. Severi katholisch. Die Folge war, daß die theologische Fakultät offiziell katholisch blieb, und die evangelische Theologie zwar gelehrt wurde, aber keine Fakultätsrechte besaß. Ein Versuch König Gustav Adolfs, diesen Zustand zu Gunsten der Evangelischen zu ändern, scheiterte nach wenigen Jahren an der Ungunst der Lage. Im Jahre 1664 mit der Stadt mainzisch geworden, sank die Universität in ihrer Bedeutung immer mehr, und auch die gutgemeinten, aber unzulänglichen Versuche Dalbergs im letzten Viertel des 18. Jahrhunderts vermochten sie nicht mehr wirklich lebendig zu machen. So wurde sie 1816 von Preußen aufgehoben, das neben seinem Schoßkind Halle in der Provinz Sachsen keine zweite Universität haben wollte und damit außer Wittenberg auch die zweite Hochschule der deutschen Reformation vernichtete.

Urkunde auf Pergament; die Bleibulle fehlt: Erfurt, Stadtarchiv.

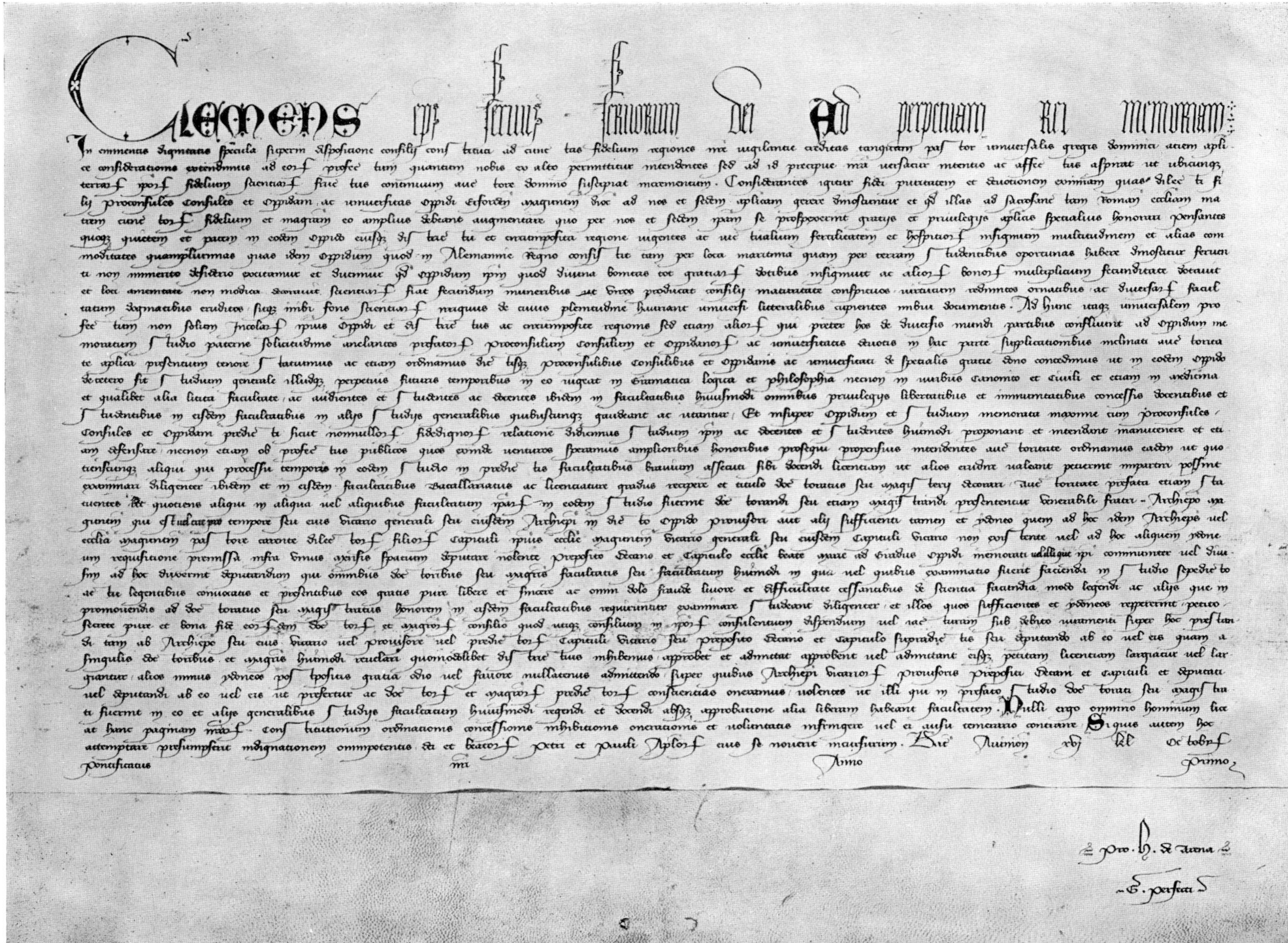

Clemens episcopus servus servorum dei Ad perpetuam rei memoriam.
In eminenti dignitatis specula superne dispositione consilii constituti ad cunctas fidelium regiones nostre vigilantie aciem apostolice considerationis extendimus ad eorum profectum quantum nobis ex alto permittitur intendentes sed ad id precipue nostra versatur intentio ac affectus aspirat ut ubicunque terrarum ipsorum fidelium scientiarum fiat fecundum munerum ... Considerantes igitur fidei puritatem et devotionem eximiam quas dilecti filii proconsules consules et oppidani ac universitas oppidi Erfforden. Maguntin. dioc. ad nos et sedem apostolicam gerere dinoscuntur et quod illas ad sacrosanctam Romanam ecclesiam matrem cunctorum fidelium et magistram eo amplius debeant augmentare quo per nos et sedem ipsam se prosecuti fuerint gratiis et privilegiis apostolicis specialius honorati pensantes quoque quietem et pacem in eodem oppido existentem ... ac circumposita regione vigentes ac victualium fertilitatem et hospitiorum insignium multitudinem et alias commoditates quamplurimas quas idem oppidum quod in Alemannie regno consistit tam per loca maritima quam per terram studentibus oportunas habere dinoscitur ferventi non immerito desiderio excitamur et ducimur quod oppidum ipsum quod divina bonitas tot gratiarum dotibus insignivit ac aliorum bonorum multiplicium fecunditate dotavit et loci amenitate non modica decoravit scientiarum fiat fecundum muneribus ut viros producat consilii maturitate conspicuos virtutum redimitos ornatibus ac diversarum facultatum dogmatibus eruditos sitque ibi fons scientiarum irriguus de cuius plenitudine hauriant universi litteralibus cupientes imbui documentis. Ad hunc itaque universalem profectum non solum incolarum ipsius oppidi et dicte circumposite regionis sed etiam aliorum qui preter hos de diversis mundi partibus confluent ad oppidum memoratum studio paterne sollicitudinis anhelantes prefatorum proconsulum consulum et oppidanorum ac universitatis devotis in hac parte supplicationibus inclinati auctoritate apostolica presentium tenore statuimus ac etiam ordinamus dicteque proconsulibus consulibus et oppidanis ac universitati de speciali gratie dono concedimus ut in eodem oppido de cetero sit studium generale illudque perpetuis futuris temporibus in eo vigeat in grammatica logica et philosophia necnon in iuribus canonico et civili et etiam in medicina et qualibet alia licita facultate ac audientes et studentes ac docentes ibidem in facultatibus huiusmodi omnibus privilegiis libertatibus et immunitatibus concessis doctoribus et studentibus in eisdem facultatibus in aliis studiis generalibus quibuscunque gaudeant ac utantur. Et insuper oppidum et studium memorata maxime cum proconsules consules et oppidani predicti sicut nonnullorum fidedignorum relatione didicimus studium ipsum ac docentes et studentes huiusmodi proponant et intendant manutenere et etiam defensare necnon etiam ob profectus publicos quos exinde venturos speramus amplioribus honoribus prosequi propensius intendentes auctoritate ordinamus eadem ut quotienscunque aliqui qui processu temporis in eodem studio in predictis facultatibus bravium assecuti sibi docendi licentiam ut alios erudire valeant petierint impertiri possint examinari diligenter ibidem et in eisdem facultatibus baccallariatus ac licentiature gradus recipere et titulo doctoratus seu magisterii decorari auctoritate prefata etiam statuentes quod quotiens aliqui in aliqua vel aliquibus facultatum ipsarum in eodem studio fuerint doctorandi seu etiam magistrandi presententur venerabili fratri ... Archiepiscopo Maguntin. qui est pro tempore seu eius vicario generali seu eiusdem Archiepiscopi in dicto oppido provisori aut alii sufficienti tamen et ydoneo quem ad hoc idem Archiepiscopus vel ecclesia Maguntin. pastore carente dilecti filiorum capituli ipsius ecclesie Maguntin. vicario generali seu eiusdem capituli vicario non existente vel ad hoc aliquem ydoneum requisitione premissa infra unius mensis spatium deputare nolente preposito decano et capitulo ecclesie beate Marie ad gradus oppidi memorati ... communiter vel divisim ad hoc duxerint deputandum qui omnibus doctoribus seu magistris facultatis seu facultatum huiusmodi in qua vel quibus examinatio fuerit facienda in studio supradicto actu legentibus convocatis et presentibus eos gratis pure libere et sincere ac omni dolo fraude livore et difficultate cessantibus de scientia facundia modo legendi ac aliis que in promovendis ad doctoratus seu magisterii honorem in eisdem facultatibus requiruntur examinare studeant diligenter et illos quos sufficientes et ydoneos repererint petito secrete pure et bona fide eorundem doctorum et magistrorum consilio quod ... consilium in ipsorum consulentium dispendium vel iacturam sub debito iuramenti super hoc prestandi tam ab Archiepiscopo seu eius vicario vel provisore vel predictorum capituli vicario seu preposito decano et capitulo supradictis seu deputando ab eo vel eis quam a singulis doctoribus et magistris huiusmodi revelari quomodolibet districtius inhibemus approbet et admittat approbent vel admittant eisque petitam licentiam largiatur vel largiantur alios minus ydoneos postpositis gratia odio vel favore nullatenus admittendo super quibus Archiepiscopi vicariorum provisoris prepositi decani et capituli et deputati vel deputandi ab eo vel eis ut prefertur ac doctorum et magistrorum predictorum conscientias oneramus volentes ut illi qui in prefato studio doctorati seu magistrati fuerint in eo et aliis generalibus studiis facultatum huiusmodi regendi et docendi absque approbatione alia liberam habeant facultatem. Nulli ergo omnino hominum liceat hanc paginam nostrorum constitutionum ordinationis concessionis inhibitionis onerationis et voluntatis infringere vel ei ausu temerario contraire. Si quis autem hoc attemptare presumpserit indignationem omnipotentis dei et beatorum Petri et Pauli Apostolorum eius se noverit incursurum. Dat. Avinion. xvj kl. Octobris
Pontificatus nostri Anno Primo.

Pro. H. de Arena
G. Perfecti

Die alte Universität, das ehmalige Collegium majus.

Das älteste und größte Kollegium der Erfurter Universität, 1392 zugleich mit ihr gegründet, ursprünglich schlechthin Universitäts-Kollegium (collegium universitatis) genannt, erst später nach Gründung anderer Kollegien als collegium majus (das größere) in seinem Range als vornehmstes gekennzeichnet. Es enthielt nicht nur Vorlesungssäle und die Amtsräume des Rektors, sondern war auch das offizielle Gebäude der philosophischen Fakultät mit dem Amtsraum von deren Dekan und dem großen Saal für die Promotionen der Fakultät und enthielt außerdem Wohnungen für Magister und 8 Kollegiaten, die Magister sein mußten, und deren Stellen vom Rate besetzt wurden, sowie für viele Studenten, die dort ein gemeinsames Leben führten, endlich die dazu gehörigen Wirtschaftsräume.
Der älteste Bau von 1435 wurde im Jahre 1510 bei einer Schlacht zwischen dem durch Soldaten verstärkten Volk und den Studenten fast vollständig zerstört. Der heutige Bau stammt im Untergeschoß aus den Jahren 1511—13. Das prachtvolle spätgotische Portal war 1513 vollendet; das Obergeschoß ist erst 1549—50 errichtet worden.
Im Jahre 1681 wurde das Gebäude, das noch ausgedehnte Anbauten an der Ostseite besaß, die sich bis zur Gera erstreckten, dem Alleingebrauch der philosophischen Fakultät entzogen und zum Hauptsitz der gesamten Universität umgewandelt. Als solcher hat es bis zu deren Aufhebung (1816) gedient.
Die dem Kollegium schräg gegenüberliegende Pfarrkirche St. Michaelis, schon im 12. Jahrhundert gegründet, war zugleich die Kirche der philosophischen Fakultät. In ihr hat Martin Luther, der ja der Fakultät 4 Jahre angehörte, sehr oft dem Gottesdienst beigewohnt, auch im Kollegium selbst muß er häufig geweilt haben.

Moderne Photographie.

Aula der alten Universität.

Der große Saal, ursprünglich Promotionsraum der philosophischen Fakultät, später Universitätsaula, zeigt an der Nordschmalwand eine ausgesprochene spätgotische Fensterarchitektur, die mit dem Taufstein der Severikirche von 1467 zusammengeht, also der Zerstörung von 1510 (s. S. 180) entgangen sein muß, während die westliche, nach der Michaelisstraße gelegene Langseite eine Frührenaissance-Fensterarchitektur mit Balustersäulen aufweist, die dem Neubau des Obergeschosses von 1549—50 angehört.

Das obere Bild zeigt ein gotisches Fenster der Nordseite, das untere ein Doppelfenster der Renaissanceseite.

Photographien von E. Bissinger, Erfurt.

Das Kollegium Amplonianum.

Außer dem Collegium majus wurden für die Universität noch mehrere andere Collegia gestiftet, so 1448 im Brühl das Collegium Marianum, das der juristischen Fakultät dienen sollte, vom Dompropst Dr. Heinrich von Gerbstedt, 1520 das Collegium Saxonicum in der Allerheiligenstraße von Dr. jur. Tilemann Brandis aus Hildesheim, als größtes und wichtigstes jedoch das Amplonianische Kollegium, das sich zuerst im Hause zur Himmelspforte in der Michaelisstraße befand, 1767 jedoch in das Haus zum Falkenstein in der Marktstraße (jetziges Realgymnasium) verlegt wurde. Es verdankt seine Entstehung dem Zusammenwirken des gelehrten Arztes Dr. Amplonius Rating von Rheinberg (auch Berka genannt) und dem Rat der Stadt Erfurt. Amplonius, der seit ihrer Gründung der Erfurter Universität angehörte und 1394 ihr zweiter Rektor wurde, stiftete 1412 die Geldmittel und seine besonders wertvolle Bibliothek, der Rat schenkte die Gebäude der Himmelspforte und befreite sie von allen Lasten und Abgaben. Die Urkunden dieser Stiftungen, die im Jahre 1423 und 1433 erneuert wurden, befinden sich im Stadtarchiv. Das Kolleg sollte 15 Stipendiaten oder Kollegiaten haben, von denen 9 vom Rat der Stadt Rheinberg besetzt werden sollten. Infolge der reichen Stiftungen hat das Kolleg sich selbst erhalten und blieb bis zur Aufhebung der Universität bestehen.

Die Bilder zeigen den Anfang der Stiftungsurkunde vom 22. September 1423 und das daran hängende Siegel des Amplonius. Die Urkunde beginnt: Ich Amplonius von Bergka, meister in Arcztige [Arztkunst] Dechen [Dekan] der Kirchen sente Victor uszwendig Mencze [außerhalb von Mainz].

Das Siegel zeigt die prachtvolle Gestalt des heiligen Ritters Georg, der den zu seinen Füßen liegenden Lindwurm überwunden hat. Darunter das Wappen des Amplonius (drei Fische).

Die Amplonianische Bibliothek und Handschriftensammlung.

Der Arzt Dr. Amplonius Rating von Rheinberg hat 1412 nicht nur das nach ihm benannte Kollegium gestiftet, sondern auch seine umfangreiche, ungemein kostbare Bibliothek der Universität Erfurt geschenkt. Sie ist seitdem stark vermehrt worden, enthält außer den bei der Stiftung übergebenen Handschriften auch zahlreiche Inkunabeln (frühe Drucke des 15. Jahrhunderts) und andere wertvolle Druckwerke und stellt jetzt den Hauptschatz der Erfurter Stadtbücherei dar.

Der von Amplonius eigenhändig geschriebene Katalog seiner damals ja nur aus Handschriften bestehenden Bibliothek verzeichnet 609 Bände. Die nebenstehende Abbildung zeigt eine halbe Seite dieses Kataloges. Der Anfang lautet (charakteristisch für die Zeit sind die Abkürzungen der lateinischen Worte):

De philosophia naturali.
Isti sunt libri, quos ego Amplonius Ratynck
de Berka habeo in philosophia naturali.
Zu deutsch: Von der Naturphilosophie.
Dies sind die Bücher, die ich, Amplonius Rating von Berka, über die Naturphilosophie
in Besitz habe.

Urkunde von 1423 September 22: Erfurt, Stadtarchiv, VII A 6.
Katalog der Amplonianischen Handschriftensammlung: Erfurt, Stadtbücherei.

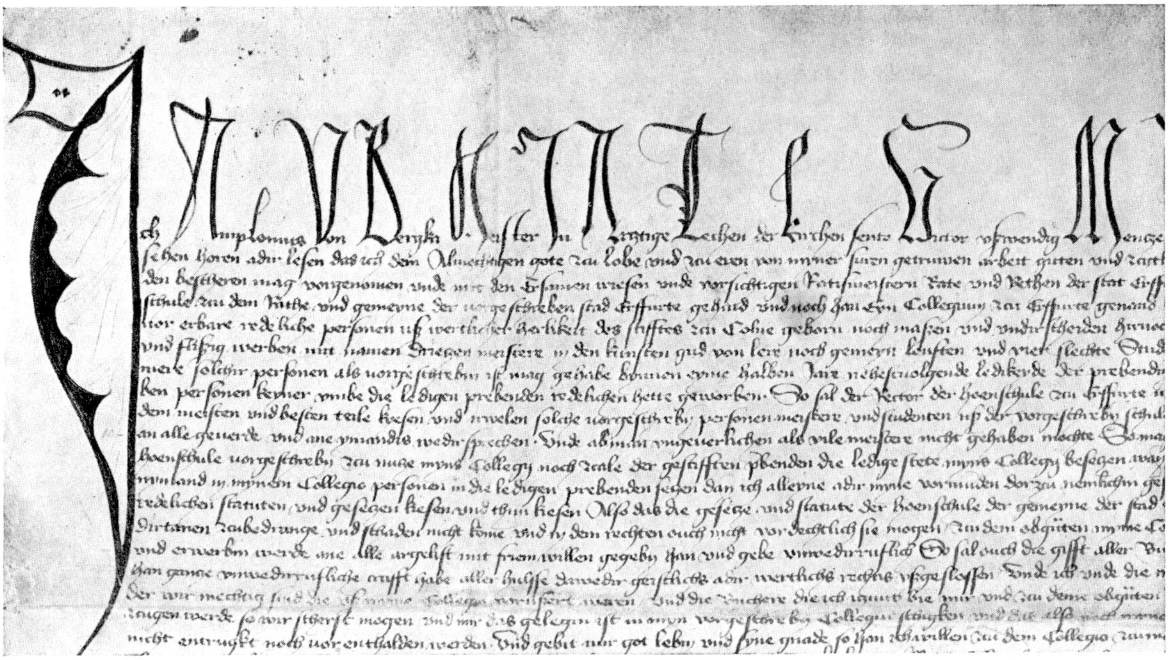

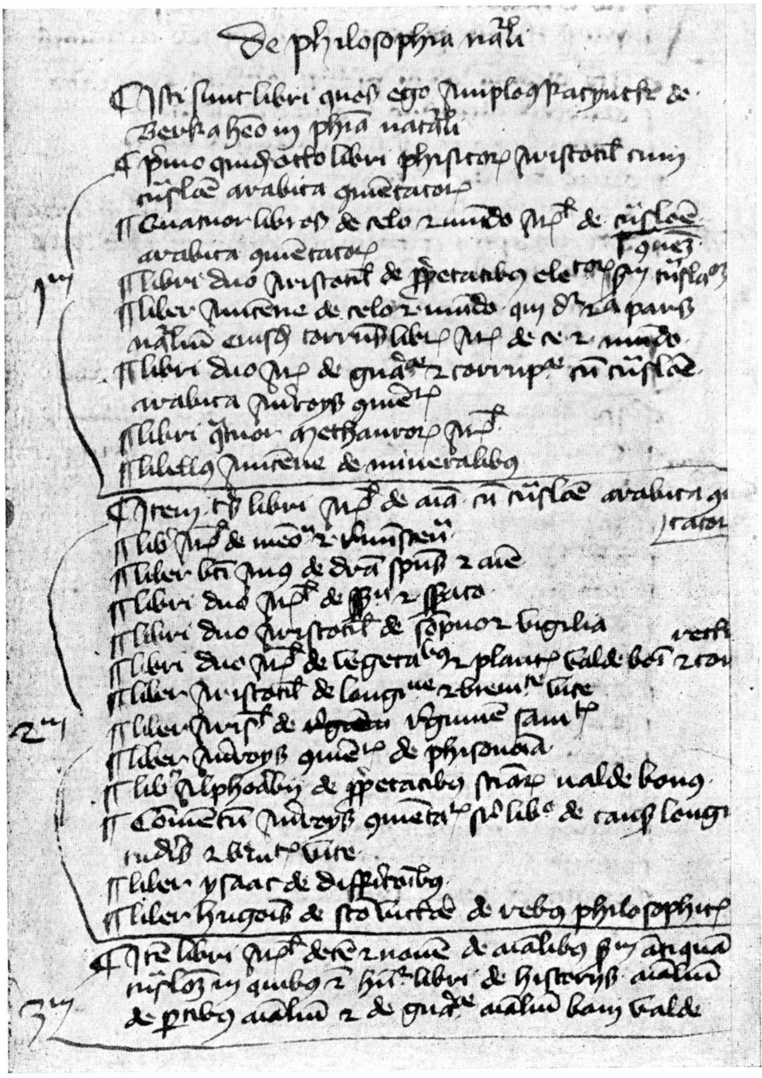
De philosophia naturali
Isti sunt libri quos ego Amplonius Ratynck de Berka habeo in philosophia naturali

Wappen des Universitätsrektors Dr. Günther von Milwitz, 1475.

Seit etwa 1470 war es Sitte geworden, daß in der Matrikel der Erfurter Universität bei dem jährlichen Rektoratswechsel das Wappen des neuen Rektors von einem Miniaturmaler an die Spitze des Studentenverzeichnisses gesetzt wurde. Dieser Sitte verdanken wir die lange Reihe hervorragender, künstlerisch und geschichtlich wichtiger Malereien in den fünf, im Stadtarchiv aufbewahrten Matrikelbänden der Universität.

Das unten von zwei entzückenden kleinen Engeln gehaltene Wappen ist in seiner kraftvollen, lebendigen und doch auch wieder ungemein eleganten Gestaltung ein Meisterwerk spätgotischer Miniaturmalerei. Der Rektor gehört einer der vornehmsten Erfurter Patrizierfamilien an, die in der Geschichte der Stadt von Bedeutung ist (S. 85).

Wappen des Universitätsrektors Johann von Heringen, 1487.

Johann von Heringen, decretorum licenciatus, einem alten Nordthüringer Adelsgeschlecht angehörig, war Kantor und Kanonikus des Erfurter Marienstifts und wurde 1487 zum Rektor gewählt. Er starb 1505; seine Grabplatte, von Peter Vischer in Nürnberg gearbeitet, befindet sich noch heute im Kreuzgang des Domes.

Sein Wappen mit dem prachtvollen Rankenwerk ist in Komposition und Freiheit der Ausführung eins der bedeutendsten Kunstwerke der Miniaturmalerei in der Erfurter Universitätsmatrikel.

Malereien auf Pergament in Band I der Universitätsmatrikel: Erfurt, Stadtarchiv.

247

Wappen des Rektors Dr. Siegfried Ziegler, 1499.

Das Bild zeigt das Wappen des 1499 zum Rektor gewählten Magisters phil. Dr. Siegfried Ziegler, der einer der vornehmsten und reichsten Erfurter Patrizierfamilien angehörte. Das, einen Hirschkopf im Schilde führende Wappen wird von einem heiligen Bischof gehalten. Vortrefflich und mit voller künstlerischer Freiheit ist die reiche Rankenleiste mit dem heiligen Abt und den spielenden Putten ausgeführt, die das Wappenbild umrahmt. Gotik und die leisen Anfänge der Renaissance vereinigen sich in diesem Blatt, das sich jedoch keineswegs aus der Fülle der anderen Matrikelbilder besonders heraushebt, sondern viele durchaus gleichwertige Schwestern hat.

Malerei auf Pergament in Band II der Erfurter Universitätsmatrikel: Erfurt, Stadtarchiv.

Bildnis des Universitätsrektors Dr. jur. Johannes Reimboth und seiner Frau Mechtild von der Sachsen, 1506.

Der noch jugendliche Rektor und seine ihm kurz vorher angetraute Frau knien anbetend vor Christus, der als Schmerzensmann, umgeben von sämtlichen Werkzeugen seines Leidens, zwischen ihnen steht. Die Wappen des Ehepaares lehnen sich an: eine silberne Raubvogelklaue im roten Feld für den Mann, ein silberner Widderkopf in rotem Felde für die Frau. Beide Eheleute gehören vornehmsten Erfurter Geschlechtern an.

Sehr flott gezeichnet und farbenreich ist auch hier wieder die das Blatt umrahmende Leiste.

Malerei auf Pergament in Band II der Erfurter Universitätsmatrikel: Erfurt, Stadtarchiv.

Joannes Kemboth Doctor
Raditum est a viris doctri
na & sanctitate clarissimis:
eu potissimu moderandis
eruditoru cetibus prefici
debere: qui omni vite officio consultissim
non solu dignitatem ac splendore i studio
tum conseruare: sed ecia studiosoru fru

Dr. jur. Henning Goede.

Dieser gefeiertste deutsche Rechtslehrer seiner Zeit, der König des Rechts (monarcha juris) von seinen Zeitgenossen genannt, ist in Havelberg geboren, kam 1474 als Student nach Erfurt, erlangte hier die Würden des Magisters artium, des Licenziaten und des Dr. jur., wurde 1481 zum Dekan der Artistenfakultät, 1486 und 1489 zum Rektor der Universität gewählt, gehörte dann als Professor der juristischen Fakultät an und wurde auch Kanonikus und Scholaster des Erfurter Marienstiftes. Seine hervorragenden diplomatischen Fähigkeiten wurden vom Rate der Stadt dauernd in Anspruch genommen, zuerst 1478, wo er nach Rom gesandt wurde, um dort von Papst Sixtus IV. gegen eine hohe Geldzahlung die Erlaubnis zur Verlegung des Cyriaksklosters in die Stadt zu erlangen, endlich 1515—16, wo es ihm gelang, zwischen Erfurt und Kursachsen den für die Stadt außerordentlich günstigen Vertrag von Naumburg zustande zu bringen. Als er 1516 nach Erfurt kam, wurde er wie ein Fürst empfangen und geehrt und von dem Humanisten Euricius Cordus in lateinischen Versen gefeiert. Seit 1510 lebte er meist in Wittenberg, wo er die Würde des Propstes am Allerheiligenstifte und eine juristische Professur an der Universität besaß. Dort ist er am 21. Januar 1521 gestorben. In Erfurt ist sein Andenken lebendig geblieben, einmal durch eine große Stiftung, von deren Zinsen jährlich drei arme Jungfrauen aus den fünf Zünften der Tuchmacher, Fleischer, Lohgerber, Schmiede und Kürschner mit 60 fl. ausgestattet werden sollten, sodann durch eine Stiftung von 1000 fl. für die philosophische Fakultät der Universität und endlich durch seine Gedächtnistafel im Dom, die Meister Peter Vischer in Nürnberg gefertigt hat. Auf ihr sieht man den knieenden Goede in Domherrentracht, vor ihm sein Wappen.
Ein von der Hand des Lucas Kranach gemaltes Bildnis Goedes, das noch 1730 in der Stube der philosophischen Fakultät zu Erfurt hing, ist leider zugrunde gegangen.

Gedenktafel aus Bronze von Peter Vischer: Erfurt, Dom.

HENNINGO GODEN HAVELBERGENSI SVÆ ÆTATIS IVRECONSVLTO
RVM FACILE PRINCIPI VVITTEMBERGENSIS ECCLESIE PRÆPOSI
TO HVIVS SCHOLASTICO CANONICOQ EXTREMA ÆTATE SED
FLORENTIBVS HONORIBVS ANNO CHRISTI M.D.XXI. XII. CAL. FE
BRVARY VVITTEMBERGÆ VITA FVNCTO SEPVLTOQ MATHI
AS MEYER IVRECONSVLTVS, CATHEDRALIS HILDESHEIMEN
SIS Q HVIVS ECCLESIARVM CANONICVS VLTIMÆ EIVS
VOLVNTATIS PRIMARIVS EXECVTOR PATRONO OPTIME
MERITO GRATITVDINIS ERGO F. C.

Helius Eobanus Hessus.

Der berühmte Humanist und Dichter, der mit erstaunlicher Formgewandtheit lateinische Verse zu machen verstand, der fröhliche Mensch und lustige Zecher ist mit Erfurt aufs engste verbunden. Im Jahre 1488 in Helgehausen in Hessen (daher sein Name, eigentlich hieß er Koch) geboren, studierte er von 1504—1509 an der Erfurter Universität, kehrte nach kurzem Verweilen in Ostpreußen 1514 nach Erfurt zurück, heiratete dort Katharina, die Tochter des leidlich wohlhabenden Bürgers Heinrich Spater, der das Haus zur Engelsburg in der Allerheiligenstraße besaß, und erhielt 1517 die lateinische Professur an der Erfurter Universität. Inmitten eines eng verbundenen Freundeskreises, dem Mutianus Rufus, Johannes Lang, Drako, Ulrich von Hutten, Crotus Rubianus, Camerarius, Krafft und Euricius Cordus angehörten, und der oft zu fröhlichen Symposien in einem noch vorhandenen Saale des Hauses zur Engelsburg zusammenkam, entfaltete Hessus eine erfolgreiche Tätigkeit als Lehrer und Dichter. Er war es, der 1521 den nach Worms reisenden Luther in Erfurt mit einer prachtvollen Hymne empfing, er war es, der 1516 der berühmten Schrift Huttens „Epistel der Italia an Kaiser Maximilian" einen Antwortsbrief Maximilians an Italia folgen ließ und damit in die Reihe der nationalen Wecker trat.

Von seinen Dichtungen, die, alle in lateinischer Sprache, die Vorbilder des Horaz, Virgil und Ovid nachahmten, seien hier als Probe einige Verse in Übersetzung mitgeteilt, in denen er seinen Freund Cordus zu einem Spaziergange auf den Petersberg auffordert:

„Wenn Du genugsam, o Cordus, der ländlichen Arbeit,
 Opfer gebracht in des Zeus heiligem Dienste, so komm!
Lieblichen Anblick gewährt des schlüsseltragenden Greises (Petrus)
 Heiliger Platz, der dort thronet auf luftiger Höh.
Dort auf die Weinrebhügel und goldenen Fluren hernieder
 Schweifet der Blick, auf die Auen prangend in üppigem Grün,
Dort auf die rötlichen Grotten der Nymphen im schimmernden Walde,
 Dort auf der Vorstadtflur reichlichen Segen herab."

Die Höhe des Petersberges, die weinbewachsenen Hügel, der Steigerwald und das fruchtbare Gartengelände des Geratales, das alles ist schon damals in seiner ganzen lieblichen Schönheit von dem Dichter empfunden worden.

Daß Eoban Hessus einen guten Trunk liebte, berichten alle seine Freunde. Im Erfurter Stadtarchiv befindet sich auch ein amtliches Zeugnis dafür. Seine Studenten beklagten sich nämlich im Dezember 1523 darüber, daß ihr Lehrer häufig nicht zur Vorlesung käme; wenn er aber erschiene, sei er meistens nicht nüchtern, so daß sie nichts bei ihm lernten. In einem noch erhaltenen Briefe teilt der Rat als Patron der Universität dem trunkliebenden Professor diese studentische Beschwerde mit und ermahnt ihn, künftig nüchtern ins Kolleg zu kommen, widrigenfalls man ihm sein Gehalt sperren würde.

Im Jahre 1526 verließ Hessus Erfurt, um an dem neugegründeten Gymnasium in Nürnberg eine Stelle anzunehmen, kehrte aber 1533 wieder in die thüringische Hauptstadt zurück, um sie erst 1536 endgültig zu verlassen. In seinem Heimatlande Hessen, an der Universität Marburg, hat er noch 4 Jahre bis zu seinem Tode 1540 gewirkt.

Der Holzschnitt, von keinem geringeren als Albrecht Dürer 1526 in Nürnberg gemacht zeigt weniger den liebenswürdigen und geistreichen Dichter, als den Mann der humanistischen Wissenschaft, der sich der Anerkennung und Freundschaft der Besten im damaligen Deutschland erfreuen durfte.

Holzschnitt von Albrecht Dürer, 1526: Erfurt, Städtisches Museum.

Nikolaus Marschalk.

Einer der bedeutendsten deutschen Humanisten, für die Erfurter Universität bahnbrechend als Lehrer der griechischen Sprache, als Herausgeber und Drucker von wissenschaftlichen Büchern, unschätzbar in seinem Einfluß auf die jüngeren Humanisten, vor allem auf Mutianus Rufus und Spalatin, schließlich auch auf Luther. Im Winter 1491/92 als Baccalaureus an der Erfurter Universität eingeschrieben, 1496 zum Magister promoviert, seit 1500 Stadtschreiber in Erfurt, entfaltete er seit 1499 eine reiche wissenschaftliche Tätigkeit, gab 1501 aus der Druckerei des Wolfgang Schenk in Erfurt das erste griechische Lehrbuch Deutschlands heraus und 1502 aus eigener Druckerei das Enchiridion poetarum clarissimorum, bedeutsam für uns weniger durch den Inhalt (eine Sammlung klassischer, altchristlicher und neulateinischer Gedichte), als dadurch, daß ihm ein Holzschnitt mit dem Bildnis des Verfassers beigegeben ist. Es zeigt einen noch jungen Mann mit lang herabwallendem Haar und den Buchstaben N M T (Nikolaus Marschalk Turius d. h. Thüringer) auf dem Bruststück des Gewandes, die Hände in dozierender Bewegung ausgestreckt, neben ihm sein Wappen, ein gekröntes Meerweib mit Fischschwänzen. Marschalk ist auch der erste gewesen, der in seiner Einführungsschrift in die griechische und hebräische Sprache (1502) in Norddeutschland einen Druck mit hebräischen Lettern herausgebracht hat.

Im Jahre 1502 verließ Marschalk Erfurt, ging zunächst an die neugegründete Universität Wittenberg und 1505 nach Rostock, wo er 1525 gestorben ist.

Über seine Bedeutung sagt sein Biograph Gustav Bauch: „Marschalks kraftvolle, von seinen hohen Zielen und seiner Begeisterung für die Sache zeugende Tätigkeit hatte den Erfurter Humanismus mächtig vorwärts gebracht; ein Rückschritt war nun nicht mehr möglich. Dafür sorgte die Existenz seiner Druckwerke und die vielseitigen Anregungen, die von ihm ausgegangen waren, und schaut man näher hin, so muß man erkennen, daß damit die Höhe des Humanismus fast schon erreicht war. In seinen philologischen Arbeiten hat er keinen Nachfolger gehabt; nur die lateinische Poesie eines Eobanus Hessus und Euricius Cordus sollte noch eine schöne Blüte zeitigen, die den Erfurter Humanismus so verklärte, daß man darüber Marschalk, den Baumeister der soliden Grundlagen, fast vergessen hat.“

Marschalk wohnte in Erfurt in der Augustinerstraße schräg gegenüber der Georgenburse, die Luther bekanntlich während seiner Studentenjahre bewohnt hat.

Holzschnitt von 1502: Erfurt, Stadtbücherei.

N·M·T

Titelblatt zu dem Rektorat des Dr. Justus Jonas
in der Erfurter Universitätsmatrikel, 1519.

Justus Jonas (1493—1555), aus Nordhausen gebürtig, Student der Erfurter Universität, dann Kanonikus des Severistiftes, wurde 1519 zum Rektor gewählt. Kurz vorher hatte er den berühmtesten aller deutschen Humanisten, Erasmus von Rotterdam, in den Niederlanden besucht. Dieser Besuch hat zweifellos den Anstoß zu unserem Bilde gegeben. Es stellt dar, wie der große Gelehrte von dem eben (1519) neugewählten Kaiser Karl V. empfangen wird; Studenten drängen sich hinzu, deren erster auf Erasmus weist mit dem Spruchband: „Hic est ille Erasmus" (das ist der berühmte Erasmus). Für die hohe Wertschätzung des Humanismus an der Erfurter Universität ist dieses Blatt ein sprechendes Zeugnis.
Dr. Justus Jonas ist einer der bedeutendsten Freunde und Mitarbeiter Luthers geworden (s. S. 226).

Malerei auf Pergament in Band II der Erfurter Universitätsmatrikel: Erfurt, Stadtarchiv.

Doctor Iodocus Jonas ... Canonicus
Hic est ille Erasmus
INSIG
NES ET

Wappen des Universitätsrektors Johannes Crotus Rubianus,
umgeben von den Wappen seines humanistisch-reformatorischen Freundeskreises, 1520/21.

Crotus Rubianus (Jäger aus Dornheim bei Arnstadt, daher das Jagdhorn im Wappen), mit Ulrich von Hutten der Verfasser der berühmten „Dunkelmännerbriefe“ (S. 206), wurde, von einer längeren Reise nach Italien zurückgekehrt, im Herbst 1520 zum Rektor der Erfurter Universität gewählt, die damals auf der Höhe ihres Ansehens stand.
Um sein Wappen gruppieren sich 16 Wappen seiner humanistischen und reformatorischen Freunde in Erfurt und Deutschland: oben links Martin Luther, dann folgen nach rechts: Ulrich von Hutten, Eobanus Hessus, Justus Jonas, Erasmus von Rotterdam, Philipp Melanchthon, Dr. Johannes Lang, Heinrich Eberbach, Mutianus Rufus, Forchemius, Heinrich Urban, Eobanus Draco von Karlstadt, Johann Reuchlin, Adam Crafft, Joachim Camerarius und Jodokus Menius. Von diesen Männern gehörten zum Erfurter Kreise oder hatten dazu gehört: Luther; Hutten; Eoban Hessus; Justus Jonas; Dr. J. Lang, von Geburt Erfurter, Prior des dortigen Augustinerklosters, Universitätslehrer und später der Reformator Erfurts (ca. 1490—1548); Dr. Heinrich Eberbach, Mediziner, 1512 Rektor der Universität; Mutianus Rufus, Kanonikus in Gotha, aber aufs engste mit den Erfurter Humanisten verbunden; Forchemius (eigentlich Petz aus Forchheim), Professor an der Universität und später Prediger in Erfurt; Draco oder Draconites, Reformator, 1509—1521 in Erfurt; Camerarius, Humanist und Freund Melanchthons, 1518—1521 in Erfurt; Justus Menius, der Reformator Thüringens, von 1525—1529 Pfarrer in Erfurt.
Unter diese Wappentafel hat Eoban Hesse, der Poet, eigenhändig zwei lateinische Distichen gesetzt, die besagen, daß Crotus, der niemals ohne teure Freunde sein konnte, auch hier in den Wappensymbolen von ihnen umgeben sein wollte und mit solchen Genossen die Leitung der Universität führe.
Das kostbare Blatt zeugt mit unmittelbarer Sinnfälligkeit von der zentralen Stellung Erfurts im damaligen deutschen Geistesleben. Die beiden großen Geistesbewegungen, von denen die Zeit erfüllt war, Humanismus und Reformation, erscheinen hier, auf ihrem Erfurter Mutterboden, kurz vor ihrer Trennung, noch einmal in schönster Vereinigung. Während Köln, die andere vom Bürgertum gegründete deutsche Universität, sich dem Modernen verschloß und der Hort des Alten wurde, hat die vom Rate beschützte Universität Erfurt sich all dem Neuen und Großen, das die Zeit brachte, geöffnet und so ganz von selbst die Männer an sich gezogen, in denen sich die gewaltige Bewegung der Geister verkörperte.

Malerei auf Pergament in Band II der Erfurter Universitätsmatrikel: Erfurt, Stadtarchiv.

Joannes crotus theologie professor
Eras.
Io. Reuchl.
Carolstad.
Vrb. Reg.
Forchemio
Mutianus
Doct. Lang.
Eberb.
ARA
CAP.

Titelblatt zum Rektorat des Dr. Johann Leonis
in der Erfurter Universitätsmatrikel, 1550.
Gemalt von Hans Brosamer.

Oben der heilige Jakobus d. Ä. in Bischofstracht zwischen zwei heiligen Frauen, unten der heilige Alexander mit Rüstung, Schwert und Fahne, davor der knieende Rektor in Domherrentracht und sein Wappen. Das Bild ist, wie das Monogramm oben rechts neben dem Bischof zeigt, von dem mehr als Holzschneider und Kupferstecher, wie als Maler bekannten Dürerschüler Hans Brosamer gemalt, der, in Fulda geboren, von etwa 1525 bis zu seinem Tode (um 1554) in Erfurt gelebt und dort als Illustrator von Büchern, Holzschneider von Wappen, Vignetten und Leisten besonders für die Erfurter Druckerei von Melchior Sachs gearbeitet hat. Auf einem ausgezeichneten Holzschnitt von ca. 1535, den Landgrafen Philipp von Hessen darstellend, nennt er sich „Hans Brosämer Formschneider zu Erffordt". Für den Rat zu Erfurt hat er 1534 das große Stadtwappen geschnitten, ein Holzschnitt, der dann noch oft bei offiziellen Druckschriften der Stadt verwendet worden ist.

Malerei auf Pergament mit dem Monogramm HB 1550 in Band II der Erfurter Universitätsmatrikel: Erfurt, Stadtarchiv.

E
S: Alexander

Scepter, Hut und Mantel des Rektors der Erfurter Universität.

Die silbervergoldeten Spitzen der beiden Scepter in Form eines gotischen Gehäuses, wahrscheinlich Erfurter Goldschmiedearbeiten, stammen wohl aus der Gründungszeit der Universität Ende des 14. Jahrhunderts. Die Schäfte sind im 17. Jahrhundert erneuert und mit silbernen Knäufen in getriebener Barockarbeit versehen. Die Scepter sind nach Aufhebung der Erfurter Hochschule (1816) der 1810 neu gegründeten Universität Berlin überwiesen worden, in deren Besitz sie sich noch heute befinden.

Mantel und Hut des Rektors, beide aus rotem Samt mit Silberstickerei, stammen aus dem Beginn des 18. Jahrhunderts. Auf den Bildnissen der Rektoren dieser Zeit in der Matrikel der Erfurter Universität sieht man die beiden Kleidungsstücke, die bei feierlichen Gelegenheiten getragen wurden.

Zwei Scepter, silbervergoldet: Berlin, Universität. Hut und Mantel des Rektors: Erfurt, Städtisches Museum.

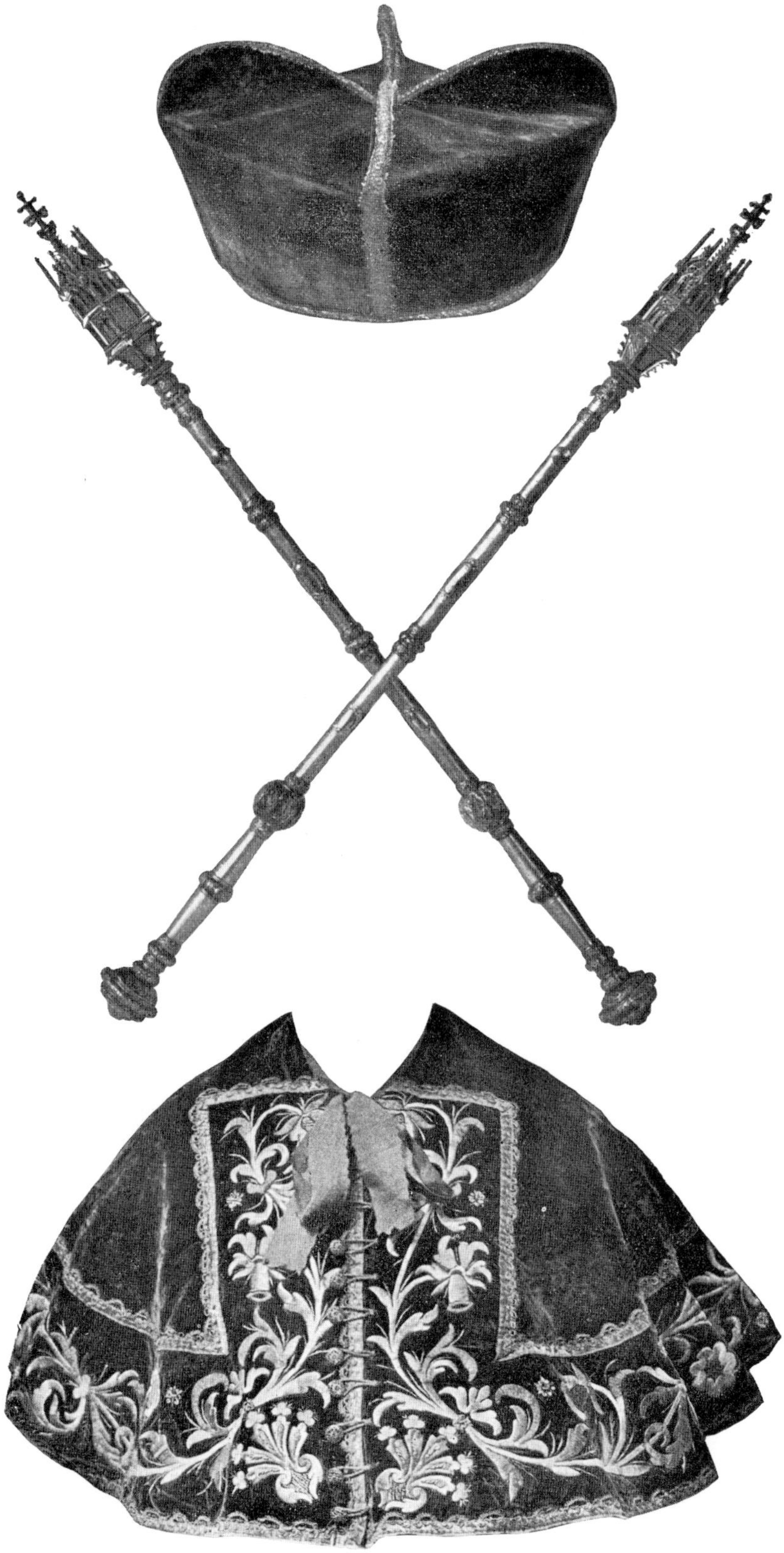

Ulrich von Hutten.

Der Dichter, Humanist, Ritter und unerschrockene Kämpfer gegen Rom ist zwar nur im Winter 1505/06 in Erfurt gewesen, aber von da ab in ununterbrochenem Verkehr mit dem Erfurter Humanistenkreise geblieben, besonders mit Crotus Rubianus, der ihn daher auch auf dem Titelblatt seines Rektorates in der Erfurter Universitätsmatrikel 1520 unter seinen Freunden aufführt (vgl. S. 200). Diese Freundschaft hat bekanntlich ein literarisches Werk ersten Ranges und stärkster Wirkung gezeitigt, die berühmten „Epistolae obscurorum virorum" (Dunkelmännerbriefe), jene glänzende Satire auf das Mönchtum, die die Scholastik dem Gelächter preisgab und ihr damit den Todesstoß versetzte. Verfasser dieser anonym erschienenen Briefe sind Crotus und Ulrich von Hutten gewesen. Letzterer hat dabei die größere Angriffskraft und die stärkere Satire entwickelt.
Der 1488 geborene Dichter und leidenschaftliche Freiheitskämpfer, alles in allem trotz mancher Schatten eine der stärksten Persönlichkeiten seiner Epoche, starb 1523.
Das Bild zeigt ihn mit dem vom Kaiser ihm verliehenen Lorbeerkranz des Dichters auf dem Haupt und dem Schwert in der Hand, Symbolen seines Lebens und Wirkens.

Johannes Draconites.

Geboren 1494 in Karlstadt, studierte Draconites (eigentlich Drach) seit 1509 in Erfurt, wurde 1514 Magister daselbst und gehörte zu dem um Mutianus Rufus und Eoban Hessus versammelten Humanistenkreise. Im Jahre 1521 nach Wittenberg berufen, schloß er sich der reformatorischen Bewegung an und starb nach langen Wanderjahren an den Universitäten Marburg und Rostock 1566 in Wittenberg.
Sein Wappen befindet sich auf dem großen Wappenblatt des Erfurter Humanistenkreises von 1520 in der Erfurter Universitätsmatrikel (Abb. 200).

Joachim Camerarius.

Der bedeutende Humanist, 1500 in Bamberg geboren, von 1518—1521 dem Erfurter Gelehrtenkreise angehörig, Freund Luthers und Melanchthons, war 1519 bei der Leipziger Disputation Luthers Schriftführer, ging 1521 nach Wittenberg und wurde seit 1541 der Reorganisator der Leipziger Universität, der er als bedeutendster Philologe seiner Zeit und weitberühmter Lehrer des Griechischen angehörte. Dort ist er 1574 gestorben. An der Abfassung der Augsburger Konfession (1555) hatte er großen Anteil.
Sein Wappen befindet sich auf dem großen Wappenblatt des Erfurter Humanisten- und Reformatorenkreises von 1520 in der Universitätsmatrikel (S. 200).

1. Kupferstich von de Bry um 1580: Erfurt, Städtisches Museum.
2. Kupferstich von de Bry um 1580: Erfurt, Städtisches Museum.
3. Kupferstich von Balthasar Henichen: Erfurt, Städtisches Museum.

HULDRICHUS HUTTENUS EQUES FRANC. & Poëta
Nascitur A. 1488. Obijt A. 1523 in aug.
Palladis invictus, pariter Mavortis allumnus
Inclytus ingenio militiaque fui.

IOANNES DRACONITES Theol. Nasc. Carolostadij in Franconia Obijt Witteborgæ A. 1566. 18. Aprilis.
Pauca quidem sed docta leget, qui scripta Draconis
Volvit; at hei properam quam gemet ille necem

IOACHIMUS CAMERARIUS
DER HOCH BERUMBT
ORATOR UND PROFES
SOR DER UNIVERSITET
ZU LEIP ZIGK
HOCHGLERT SEIN WOLBEREDT VD FRUMB
IST DAS EDLEST ALLR BEST HEILTHUM
DAMIT MAN BEID DEN PREDIGSTUL
VERSORGT DERGLEICH DIE HOHE SCHUL
MIT GOTSMESSIGEN PERSONEN
DIE WIRD CHRISTUS EWIG KRONEN

Adam Riese.

Adam Riese, geboren 1492 in Staffelstein bei Lichtenfels, war 1522 Rechenmeister in Erfurt. Dort hatte er schon 1518 sein erstes Büchlein „Rechnung auf der Linihen“ erscheinen lassen, ein zweites 1550 ebendaselbst: „Rechnung nach der Lenge auff der Linihen und Feder“. Diese und ein drittes (1533 in Leipzig erschienen) waren die ersten Lehrbücher der praktischen Rechenkunst; sie sind bis weit ins 17. Jahrhundert im Gebrauch geblieben und leben noch heute im Bewußtsein des Volkes fort. Im Jahre 1525 ging Riese von Erfurt nach Annaberg, wo er 1559 gestorben ist.

Der Holzschnitt zeigt ihn im Alter von 58 Jahren. Die Umschrift lautet: Anno 1550 Adam Ries seins Alters im LVIII. Sein Wappen: $2 \times 2 = 4$ und A R.

Die zweite Abbildung bringt das Titelblatt der 1525 in Erfurt erschienenen zweiten Auflage des Rechenbuches, die gleich der ersten in der Druckerei von Mathes Maler im Hause zum Schwarzen Horn in der Michaelisstraße gedruckt ist.

Der Erfurter Buchdrucker Mathes Maler.

Einer der bedeutendsten unter den Erfurter Druckern. Er hat von 1503—1536 eine große Zahl von Schriften Luthers und der Erfurter Humanisten gedruckt und ist, wie sein Vorgänger Wolfgang Schenck, dessen Witwe er geheiratet hatte, ein Vorkämpfer des Humanismus und der Reformation geworden. In dem von ihm 1513 gedruckten Kompendium der gesamten Logik des Erfurter Universitätsprofessors Bartholomäus von Usingen findet sich das hier abgebildete Druckerzeichen: ein Löwe, der Malers Wappen mit den zwei verschlungenen M, den Initialen seines Namens, hält, umgeben von dem Namensband. Darunter eine lateinische Inschrift, die in Übersetzung lautet: „Mathes Maler hat [dies Buch] gedruckt zu Erfurt im Hause zum Schwarzen Horn bei der Krämerbrücke im Jahre des Herrn 1513.“

Das Haus zum Schwarzen Horn besteht heute noch in der Michaelisstraße. Seine hier abgebildete Tür, in deren oberen Ecken je ein schwarzes Horn den Namen des Hauses kennzeichnet, ist erst 1549 gefertigt worden.

In demselben Hause hat auch der Drucker Wolfgang Schenck seine Werkstatt gehabt.

1. Kolorierter Holzschnitt von 1550: Erfurt, Städtisches Museum.
2. Druck von 1525 (Erfurt).
3. Druck von 1513.
4. Moderne Photographie.

Rechnung auff der linihen
gemacht durch Adam Riesen vonn Staffel/
steyn/ in massen man es pflegt tzu lern in allen
rechenschulen gruntlich begriffen anno 1518.
vleysigklich vberlesen/ vnd zum andern mall
in trugk vorfertiget.

Getruckt zu Erffordt zcum
Schwartzen Horn.
1525.

the⁹ Maler impressit Erphurdie in domo nigro cornu p
ontē mercatoꝝ Año dñi millesimo quigētesimo tredecio

Dr. Johann Hebenstreit, † 1569.

Der mit seiner Frau unter einer Darstellung der Anbetung der Weisen aus dem Morgenlande kniende Dr. Hebenstreit war ein hervorragender Erfurter Arzt, dem die lateinische Vers-Inschrift nachrühmt, daß er eine Seuche aus der Stadt vertrieben habe. Er ist schon im Alter von 44 Jahren 1569 gestorben.

Das Bild, auf eine konvex gebogene Holztafel gemalt, ist eine gute Leistung eines Malers aus der jüngeren Kranachschule. Es stammt aus der Predigerkirche, befindet sich aber jetzt im Städtischen Museum.

Gedenktafel, Malerei auf Holz: Erfurt, Städtisches Museum.

ET PIETATIS AMANS & CLARUS MUNERE PHOEBI
CONDITUS HAC SACRA IANUS IN AEDE CUBAT
NOMEN HEBENSTREIDI TENUIT
CUIUS OVES CHRISTI PASCERE MUNUS ERAT
CUM RECTE TENERIS FORET
VIR FACTUS DIGNUM CARMINE FECIT OPUS
DOCTOR MEDICAE TER FELICISSIMUS ARTIS
RESTITUIT VIRES & BONA CORPORIBUS
UNDE CREABATUR PHISICUS CONTAGIA VULGI
PELLERET E PATRIAE QUI DITIONE SUAE
PRAESTITIT AUXILIANTE DEO QUOD
TANTUM PERFIDA PARCA VIRUM
QUADRAGINTA SUAE VITAE & VIX QUATUOR ANNOS
DUXERAT UT DURUM MORTIS ADIVIT ITER
QUID NOCET AGNOVIT FIDENTI PECTORE
IN DOMINO MORIENS DISPERIISSE NEQUIT

Martin Luther.

Erfurt zur Zeit Luthers.

Der Maler dieser, mit fast vollkommener Naturtreue wiedergegebenen Ansicht hat uns damit ein unschätzbares geschichtliches Zeugnis überliefert. Das Bild ist vom Wall des äußeren Mauerrings aufgenommen und zeigt im Vordergrunde in ganzer Breite das 1375 gegründete Karthäuserkloster, merkwürdigerweise mit einem Schindanger. Im Hintergrunde baut sich die Stadt auf, deren Beiname „die turmreiche (turrita)", wie Luther selbst sie genannt hat, hier jedem verständlich wird. Wir sehen die von der Wilden Gera umflossene innere Stadtmauer mit ihren Zinnen, Türmen und Brücken, wir sehen die fast ausschließlich aus Fachwerk bestehenden, mehr breiten, als hohen Häuser mit ihren Giebeln, wir unterscheiden die sämtlich mit den hohen spitzen Türmen der Gotik versehenen Kirchen, wir sehen den Petersberg mit der zu ihm emporsteigenden Mauer, die gartenreiche Brühler Vorstadt mit dem gewaltigen, im 17. Jahrhundert leider abgebrochenen Turm, die Weinberge an den Abhängen von Cyriaksberg und Herrenberg, endlich die wuchtige Festung der 1480 errichteten Cyriaksburg.

Das Bild zeigt die alte thüringische Hauptstadt auf dem Höhepunkt ihrer Entwicklung. Wenn auch das Ostviertel hier fehlt, so hat man doch den Eindruck einer großen Stadt. Mit seinen 18—20000 Einwohnern zählt Erfurt damals zu den volkreichsten deutschen Städten (Köln 30000, Nürnberg, Augsburg, Frankfurt ca. 18000). Mit seinem doppelten Mauerring, einen 21 Pfarrkirchen, 4 Stifts- und 11 Klosterkirchen, gekrönt von Dom, Severi und St. Peter, bot es den stolzen, wehrhaften Eindruck, den der Maler des Bildes prachtvoll wiederzugeben verstanden hat.

Welchen Eindruck Erfurt damals auf den Reisenden machte, davon mögen einige Verse aus dem Reisegedicht des Jakob Mycillus von 1526 eine Anschauung geben:

„Da erblickten wir fröhlich die ragenden Türme von Erfurt,
Wo uns das gastliche Haus freundlicher Wirte empfing.
Sei mir gegrüßt, o Stadt, du reich vor vielen gesegnet,
Reich an Spenden des Glücks, reicher an Schmuck der Natur.
Traun, nicht schmachtet um dich im dürftigen Sand das Getreide,
Nein, dir strotzet die Scheur voll von der gelblichen Frucht.
Auch nicht Weinbau fehlt; wohl reift dir die liebliche Traube,
Wahrlich, es steht dein Gewächs fränkischem Weine nicht nach.
Dies sind die leiblichen Gaben, womit die Natur dich gesegnet,
Höher noch preis ich den Schatz geistiger Güter an dir!
Denn wie weit wir die Musen vor allem andern verehren,
Wie der Wissenschaft Ruhm weit über anderem strahlt,
So viel bist du vor andern an Ruhm und Ehre zu preisen,
Die du so lange nun schon edelste Studien pflegst.
Längst schon warst du berühmt als Schule des gründlichsten Wissens."

Ölgemälde auf Holz aus dem Besitz der Staatsbibliothek Weimar: Erfurt, Städtisches Museum.

Martin Luther.

Erfurt und Martin Luthers weltgeschichtliche Gestalt gehören untrennbar zusammen. Für Leben und Werk des Reformators ist die Stadt von entscheidendster Bedeutung geworden; man darf sie seine geistige Heimat nennen. Hier war eine Großstadt mit reicher Vergangenheit, mit starkem wirtschaftlichen Leben, mit schroffen sozialen und politischen Gegensätzen, wie geschaffen, einen jungen Menschen in allerlei Probleme des realen Lebens einzuführen. Hier war die vielleicht bedeutendste Hochschule der Zeit, an der nicht nur die Grundlagen der Philosophie und Theologie in der Form der Scholastik durch berühmte Lehrer wie Trutvetter und Arnoldi von Usingen gelehrt wurden, und die Rechtswissenschaft in dem großen Henning Goede einen der glänzendsten Vertreter besaß, hier waren gerade damals auch die neuen humanistischen Studien aufgeblüht und standen vor einer reichen, in Deutschland einzigartigen Entwicklung. Hier pulsierte das reichste kirchliche Leben, hier war der einzige Ort in Mitteldeutschland, wo alle Arten der Hierarchie vom Weihbischof und Stiftspropst bis zum Vikar und alle geistlichen Orden von den Benediktinern bis zu den Bettelorden und den Karthäusern vertreten waren; 21 Pfarrkirchen, 3 Stiftskirchen, 11 Klosterkirchen drängten sich hier auf engem Raume zusammen. Wo anders in Deutschland hätte der achtzehnjährige Student, der im April 1501 die Erfurter Universität bezog, solche Eindrücke, solche Vorbildung finden können?

Aber Erfurts Bedeutung für Luther beruht nicht nur darauf, daß er hier in seinem vierjährigen Universitätsstudium schon 1502 das Baccalaureat, 1505 die Magisterwürde der philosophischen Fakultät und damit das gelehrte Rüstzeug für sein späteres Leben erwarb, in Erfurt war es auch, wo er den entscheidenden Schritt getan hat für seine reformatorische Laufbahn. Erschreckt durch ein furchtbares Gewitter, das ihn am 2. Juli 1505 in der Nähe der Stadt (bei Stotternheim) überfiel, tat er das Gelübde, Mönch zu werden, und schon am 17. Juli stand er, Einlaß heischend, vor der Pforte des Augustinerklosters, nachdem er am Abend zuvor in der Georgenburse (Augustinerstraße), wo er seine ganze Studentenzeit hindurch gewohnt, von seinen Freunden ergreifenden Abschied genommen hatte. Nur von einem, der in der Kirche dringestanden hatte, konnte die Kirche reformiert werden. Hier, im Erfurter Augustinerkloster, hat dann der junge Novize und Mönch in heißer Angst und Sehnsucht seinen gnädigen Gott gesucht, hier hat er die Seelenkämpfe durchgemacht, von denen er später berichtet. Hier ist er am 3. April 1507 im Dom vom Weihbischof Johann von Laasphe zum Priester geweiht worden, hier hat er am Altar der Augustinerkirche am 2. Mai 1507 seine erste Messe gelesen, hier hat er 1507 das Studium der Theologie begonnen und, zurückgekehrt von einem einjährigen Aufenthalt in Wittenberg, 1509 fortgesetzt. Hier ist er von 1509 ab Lehrer am Generalstudium seines Klosters und zugleich Sententiar (Lehrer der Dogmatik) an der Universität gewesen und hat im Auditorium coelicum im Dom seine Antrittsvorlesung gehalten. Von hier aus hat er 1510 die Reise nach Rom angetreten und hierher ist er von dort zurückgekehrt. Erst 1512 ist er endgültig nach Wittenberg übergesiedelt. Die geistigen Grundlagen für seine spätere Lehre, die unbeugsame Festigkeit, mit der er sie vertrat, hat er sich in unablässigem Forschen und langem Kampfe in Erfurt errungen. An die Erfurter Universität aber schrieb er 1513, sie sei seine Mutter, der er alles verdanke: universitas Erfordensis mater mea, cui omnia mea debeo. Unser Lutherbild ist ein Holzschnitt von Meister Lukas Kranach von 1520 und zeigt den

1. Holzschnitt von Lukas Kranach: Erfurt, Städtisches Museum.

2. u. 3. Eintragungen in die Matrikel und die Matrikel der Bakkalaureen der Erfurter Universität: Erfurt, Stadtarchiv.

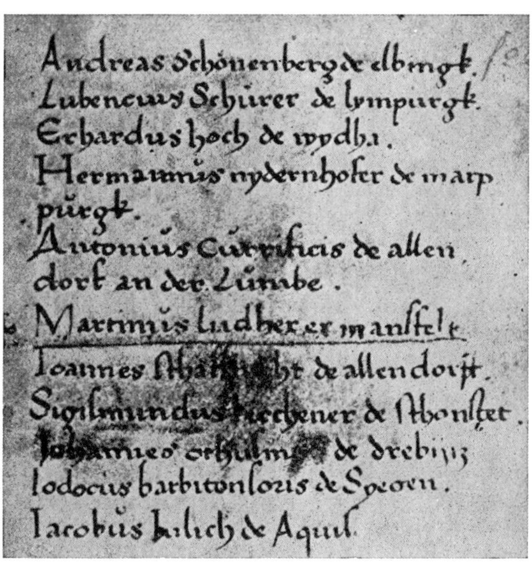
Andreas Schönenberg de elbingk
Lubencius Schürer de lympurgk
Erhardus hoch de wydha
Hermannus nydernhofer de marpurgk
Antonius Currificis de allendorf an der Lumbe
Martinus ludher ex mansfelt
Ioannes [illegible] de allendorff
Sigismundus Kirchener de Sthonstet
Johannes [illegible] de drebisz
Iodocus barbitonsoris de Speen
Iacobus hilich de Aquis

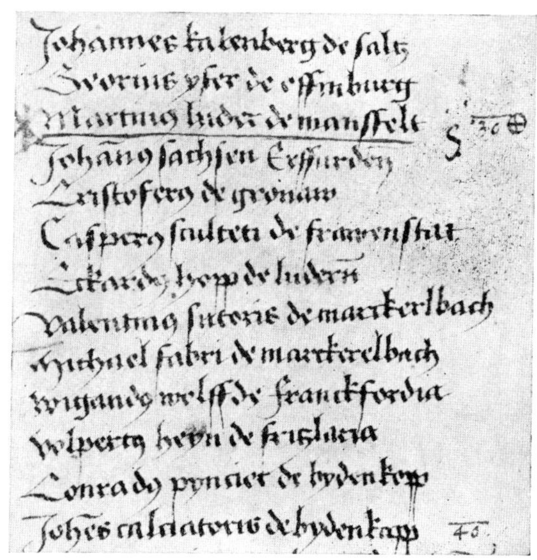
Johannes kalenberg de saltz
Severinus yser de offinburg
Martinus luder de mansfelt 30
Johannes sachsen Erffurden
Cristoferus de gronaw
Casperus scultetti de frauwnstein
Eckardus kopp de ludern
Valentinus sutoris de marckerlbach
Michael fabri de marckerlbach
Wigandus wolff de francfordia
Wolpertus heyn de fritslaria
Conradus pynczer de bydenkopp
Johannes calciatoris de bydenkapp 40

Reformator noch als Mönch. Darunter zwei Eintragungen in die Matrikel der Erfurter Universität: die erste vom April 1501, laut deren Martinus Ludher aus Mansfeld als Student eingeschrieben wird, die zweite von 1502, derzufolge Luther nach bestandener Prüfung unter die Zahl der Bakkalaureen aufgenommen wird. Die Eintragung von 1501 stellt zugleich die älteste Urkunde dar, die wir von Luther besitzen.

Im Frühjahr 1516 ist Luther wiederum in Erfurt, um als Distriktsvikar des Ordens seinen Freund Johannes Lang als Prior im Erfurter Kloster einzuführen, und auch nach Beginn seiner reformatorischen Laufbahn hat er Erfurt noch häufig besucht, zuerst am 8.—10. Mai 1518 auf der Rückreise von der Heidelberger Disputation, um seinen alten Lehrer Trutvetter und seinen Freund Lang zu besuchen. Am berühmtesten ist sein Erfurter Aufenthalt vom 6.—8. April 1521 auf seiner Reise nach Worms. Die Universität, an der Spitze der Rektor Crotus Rubianus, und der Rat, empfingen ihn mit höchsten Ehren, das dichtgedrängte Volk jubelte ihm zu, als er einzog, Eoban Hesse, der Poet, begrüßte ihn mit einer begeisterten Hymne. Das war die Zeit, wo auf dem Titelblatt des Rektorats des Crotus in der Erfurter Matrikel Humanisten und Reformatoren noch einmal vereinigt erscheinen (S. 200), bevor sie sich für immer trennten. Am 7. April predigte Luther unter ungeheurem Zulauf in der Augustinerkirche (S. 218).

Am 21. Oktober 1522 auf der Rückkehr von der Wartburg hat der Reformator, nachdem er sich vorher über das sogen. „Pfaffenstürmen“ in Erfurt (Juni 1521) mißliebig geäußert und ein Sendschreiben „An alle Christen zu Erfurt samt den Predigern und Dienern“ gerichtet hatte, in der Michaeliskirche gepredigt, am 22. Oktober zweimal in der Kaufmannskirche, am 11. Oktober 1529 auf dem Rückwege vom Marburger Religionsgespräch in der Barfüßerkirche. Im Jahre 1537 kehrte er krank bei dem befreundeten Arzt Dr. Georg Sturz ein, der in der Engelsburg (Allerheiligenstr. 20) wohnte. Sein letzter Aufenthalt in Erfurt fällt in das Jahr 1540; am 4. und 27. Juli übernachtete er hier im Gasthaus zum Schlehendorn (heute Rheinischer Hof).

Für Luther ist Erfurt auch dadurch von Bedeutung geworden, daß er mehrere seiner treuesten späteren Helfer und Mitarbeiter dort kennen gelernt hat, so Spalatin, Justus Jonas, Johannes Lang und Draconites.

In seinen Tischgesprächen hat Luther öfter von Erfurt gesprochen. Wie hätte es auch anders sein können? Am genialsten vielleicht in jener Äußerung, die dem wirtschaftspolitischen Scharfblick des Reformators die höchste Ehre macht: „Erfurt steht am besten Ort, ist eine Schmalzgrube. Da müßte eine Stadt stehen, wenn sie gleich wegbrennete.“

Die Abbildung gibt eine halbe Seite aus der Matrikel der Magister der philosophischen Fakultät der Universität Erfurt, laut deren Luther unter dem Dekanat des Elsässers Magister Maternus Pistorius von Ingweiler als zweiter die Magisterwürde erlangt hat.

Eintragung von 1505 in der Matrikel der Bakkalaureen und Magister der philosophischen Fakultät der Universität Erfurt: Erfurt, Stadtarchiv.

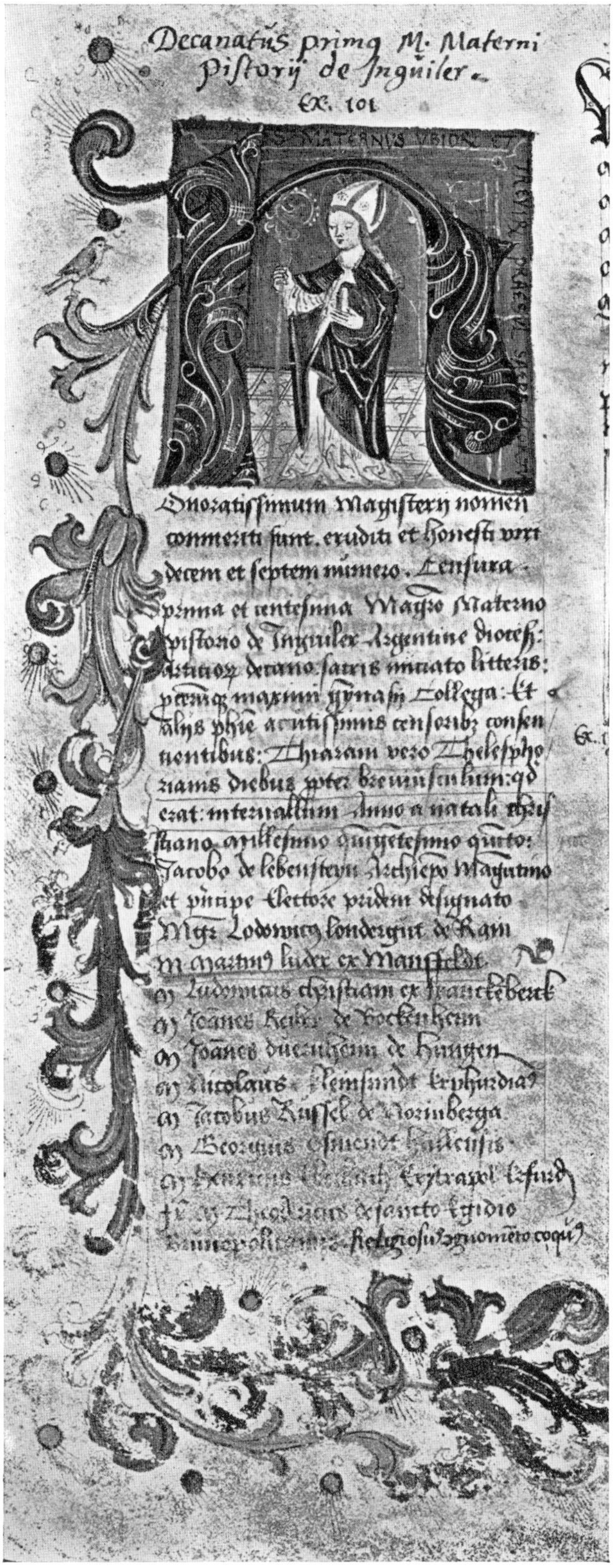

Decanatus primus M. Materni Pistorii de Ingwiler.
Ex. 101

[H]onoratissimum Magisterii nomen
conmeriti sunt, eruditi et honesti viri
decem et septem numero. Censura
prima et centesima Magistro Materno
pistorio de Ingwiler Argentine dioces:
[illegible] decano: sacris initiato litteris:
[illegible] maximi gymnasii Collega: Et
aliis philosophie acutissimis censoribus consen-
tientibus: Thiaram vero Thelespho-
riam diebus [illegible]
erat intervallum Anno a natali Chri-
stiano millesimo quingentesimo quinto:
Jacobo de Liebenstein Archiepiscopo Maguntino
et principe Electore pridem designato
Mgr. Ludovicus [illegible] de [illegible]
M. Martinus luder ex Mansfeldt
M. Ludovicus Christiani ex Franckenberk
M. Joannes [illegible] de Bockenheim
M. Joannes [illegible] de [illegible]
M. Nicolaus [illegible] Erphurdia
M. Jacobus Russel de Norimberga
M. Georgius [illegible] Halensis
M. Henricus [illegible]
fr. M. Theodoricus de sancto Egidio
[illegible] religiosus cognomento coquus

Erfurter Lutherstätten.

Die Augustinerkirche.

Die Kirche des 1256 gestifteten, seit etwa 1260 in Erfurt ansässigen, zu den Bettelorden gehörigen Augustiner-Eremiten-Ordens bietet heute noch denselben Anblick, wie zur Zeit Luthers. Um 1290 begann man mit dem Bau, 1325 war der Chor fertig, der Turm erst 1435.

Daß der Orden sich stark mit wissenschaftlichen Studien befaßte, und gerade das Erfurter Kloster ein Generalstudium besaß und eine Reihe von bedeutenden Gelehrten unter seinen Insassen gezählt hatte, darunter den großen Theologen Professor Heinrich von Friemar (gest. um 1340), mag für Luther ein Anlaß gewesen sein, gerade in diesen Orden einzutreten. Unser Bild zeigt die Nordseite der nach der Ordensvorschrift ganz schlicht und ohne Querschiff gebauten Kirche.

Inneres der Augustinerkirche.

Die Kirche ist zuerst nach der Reformation, dann bei Gelegenheit der Tagung des Unionsparlamentes (1850) im Innern umgestaltet worden; auch die Holzdecke wurde im 19. Jahrhundert erneuert. Von der alten Ausstattung sind nur noch einige, z. T. künstlerisch wertvolle Grabsteine des 14. und 15. Jahrhunderts erhalten.

Als das Gotteshaus des von ihm erwählten Klosters ist die Kirche von Luther, solange er dort weilte, täglich besucht worden. Vor dem Hochaltar, auf dem noch jetzt an gleicher Stelle befindlichen Grabstein des berühmten, als Besieger des Huß gefeierten Theologen Zachariä (gest. 1428) mit ausgebreiteten Armen hingestreckt, ist er im September 1505 zum Mönche eingesegnet worden. Hier hat er am 2. Mai 1507 seine erste Messe gelesen. Auf der Kanzel aber hat er auf seinem Wege nach Worms am 7. April 1521 jene berühmte Predigt gehalten, die nach dem Zeugnis seines Freundes Eobanus Hessus von stärkster Wirkung gewesen ist und bereits den, das Ergebnis von Worms vorwegnehmenden bekenntnisgewaltigen Satz enthielt: „Ich will die Wahrheit sagen und muß es tun, und sollte es mich zwanzig Hälse kosten“ (S. 228).

In dieser Kirche hat später außer Peter Altenburg, dem Dichter des Trutzliedes „Verzage nicht, du Häuflein klein“, auch August Hermann Francke 1690/91 seine eindringlichen Predigten an die Erfurter gehalten, und 1850 trat hier das deutsche Unionsparlament zusammen, um einen letzten Versuch zur Einigung wenigstens der norddeutschen Länder zu machen.

Photographien von E. Bissinger, Erfurt.

Erfurter Lutherstätten.

Luthers Zelle im Augustinerkloster.

Schon im 16. Jahrhundert hat man die Zelle, die Luther zuletzt im Kloster bewohnte, als einen Erinnerungsraum wert gehalten, und so ist sie durch drei Jahrhunderte hindurch eine Wallfahrtsstätte der Evangelischen geblieben. Der später etwas verkleinerte, mit altertümlichen Ausstattungsstücken versehene Raum, an den Wänden mit frommen Sprüchen bekleidet, ist 1872 bei dem Brande des evangelischen Waisenhauses ausgebrannt. Seine würdige Wiederherstellung ist in die Wege geleitet. Das kleine Fenster sieht auf den Hof des Kreuzgangs hinaus.

Unser Bild zeigt die Zelle in dem Zustande von 1845.

Der Kreuzgang des Augustinerklosters.

Neben dem des Domes der einzige Kreuzgang, der sich in Erfurt erhalten hat, im 14. Jahrhundert erbaut, seit 1850, wo er dem Unionsparlament als Wandelhalle diente, verglast, während die schlichten gotischen Fenster sich ursprünglich frei nach dem quadratischen Hofe öffneten, auf den z. T. die Zellen der Mönche, so auch Luthers Zelle, hinaussahen.

1. Lithographie von Meurer nach C. Wildner, Dresden 1845: Erfurt, Städtisches Museum.
2. Photographie von E. Bissinger, Erfurt.

Erfurter Lutherstätten.

Das neue Priorat des Augustinerklosters.

Um 1490—1500 als Wohnung für den Prior errichtet, wundervoll malerisch mit seinen Butzenscheiben, seinen Vorbauten, seinem Erker, der als kleine Kapelle diente. Als Luther ins Kloster trat (1501), wohnte hier der Prior Winand von Diedenhofen; von 1516—1519 hat Dr. Johannes Lang, der spätere Reformator Erfurts, als Prior das Haus bewohnt, und Luther ist hier 1516 sein Gast gewesen. Das Haus, das später als Konrektorat der Augustinerschule diente, ist 1822 wegen Baufälligkeit abgebrochen worden.

Kapitelsaal des Augustinerklosters.

Der geräumige, an den Kreuzgang sich anschließende Saal, dessen Gewölbe auf einem schlanken Pfeiler ruhen, diente den täglichen Versammlungen der Klosterbrüder, bei denen ein Kapitel der Bibel verlesen, die Arbeiten und gottesdienstlichen Verrichtungen des Tages festgesetzt und verteilt wurden, wöchentlich einmal auch die Verstöße gegen die Klosterdisziplin angegeben werden müßten. Dieser Raum ist also auch von Luther jahrelang jeden Tag betreten worden.

Getuschte Federzeichnung von C. Lossius in Erfurt, um 1800: Erfurt, Städtisches Museum.
Photographie von C. Bissinger, Erfurt.

Erfurter Lutherstätten.

Bücherei und neues Refektorium des Augustinerklosters.

Das stattliche spätgotische Gebäude war schon 1502 im Bau und wird noch während Luthers Anwesenheit im Kloster vollendet worden sein. Es wird als Liberia (Bücherei) bezeichnet. Die Bibliothek befand sich im Obergeschoß, das heute dem Martinstift als Betsaal dient, und dessen Fenster elf Scheiben mit der Jahreszahl 1518 und mit Wappen und Inschriften von Geistlichen und Humanisten tragen, unter denen Justus Jonas, der Universitätsprofessor Jodokus Trutvetter (er war Rektor, als Luther 1501 die Universität bezog) und der Weihbischof Johann von Laasphe genannt seien.

Das schön gewölbte, auf Pfeilern ruhende Erdgeschoß hat wahrscheinlich als zweites Refektorium, als Vortrags- und Studienraum gedient. Seit 1649 befindet sich darin die Bibliothek des evangelischen Ministeriums, die wertvolle ältere Handschriften und Druckwerke enthält.

Photographie von E. Bissinger, Erfurt.

Georg Spalatin.

Auch diesen für die Entwicklung der Reformation so unendlich bedeutsamen gelehrten Humanisten hat Luther in Erfurt kennen gelernt. Im Jahre 1484 in Spalt bei Eichstett geboren, bezog Spalatin (sein eigentlicher Name war Borgardi) im Sommer 1498 die Universität Erfurt, wurde 1499 Baccalaureus und trat in ein nahes Verhältnis zu Nikolaus Marschalk, dem berühmtesten Humanisten der Hochschule, dessen Amanuensis er wurde (S. 196). Nach einem kurzen Aufenthalt in Wittenberg (1502/03), wo er die Magisterwürde erwarb, wieder nach Erfurt zurückgekehrt, hat Spalatin in den Jahren 1503—1505 den jungen Luther, mit dem ihn gleiche Geistesinteressen verbanden, kennen und schätzen gelernt. Diese Bekanntschaft wurde zur Freundschaft, als beide Männer 1508 nach Wittenberg kamen, Luther in das dortige Augustinerkloster, Spalatin als Prinzenerzieher an den kurfürstlich sächsischen Hof, ein Amt, das er 1513 mit dem eines Geheimsekretärs vertauschte. Als solcher hat er es verstanden, den Kurfürsten nicht nur für Luther zu gewinnen, sondern auch als kluger und diplomatisch geschickter Vermittler in den schwierigen Zeiten von 1517—1525 bei der Sache der Reformation festzuhalten. Unschätzbar sind die Verdienste, die Spalatin sich dabei um Luther und dessen Sache erworben hat, vor allem 1521 auf dem Reichstag zu Worms und bei des Reformators erstem Aufenthalt auf der Wartburg (1521/22). Auch als Reorganisator der Universität Wittenberg ist sein Name untrennbar mit der deutschen Reformation verbunden. Er starb 1545 als Superintendent in Altenburg.

Das Bild ist das Modell für eine (nicht ausgeführte) Medaille und zeigt den Gelehrten im Profil; der feingeschnittene und doch feste Mund, und das leise Lächeln zeigen den Gelehrten und den Diplomaten. Die Umschrift lautet: Anno Domini 1518. Georgius Spalatinus.

Dr. Justus Jonas.

In Nordhausen 1493 geboren, studierte Jodocus (Justus) Jonas seit 1506 in Erfurt zuerst Rechtswissenschaft, dann Theologie, wurde mit Luther bekannt, trat in enge Freundschaftsverbindung mit dem Erfurter Humanisten- und Reformatorenkreise, wurde Universitätslehrer und war 1519 Rektor der Erfurter Hochschule. Begeisterter Anhänger Luthers, begleitete er diesen auf der Fahrt nach Worms, folgte ihm 1521 als Professor nach Wittenberg und wurde neben Melanchthon der treueste Freund und Mitarbeiter des Reformators. In Eisfeld ist er 1535 als Superintendent gestorben.

Sein Wappen (der Walfisch, der Jonas ausspeit) befindet sich in der Universitätsmatrikel des Jahres 1519 und auf dem großen, S. 200 gegebenen Wappenblatt von 1520.

Unter dem Kupferstich stehen die rühmenden Verse:

Diser Doktor der Heiligen Schrift
Hat dem Feind genomen sein Gift,
Damit er die Erd Christi hat beschmisn,
Den Weinberck Gots gern het zerrisn,
Hat er gewert mit hohem Vleis,
Lebt nun mit Gott im Paradeis.

1. Medaillon-Modell in Solnhofener Stein: Gotha, Herzogliches Museum.
2. Kupferstich von Balthasar Jenchen: Erfurt, Städtisches Museum.

ANNO DOMINI
GEORGIVS SPALATINVS

BILDNVS DESS
EHRWIRDI GEN
HERREN DOCTORIS
IVSTI IONAE
DISER DOCTOR DER HEILGEN SCHRIFT
HAT DEM FEIND GENOMEN SEIN GIFT
DMIT ER DI ERD CHRISTI HAT BESCHMISN
DEN WEINBERCK GOTS GERN HET ZERRISN
HAT ER GEWERT MIT HOHEM VLEIS
LEBT NVN MIT GOTT IM PARADEIS

Die evangelische Kirche in Erfurt.

Luthers Lehre hatte schon früh in Erfurt Eingang gefunden. Die Universität zwar verhielt sich zunächst neutral, sie wollte weder für noch gegen den Reformator Partei nehmen, aber als die Studenten im Oktober 1520 die päpstliche Bannbulle in die Gera warfen, und im April 1521 der Rektor Crotus im Namen der Hochschule sowie der Rat der Stadt den nach Worms reisenden Luther mit den höchsten Ehren begrüßten, da war Erfurt für die neue Bewegung gewonnen, zumal sich der alte Freund Luthers, der Augustinerprior Dr. Johannes Lang, an ihre Spitze stellte. So wurde er, unterstützt von dem jungen Barfüßermönch Egidius Mechler und den Magistern Musa und Cuelsamer zum Reformator seiner Vaterstadt, nachdem er im März 1522 offiziell aus dem Kloster ausgetreten war. Viele Mönche und Nonnen folgten diesem Beispiel; die Erfurter Klöster begannen sich zu leeren. Die beiden Stifter St. Marien und Severi, die Widerstand geleistet hatten, waren durch das verhängnisvolle „Pfaffenstürmen" vom 11.—13. Juni 1521 eingeschüchtert worden, nur Dr. Barth. Arnoldi von Usingen predigte und schrieb nicht unwirksam im Sinne der alten Lehre. Der Bauernaufruhr im Frühjahr 1525, in dessen Verlauf der Rat 4000 Bauern in die Stadt ließ, um die mainzischen, stiftischen und klösterlichen Höfe und Häuser zu plündern, wurde die Veranlassung zur offiziellen Einführung der Reformation in Erfurt und zur Öffnung fast aller Kirchen für die Predigt der Evangelischen. Damals wurde auch die neue, heute noch bestehende Pfarreiordnung eingeführt. Die Vielheit der mittelalterlichen Zwerggemeinden verschwand. Von den alten Pfarreien blieben in der Folgezeit evangelisch nur Andreas, Kaufmannskirche, Michaelis, Reglerkirche und Thomas. Dazu kamen als neue Gemeinden die nach den drei später vom Rat säkularisierten Bettelordenskirchen benannten: die Augustiner-, Barfüßer- und Prediger-Pfarreien.

Der Widerstand von Kurmainz und die allgemeine politische Lage ließen eine völlige Durchführung der Reformation nicht zu. Die beiden großen Stifter Dom und Severi, das Peterskloster, das Schottenkloster, das Karthäuserkloster und die Frauenklöster (Cyriak, Neuwerk, Weißfrauen) blieben erhalten und ein, wenn auch immer kleiner werdender Rest der Bürgerschaft verharrte bei der alten Lehre. Um 1590 betrug die Zahl der Katholiken in Erfurt nur noch 5% der Einwohnerschaft. Im Vertrag von Hammelburg, den der Rat 1530 mit dem Erzbischof abschloß, waren ihnen die acht Kirchen eingeräumt worden, die sie heute noch besitzen (Allerheiligen, Dom, Lorenz, Martini, Neuwerk, Nikolai, Severi und Wigberti).

Die evangelische Kirche hat sich dann um 1550—60 im Evangelischen Ministerium, dem sämtliche Geistliche der Stadt und einige Abgeordnete des Rates angehörten, eine Oberbehörde geschaffen, die Stadt und Land Erfurt kirchlich regierte und sich bis heute erhalten hat. An ihrer Spitze stand der vom Rat ernannte Senior.

Unser Bild zeigt das Titelblatt des Druckes der Predigt, die Luther am 7. April 1521 auf seiner Reise nach Worms in der Augustinerkirche gehalten hat und die wohl am stärksten zur Ausbreitung seiner Lehre in Erfurt beigetragen hat (S. 218). Der Druck ist, wie die übrigens nicht ganz zu dem Inhalt passende Frührenaissanceleiste zeigt, von Mathäus Maler in Erfurt (s. S. 209).

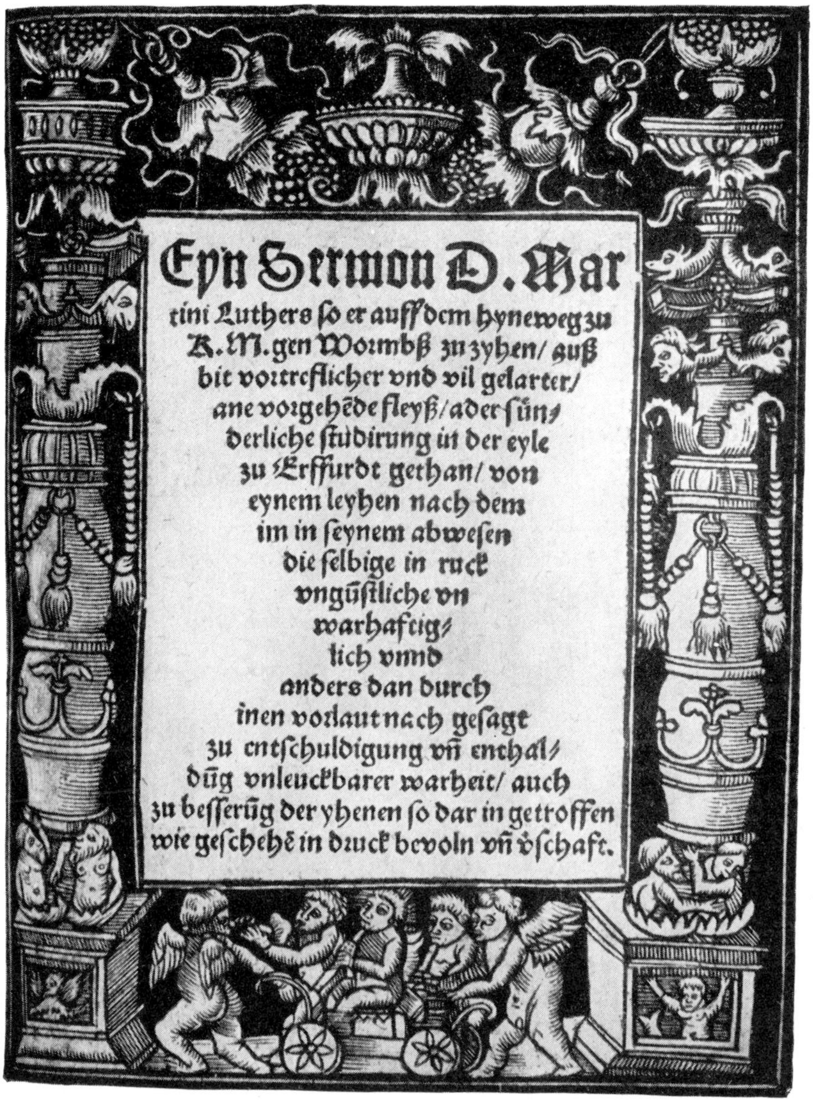

Eyn Sermon D. Mar
tini Luthers so er auff dem hyneweg zu
K. M. gen Wormbß zu zyhen/ auß
bit vortreflicher vnd vil gelarter/
ane vorgehēde fleyß/ ader sün-
derliche studirung in der eyle
zu Erffurdt gethan/ von
eynem leyhen nach dem
im in seynem abwesen
die selbige in ruck
vngünstliche vn̄
warhaftig-
lich vnnd
anders dan durch
inen vorlaut nach gesagt
zu entschuldigung vn̄ enthal-
dūg vnleuckbarer warheit/ auch
zu besserūg der yhenen so dar in getroffen
wie geschehē in druck bevoln vn̄ v̊schaft.

Senior Dr. Johann Aurifaber († 1575).

Eine bedeutende Persönlichkeit in der Geschichte des Luthertums. Im Jahre 1519 geboren, hat Aurifaber in Wittenberg studiert, ist dort Luthers Schüler und vertrauter Famulus gewesen, 1545 und 1546 sein täglicher Gesellschafter und Reisebegleiter. Als solcher hat er auch Luthers letzte Reise mitgemacht und in Eisleben dem toten Reformator die Augen zugedrückt. Er hat dann Luthers Briefe in 12 Bänden und auch einen Teil der Werke herausgegeben; das bekannteste und wirkungsvollste seiner Bücher waren jedoch Luthers Tischreden, die er als erster veröffentlicht hat.

Im Jahre 1566 wurde er als Pfarrer an die Erfurter Predigerkirche berufen und 1572 zum Senior des evangelischen Ministeriums ernannt. Auf dem Grabstein in der Predigerkirche ist er in ganzer Figur dargestellt, und man glaubt in dem mächtigen Kopf mit dem langen Bart und in der festen, fast starren Haltung etwas von der Streitbarkeit und Überzeugungskraft zu finden, die ihm nach Zeugnis seiner Zeitgenossen eigen gewesen sind.

Grabplatte, bemalt: Erfurt, Predigerkirche.

ANNO DOMINI 1578 DIE

Senior Magister Georg Silberschlag (1563–1635).

Ein geborener Erfurter, hat Georg Silberschlag seit 1590 als Pfarrer, seit 1625 auch als Senior des evangelischen Ministeriums an der Predigerkirche gewirkt. Kein Geringerer als Meyfart hat ihm, als er 1635, mitten in den Stürmen des Dreißigjährigen Krieges, starb, die Grabschrift verfaßt, die wir auf seinem Gedenkstein lesen, und deren letzter Vers lautet:

Religio maerens ait: hic iacet ultimus ille,
Ultimus ad normam, dive Luthere, tuam.
Die Religion klagt: hier ruht der letzte, ja der letzte,
göttlicher Luther, nach Deiner Norm.

In der Tat war Silberschlag ein unerbittlicher Gegner des Calvinismus.
Der Kopf ist ein Meisterstück der Porträtdarstellung und darf wohl als das beste Erfurter Bildnis des 17. Jahrhunderts angesehen werden. Der Bildhauer ist von 1616—1635 mit mehreren bedeutenden Werken in Erfurt nachweisbar; sein Name konnte leider bisher nicht festgestellt werden.

Dr. Johann Matthäus Meyfart.

Der durch seine Gelehrsamkeit und durch ein erfolgreiches Wirken für Schule, Universität und Kirche gleich ausgezeichnete Theologe, geb. 1590 in Jena, wurde 1633 vom Erfurter Rate aus Coburg nach Erfurt berufen, um die von König Gustav Adolf bei der dortigen Universität neu begründete evangelisch-theologische Fakultät einzurichten. Im Jahre 1636 wurde er auch Pfarrer der Predigerkirche und Senior des evangelischen Ministeriums, eine Stellung, in der er die kirchliche Verwaltung der Stadt Erfurt und ihres Landgebietes zu führen hatte.
Aber seine Bedeutung reichte weit über Erfurts Mauern hinaus: er war einer der ersten, die gegen die damals erschreckend häufigen Hexenprozesse öffentlich zu kämpfen wagten; er hat sich als Dichter einen Namen gemacht (das Kirchenlied „Jerusalem, du hochgebaute Stadt“ stammt von ihm); enge Freundschaft verband ihn mit dem damals in Erfurt weilenden bedeutenden Pädagogen Wolfgang Ratichius (gest. 1635), dessen neue Erziehungsgedanken er freudig begrüßte, endlich hat er trotz aller Festigkeit im Luthertum auch dem Kalvinismus gerecht zu werden versucht.
Er starb 1642 zu Erfurt, ein Vorläufer der freien Geister, die später in einer reiferen und bereiteren Zeit seinen Gedanken zum Leben verholfen haben.

1. Grabplatte: Erfurt, Predigerkirche.
2. Gleichzeitiger Kupferstich von Joh. Dürr: Erfurt, Städtisches Museum.

Natus A. 1590
9. Nov.
Mortuus A. 1642
26. Januar.
ADMOD. REVEREND. ET EXCELLENTISS. DN. JOHAN. MATTHÆ. MEYFART. SS. TH. D. ET IN ACAD. GERANA PP. PASTOR IN ÆDE PRÆDICATOR. MINISTERII EVANGELICI SENIOR ERFURTI P.M.
Ætatis suæ 52. an.
2. mens. et
dies.
Joh. Dürr ad vivum
delineavit et sculps.
Te Directorem primo, MEYFARTE, Coburgum:
post Reparatorem rostra Gerana colunt.
Eloquij donum, quisquis dignoscere quibat,
non potuit flumen non stupuisse tuum.
Observantiæ

August Hermann Francke.

Anderthalb Jahre, von Ostern 1690 bis Michaelis 1691 hat der große Glaubensmann, Lehrer und Organisator in Erfurt, das er schon 1679 als Student und 1689 durch Gastpredigten kennen gelernt hatte, als Diakonus an der Augustinerkirche, der Kirche Martin Luthers, mit beispiellosem Erfolge gewirkt, trotz seiner Jugend (er war erst 27 Jahre) von seiner Gemeinde wie ein Vater geliebt und verehrt. Aber da er der neuen, tiefen, durch Spener begründeten, an Seele und Gemüt sich wendenden Richtung des sogenannten Pietismus angehörte und an dem der gleichen Gesinnung verdächtigen Senior Dr. Breithaupt eine Stütze fand, unterlag er der starren lutherischen Orthodoxie und einer sogar mit Fälschungen arbeitenden neidischen Clique, deren Seele der Stadtschreiber Emanuel Hogel war, und wurde im September 1691 gezwungen, sein Amt niederzulegen und die Stadt zu verlassen, obgleich seine Gemeinde bis zum letzten Augenblick an ihm festgehalten hatte. Was er später in Halle als Gründer des Waisenhauses und der nach ihm benannten Stiftungen geleistet hat, ist weltbekannt und macht ihn zum größten und erfolgreichsten Vertreter des Pietismus und zum religiösen Helden seiner Zeit. Für ihn selbst aber war die Erfurter Tätigkeit von doppelter Bedeutung: einmal hat er hier zum ersten Male eine Wirksamkeit größeren Umfangs als Prediger, Seelsorger und Lehrer entfalten und der Macht inne werden können, die er kraft seiner von echtem Glauben und innigster Hilfsbereitschaft durchdrungenen Persönlichkeit auf die Gemüter ausübte, und zweitens sind die überaus schmerzlichen Erfahrungen, die er hier hat machen müssen, zur inneren Festigung seines Glaubens und Wesens doch wohl heilsam, vielleicht notwendig gewesen.

Das evangelische Waisenhaus.

Im Jahre 1669 von mildtätigen Erfurter Bürgern gestiftet, an deren Spitze der einer altberühmten Erfurter Familie angehörige tüchtige Oberstratsmeister Georg Heinrich Ludolf stand, vom Kurfürsten Johann Philipp von Mainz und von Herzog Ernst dem Frommen von Gotha durch Geldspenden unterstützt, vom Rat der Stadt mit der dauernden Nutznießung von Teilen des ehmaligen Augustinerklosters beschenkt, hat sich das evangelische Waisenhaus in den Räumen der alten Lutherstätte zu einer segensreichen, noch heute bestehenden Anstalt entwickelt. Bei einem Brande am 7. März 1872 sind leider fast alle die Schätze an Altertümern, Bildern, Kuriositäten und Naturalien, die heimatliebende Bürger im Waisenhaus als Stiftungen zu einem Museum vereinigt hatten, ein Raub der Flammen geworden, darunter auch der von dem Erfurter Künstler J. S. Beck gemalte Totentanz. Der malerische Hof des Waisenhauses mit seinen schönen Holzgalerien stammt aus dem 17. Jahrhundert.

1. Kupferstich von J. G. Wolffgang in Berlin, 1730 nach einem Ölgemälde von Ant. Peone: Erfurt, Städtisches Museum.

2. Photographie von E. Bissinger, Erfurt.

AUGUSTUS HERMANNUS FRANCKIUS,
S. THEOLOGIÆ PROFESS: ORDINARIUS IN ACADEM: HALLENSI.
IBIDEM AD D. ULRICI PASTOR ET GYMNASII SCHOLARCHA
ITEMQUE PÆDAGOGII REGII ET ORPHANOTROPHEI GLAUCHENSIS
DIRECTOR.

Gustav Adolf und die Schweden in Erfurt.

König Gustav Adolfs Empfang vor dem Hause zur Hohen Lilie am 2. Oktober 1631.

Fünfzehn Tage nach der siegreichen Schlacht bei Breitenfeld, am 2. Oktober 1631, zog der schwedische König, der Retter der evangelischen Sache, einer der größten Feldherrn und Staatsmänner seiner Zeit, in Erfurt ein, und wurde vor seinem Absteigequartier, dem Hause zur Hohen Lilie auf dem heutigen Friedrich-Wilhelm-Platz, von dem Oberstratsmeister Hieronymus Brückner feierlich empfangen.
Samuel Fritz, der als junger Mann Augenzeuge dieses Empfanges gewesen ist, hat die Szene in seiner ungelenken und doch den Schauplatz treu wiedergebenden Art geschildert, vielleicht mit Benutzung eines gleichzeitigen Holzschnittes.

Federzeichnung von ca. 1670 von Sam. Fritz in seiner Chronik: Erfurt, Stadtarchiv.

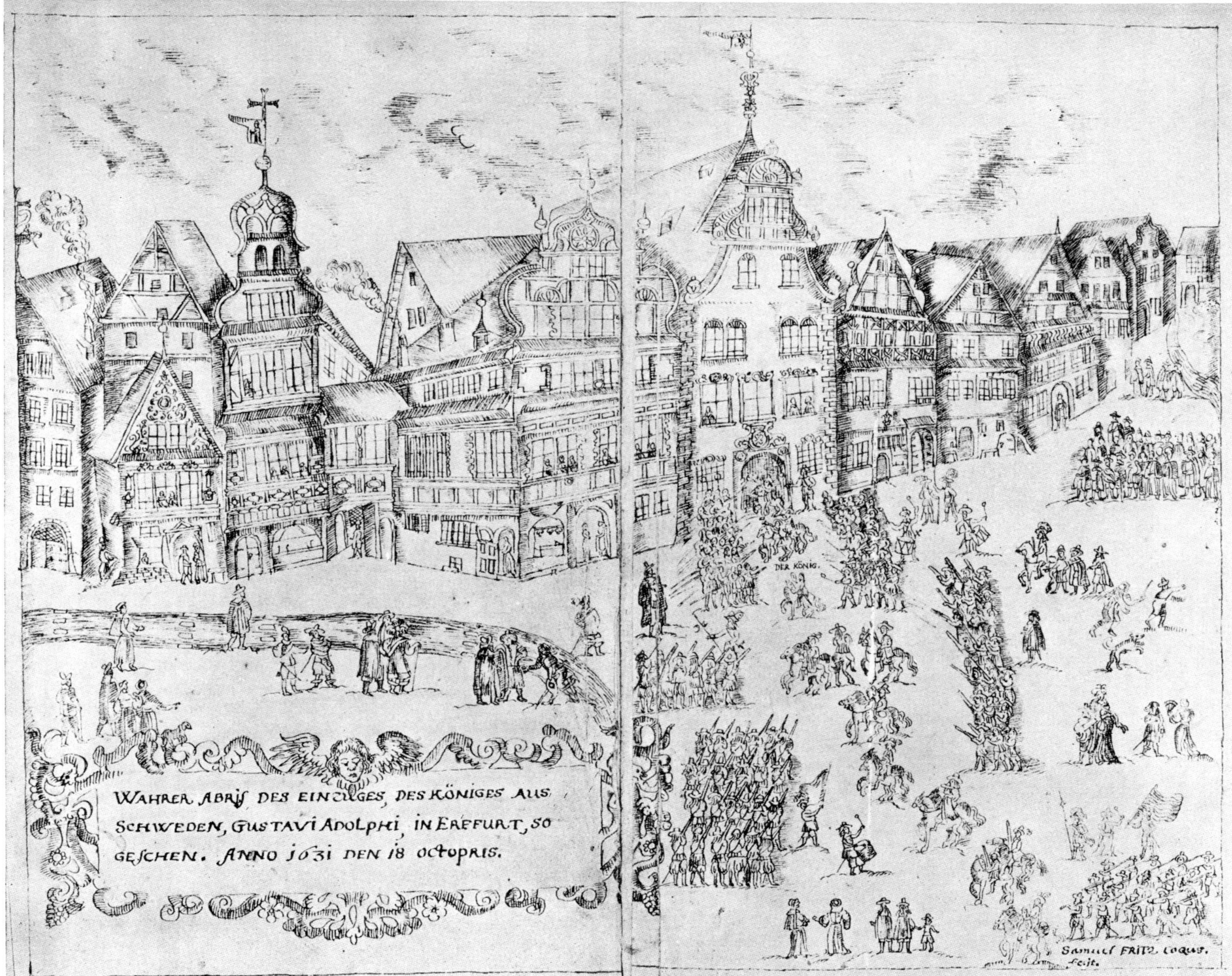
DER KÖNIG
WAHRER ABRIS DES EINZUGES, DES KÖNIGES AUS SCHWEDEN, GUSTAVI ADOLPHI, IN ERFFURT, SO GESCHEN. ANNO 1631 DEN 18 OCTOBRIS.
Samuel FRITZ Coqus. fecit.

Der Schutzbrief Gustav Adolfs für die Stadt Erfurt.

Schon am 2. Oktober (nach altem Stil 22. September), dem Tage seines Einzugs, stellte der König der Stadt einen mit eigenhändiger Unterschrift und Siegel versehenen Schutzbrief aus, worin er ihre Rechte und Freiheiten bestätigte und versprach, die Garnison nur so stark zu halten, „als es unsere und gemeiner Stadt Sicherheit, auch die ratio belli unvermeidlich erheischet", und beim etwaigen Friedensschluß für Erfurts Freiheit einzutreten. Der Rat hatte ihm vorher einen „Revers" erteilt, in dem er für die Dauer des Krieges dem König und seinen Verbündeten Treue zu halten gelobte.

Zwei Tage später leisteten der Rat und die Vertreter der Handwerker und Gemeinden vor der Hohen Lilie dem Könige den Huldigungseid, wobei Gustav Adolf eine, wie der Chronist sagt, „majestätische, sehr zierliche und denkwürdige Rede" hielt, in der er vor allem betonte, daß er nicht aus Eroberungslust, sondern zur Rettung seiner Glaubensgenossen nach Deutschland gekommen sei.

Mit genialem Scharfblick hatte der König erkannt, wie wichtig für ihn Erfurts Besitz war: der Mittelpunkt Deutschlands, der Stützpunkt auf dem Wege zu den süddeutschen Ländern, die Festung, die jederzeit Schutz und Zuflucht bot. Unwillkürlich denkt man dabei an einen anderen Großen: auch Napoleon hat 1807 Erfurt als einziges rechtsrheinisches Gebiet Deutschlands in seiner eigenen Hand behalten. Für Gustav Adolf lagen aber noch zwingendere Gründe vor, denn seine Stellung in Deutschland war lange nicht so fest, wie die des großen Korsen. Es ist daher wohlerwogene Politik, daß der König zwar mit aller Energie eine Verstärkung der Erfurter Befestigung sofort in Angriff nehmen ließ, andererseits aber auch wieder die Stadt trotz aller Einquartierungslast und mancher Übergriffe der nach seinem Abzug eingesetzten Kommandanten doch wohlwollend behandelte und, wo er konnte, ihre Wünsche erfüllte. Daß er ihr ein Jahr später alle mainzischen Güter und Rechte schenkte, damit aus deren Einkünften die Universität wieder zur Blüte gebracht werden könnte, lag ganz in der Richtung dieser Erfurt freundlichen Politik. Der frühe Tod des Königs am 15. November 1632 vernichtete alle politischen und kulturellen Hoffnungen, die Erfurt auf den Retter des deutschen Protestantismus setzen konnte.

Pergament-Urkunde mit eigenhändiger Unterschrift; das Siegel ist verloren: Erfurt, Stadtarchiv.

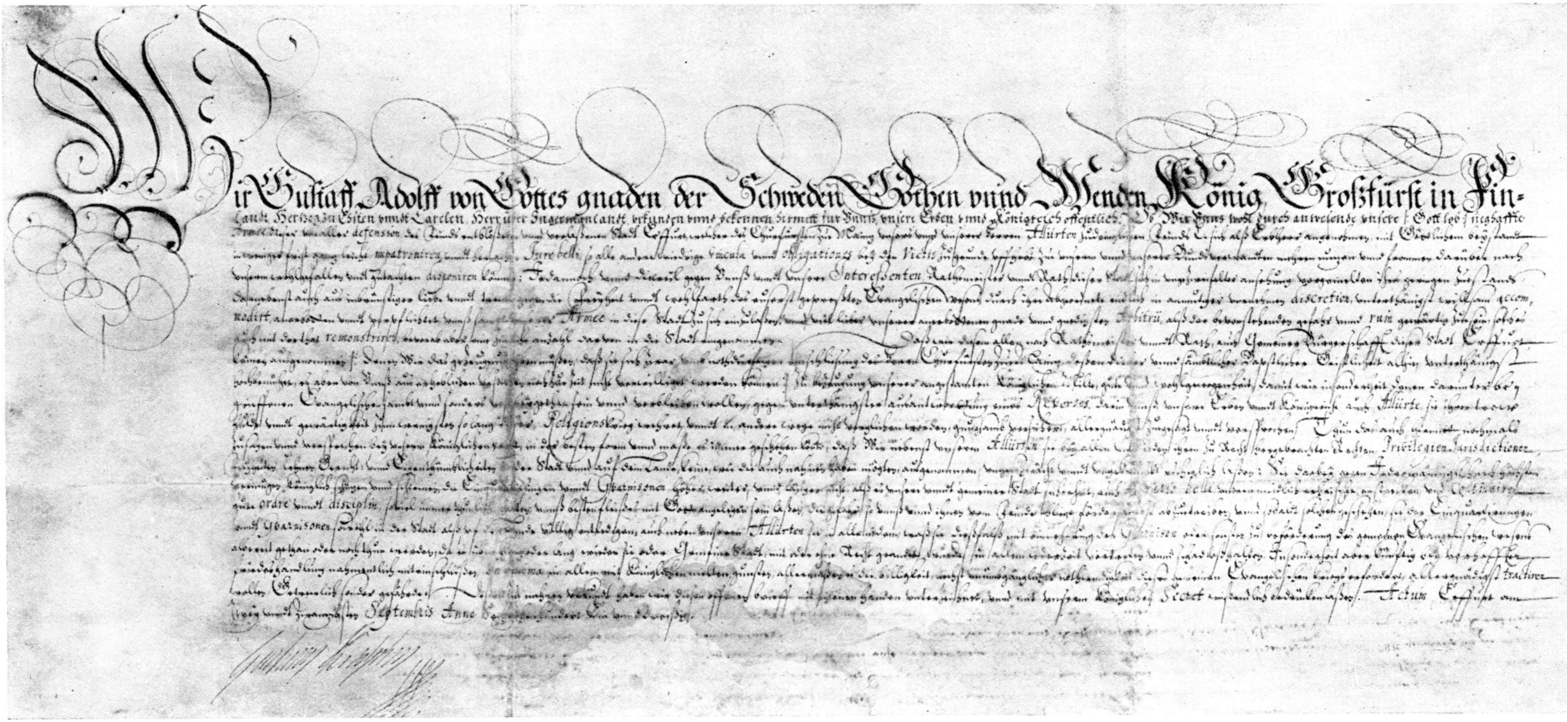
Wir Gustaff Adolff von Gottes gnaden der Schweden Gothen vnnd Wenden König Großfürst in Fin-

In Erfurt geprägte schwedische Münzen.

König Gustav Adolf hatte das im Mittelpunkte des Reiches gelegene Erfurt gewissermaßen zu seiner deutschen Residenz ausersehen. So ließ er denn auch hier mit Hilfe des Erfurter Münzmeisters Münzen prägen, und zwar nicht nur silberne, sondern auch Goldstücke.
Am interessantesten unter ihnen ist wohl der 1632 zur Erinnerung an die Schlacht von Breitenfeld (7. Sept. 1631) geprägte Thaler. Er zeigt auf der Vorderseite das von Strahlen umgebene hebräische Wort für Jehova mit der Unterschrift: „Dextra tua, domine, percussit inimicum" (Deine Rechte, o Herr, vernichtet den Feind). Die Randumschrift lautet: „Gustavus Adolphus a domino missus vivat" (Gustav Adolf, der von Gott gesandte, lebe). Auf der Rückseite eine Inschrift, die in Übersetzung lautet: „Dem dreieinigen Gott Ruhm und Ehre, der dem Könige Gustav Adolf von Schweden gegen die Heere des Kaisers und der Liga bei Leipzig am 7. September 1631 den Sieg verliehen hat." Die Randumschrift lautet: „Dies Purim Evangelicor[um] a[nno] MDCXXXII, VII. Sept. Erffurti celebrati" (Die Purimtage der Evangelischen, gefeiert am 7. September 1632).
Ein zweiter schwedischer Thaler von 1631 zeigt das Brustbild des Königs, der über der Rüstung einen Spitzenkragen trägt, das Haupt mit einem Lorbeerkranz umwunden.
Ein dritter Thaler ist zum Andenken an den Tod des Königs (15. November 1632) geprägt worden, der in der Umschrift „der Große" genannt wird. Gustav Adolfs Wahlspruch „Mit Gott und ritterlichen Waffen" wird auf der Vorderseite, die des Königs Profilbild zeigt, leicht abgeändert und lautet: Mit Gott und siegreichen Waffen." Auf der Rückseite der tote König, dessen Seele von Engeln gen Himmel getragen wird, und ein erobertes Lager mit der Inschrift: „Noch im Tode fliehen sie vor ihm."
Endlich eine schwedische Goldmünze (Dukaten), die, obgleich erst 1634 geprägt, doch noch das Bildnis des Königs aufweist. Auf der Rückseite das schwedische Wappen.

Drei Thaler und ein Dukaten: Erfurt, Städtisches Museum.

DEXTERA TUA
DOMINE PERCUSSIT
INIMICUM
DEO TER OPT.
MAX. GLORIA ET
LAUS QUI GUSTAVO
ADOLPHO SUECORUM
GOTHORUM. WAND. QUE
REGI CONTRA CESARE
ANUM AC LIGI. EXER
CITUM. VICTORIAM
TRIBUIT AD LIPSIAM
DIE VII. SEPT. ANNO
MDCXXXI.

Der Gustav-Adolf-Leuchter in der Predigerkirche.

Der prachtvolle, in Messing ausgeführte 2,25 m hohe und 1,60 m breite Leuchter ist im Jahre 1647 zu Ehren König Gustav Adolfs von Eduard Bode der Predigerkirche, in der der König dem Gottesdienst beizuwohnen pflegte, gestiftet worden. Das Ganze wird gekrönt von einem luftigen Gehäuse, in dem sich eine Reiterstatuette Gustav Adolfs befindet. Der Löwe zwischen den beiden Kerzenreihen soll wohl an den „Löwen aus Mitternacht“ erinnern. Auf der einen der beiden Inschrifttafeln, die er hält, steht: „Mit Gott und ritterlichen Waffen“, auf der zweiten: „Anno 1647 zu glorwürdigsten Angedenken ihrer Königl Majestät zu Schweden Gustavi Adolphi, Gott zu Ehren und der Kirchen zur Zierrat Eduard Bode diesen Leuchter verehrt hat.“ Eduard Bode war der Eigentümer des Hauses zur Hohen Lilie, in dem Gustav Adolf während seines Aufenthaltes in Erfurt gewohnt hat.

Kronleuchter aus Messing, 1647: Erfurt, Predigerkirche.

Die Gemahlin Gustav Adolfs, Königin Marie Eleonore, in Erfurt.

Schon vom 31. Dezember 1631 bis 2. Januar 1632 hatte die Königin in Erfurt geweilt, war, wie ihr Gemahl, in der „Hohen Lilie“ abgestiegen und wohnte am Neujahrstag mit der Krone auf dem Haupt dem Gottesdienst im Dome bei, der damals den Evangelischen eingeräumt war. Vom 7. November 1632 an weilte sie zum zweiten Male mit ihrem Gemahl in der Stadt, siedelte aber nach dessen Abrücken am 4. November in das Haus zum Schwarzen Löwen (heute Anger 11) über, wo sie am 17. November die Nachricht vom Tode Gustav Adolfs in der Schlacht bei Lützen empfing.

Das Haus, in den typischen Formen der Erfurter Renaissance gehalten, steht noch heute, ist aber durch den Einbau des Ladens mit seinem nachgemachten zweiten Renaissanceportal in seiner architektonischen Wirkung geschädigt.

Kaspar Ermes, schwedischer Kommandant in Erfurt, 1640–1648.

Dieser tatkräftige Mann, Oberst zu Fuß, stand in der schlimmsten Zeit des Dreißigjährigen Krieges an der Spitze der schwedischen Besatzung in Erfurt. Auch er, obgleich im Grunde genommen den Erfurtern wohlgesinnt, konnte nicht hindern, daß Freunde und Feinde die Stadt drangsalierten und aus ihr den letzten Groschen herauspreßten. Er starb am 12. Mai 1648 und wurde im Chor der Kaufmannskirche beigesetzt, wo sein und seiner ebendort ruhenden Gemahlin Bildnisse von der Hand Christian Richters heute noch hängen.

Die Schweden hatten das Versprechen Gustav Adolfs, daß er für die Stadt Reichsfreiheit erwirken wolle, nicht halten können. Die glänzende Politik des Kurfürsten Johann Philipp von Mainz (S. 246) hatte es zu verhindern verstanden, daß Erfurt im Westfälischen Frieden von 1648 erwähnt wurde.

Die schwedische Garnison blieb noch fast zwei Jahre nach dem Friedensschluß in der Stadt. Erst am 8. September 1650 konnte man in Erfurt das Friedensfest feiern. Aber es war nur der Auftakt zu neuen Kämpfen, die bald mit dem endgültigen Verlust der städtischen Unabhängigkeit endigen sollten.

Kupferstich von Johann Dürr nach einem Gemälde von Christian Richter, um 1650: Erfurt, Städtisches Museum.

Thüringer Zeitung

CASPAR ERMES DER KÖN MAY: UND CRON SCHWEDE WIE AUCH DERO CONFOED. BESTALT
OBERSTER ZU FUS UND DER ZEIT COMENDANT DER STADT ERFURT, SEINS ALT 45 A. 1641

Erfurts Kampf und Unterwerfung unter Kurmainz.

Johann Philipp von Schönborn, Erzbischof und Kurfürst von Mainz, 1647–1673.

Einer der bedeutendsten Fürsten seiner Zeit, der in der deutschen, ja der europäischen Politik eine Rolle gespielt hat, der „freisinnigste und vorurteilfreiste Kirchenfürst seiner Zeit, vielleicht seines Jahrhunderts“. Für Erfurt ist er der Vernichter der städtischen Freiheit geworden. Seiner Tatkraft und seinem diplomatischen Geschick gelang es 1664, mit französischer Hilfe die bis dahin so gut wie unabhängige Stadt zu erobern und als Landstadt seinem mainzischen Territorium einzugliedern.

Das Bild zeigt den 1605 geborenen Kurfürsten mit einer Unterschrift in lateinischen Versen, die von ihm rühmen, daß Rom, Spanien und Frankreich ihn als den „Friedliebenden“ preisen, und daß Deutschland dies Lob übernommen hat.

Gleichzeitiger Kupferstich von Fleisch um 1660.

IOANNES PHILIPP. D.G. SACRAE SEDIS MOGUNTINAE ARCHIEPISCOP. S.R.I. PER GERMANIAM ARCHICANCELLARI. PRINCEPS ELECTOR EPISCOP. HERBIP. ET WOR. FRANC. ORIENTALIS DVX
En Electorum Primas, quem Curia Romæ,
Nec non Hispanus cum Gallo, nomine mactant
PACIFICV; Indigeniã tali Germania laudem
Servat, et hac ipsã PLUS ULTRA laude triumphat.
P.H.D.

Oberstratsmeister Johann Hallenhorst, 1660.

Ein Erfurter Staatsmann in schwerer Zeit. Geboren 1602 in Hildesheim, seit 1632 im Rat, und zwar Ratsmeister, wurde Hallenhorst 1646 als Oberstratsmeister zu den westfälischen Friedensverhandlungen nach Osnabrück und Nürnberg gesandt, ohne freilich dort die von den Schweden versprochene Unabhängigkeit und Reichsfreiheit Erfurts gegenüber dem Widerstand des Kurfürsten Johann Philipp von Mainz durchsetzen zu können. Nach seiner Rückkehr hat er die Sache der Stadt sowohl gegen die mainzischen Ansprüche, als gegenüber der populären Partei, die in unbegreiflicher Torheit gerade den Mainzer Kurfürsten als Schiedsrichter in ihrem Streit mit dem Rate angerufen hatte, mit solchem Nachdruck geführt, daß die als Schiedsgericht angerufene kaiserliche Kommission 1650 seine Absetzung verlangte und durchsetzte, ja ihn vorübergehend in Haft nahm. Über ein Jahrzehnt hat Hallenhorst in erzwungener Untätigkeit verbracht, und aus dieser Zeit stammt das gegenüberstehende Bild mit den preisenden Versen und deren Schlußwort: „Wer so, wie er sich hält, der steht, ob er schon fällt.“ Inzwischen aber hatte der Konflikt Erfurts mit dem Kurfürsten immer schärfere Formen angenommen. Die Partei des Volkes war ganz antimainzisch geworden, und der Rat schwankte hin und her. Da Hallenhorst erkannte, daß die Stadt Zugeständnisse werde machen müssen, ging er 1662 nach Mainz und erwirkte eine Audienz bei Johann Philipp, deren Ergebnis war, daß der Kurfürst dem Erfurter Rat befahl, den 1650 von seinem Amt Entfernten wieder als Oberstratsmeister einzusetzen. Der Rat wollte sich dazu nicht verstehen. Vielleicht war er auch der Meinung, daß Hallenhorsts Gesinnungswechsel weniger seiner staatsmännischen Einsicht, als seinem persönlichen Ehrgeiz entsprang; möglich, daß beide Motive zusammenwirkten. So war Hallenhorst wieder kaltgestellt und hat wegen der ihm zugeschriebenen mainzischen Gesinnung manche Unbill erleiden müssen. Das Verhängnis nahm seinen Lauf; im Oktober 1664 mußte sich die Stadt dem Kurfürsten auf Gnade und Ungnade ergeben. Hallenhorst aber genoß jetzt die Früchte seiner maßvollen Haltung. Im Jahre 1665 wurde er wieder zum Oberstratsmeister ernannt und hat dieses Amt bis zu seinem Tode 1671 verwaltet.

Kupferstich von Joh. Dürr nach einem Gemälde des Erfurter Malers Tobias Hillebrandt, 1660: Erfurt, Städtisches Museum.

Johannes Hallenhorst Oberster Rathsmeister bey der Policey zu Erffurt Ist geboren 2. vor Liechtmess Ao: 1602. Abgecontr: Ao: 1660.
Joh. Hallebr. pinxit
Joh. Dürr sculp.
Seht! diss ist Hallenhorst; Ein Trütz der Läster-Züngen.
Ein Mann von keinem nicht, alss von sich selbst bezwüngen.
Ein Mann von münterm Geist. Sein eigen, Müthig, Freÿ.
Ein Spiegel der Gedült. Ein Aüßzüg deütscher Treÿ.
Sein Hertz, das in sich selbs aüffrichtig wird befünden!
Verlacht Gefahr ünd Tod; ünd ist nicht mehr gebünden
ans Urtheil dieser welt. Sein Wolkken-gleicher Sinn
wirfft Haß ünd Fall ünd Glikk zü seinen Füßenhin.
Bedrükkt Ihn wie ihr wollt. Last alle Feinde rasen;
Laßt allen Neid aüff Ihn mit vollen Bakken blasen
den Gifft-gefüllten Wind; Wer so, wie Er, sich hält
ünd hieraüff trotzen kan, Der steht, ob schon er fällt.
David Hamilton.

Hinrichtung des Obervierherrn Volkmar Limprecht am 20. November 1663.

Limprecht, seit 1655 Obervierherr, hatte sich dem Volke dadurch verhaßt gemacht, daß er, offenbar von Ehrgeiz getrieben, in dem Konflikt der Stadt mit Mainz zu teilweiser Erfüllung der kurfürstlichen Ansprüche riet. Als die Menge schließlich seinen Tod verlangte, wagte der Rat nicht, ihn vor der Wut des Volkes zu retten, und so wurde er denn am 20. November 1663 mit dem Schwerte hingerichtet.
Die Exekution fand auf dem Fischmarkt vor dem alten Rathause statt, das auf unserm Bilde stark verzeichnet erscheint. Bewaffnete sperren das Holzgerüst ab, auf dem der Scharfrichter Hans David Gürtler das Urteil vollstreckt; zwei Geistliche stehen dabei. Rechts der Sarg, der dann in das schon geöffnete Grab (links) hineingesenkt werden soll.
Limprechts Tod hat Erfurt keinen Nutzen gebracht, vielmehr den Zorn des Mainzer Kurfürsten gegen die Stadt noch gesteigert.
Die Zeichnung hat Samuel Fritz, der als Augenzeuge der Hinrichtung beiwohnte, wahrscheinlich nach einem gleichzeitigen, heute verlorenen Holzschnitt angefertigt.

Die Belagerung Erfurts durch den Kurfürsten Johann Philipp von Mainz mit französischen Hilfstruppen vom 17. September bis 23. Oktober 1664.

Kurfürst Johann Philipp hatte es auf Grund alter, im Vertrage von 1463 ausdrücklich anerkannter Rechte und durch eine überaus geschickte Diplomatie dahin gebracht, daß Erfurt vom Kaiser in die Reichsacht erklärt wurde, und daß auch Sachsen der Stadt keine Hilfe leisten wollte oder konnte. Da aber seine eigenen Kräfte nicht ausreichten, ließ er sich von König Ludwig XIV. von Frankreich eine Hilfsmacht von 6000 Mann zur Verfügung stellen, an deren Spitze General de Pradel stand. Mit diesen und seinen eigenen Truppen rückte er im September 1664 vor Erfurt, das nach 36tägiger Belagerung sich ergeben mußte und seine Unabhängigkeit, sein Landgebiet und das gesamte Kämmereivermögen verlor. Daß keine religiöse Bedrückung eintrat und der evangelischen Kirche in Erfurt ihre Freiheit verblieb, verdankte die zu 95 Prozent evangelische Stadt dem Kurfürsten von Sachsen, der nur unter dieser Bedingung seine Zustimmung zu der Vergewaltigung Erfurts gegeben hatte.
Das 1677 von Samuel Fritz gezeichnete Bild zeigt links den französischen General zu Pferde, rechts die vieltürmige Stadt und die Belagerer.

1. Federzeichnung von ca. 1670 von Sam. Fritz in seiner Chronik: Erfurt, Stadtarchiv.
2. Federzeichnung von Samuel Fritz von 1677 nach einem mit G. S. bezeichneten Holzschnitt: Chronik des S. Fritz im Erfurter Stadtarchiv.

ABRIS WIE DER MAGISTER
VOLCKMAR LIMBRECHT
OBERSTER WEP. HERR ÖFFENT
LICH, DEN 20. NOVEMBRIS
ANNO 1663. MITDEM SCHWERT
GERICHTET WORDEN IST.
IN ERFURT.

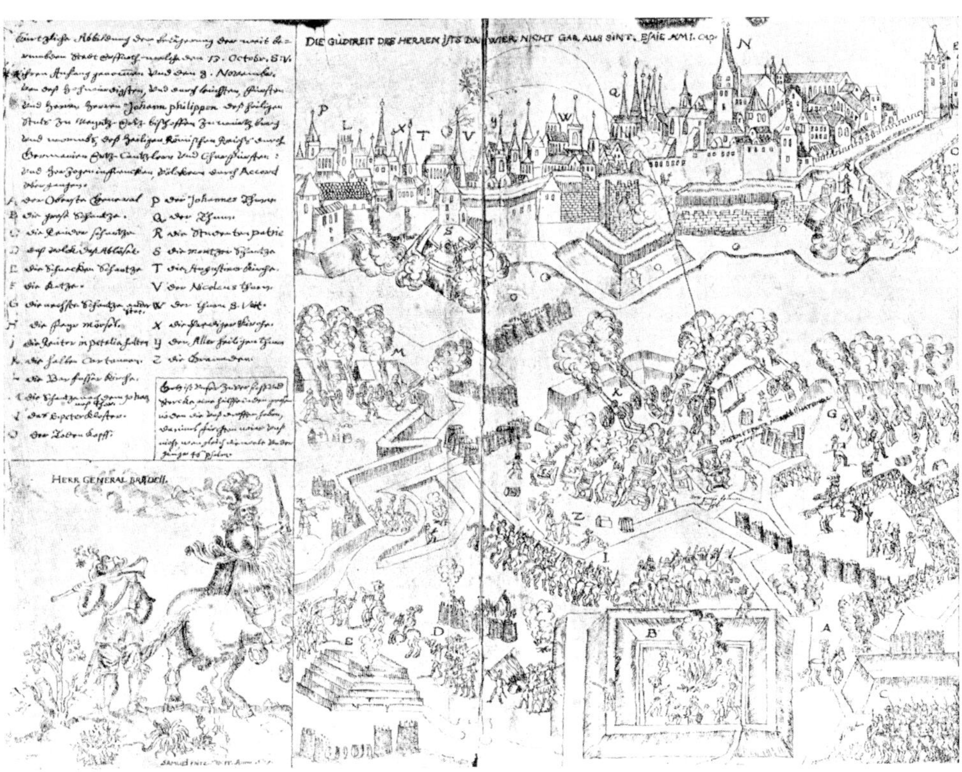
DIE GÜDTREIT DES HERREN ISTS DAS WIER NICHT GAR AUS SINT. ESAIE XMI. CAP.
HERR GENERAL BRADELL

Rat und Bürgerschaft zu Erfurt leisten dem Erzbischof und Kurfürsten Johann Philipp von Mainz den Treueid, 28. Oktober 1664.

Die Stadt hatte sich am 23. Oktober dem mit französischer Hilfe sie belagernden Erzbischof ergeben. Nun steht am 28. Oktober auf den Domstufen unter einem Baldachin der Sieger; stehend leistet ihm der Rat, knieend die Bürgerschaft durch ihre Abgeordneten den Treueid. Damit war Erfurts Selbständigkeit vernichtet. Alles, was die Stadt besaß, auch das Kämmereivermögen, ging in den Besitz von Kurmainz über; der Rat war fortan nur Verwaltungsorgan der mainzischen Regierung, die Land und Stadt Erfurt durch einen Statthalter regieren ließ.
Der Kupferstich ist künstlerisch minderwertig, aber er gibt die geschichtlich denkwürdige Szene getreu wieder.

Medaille auf die Eroberung Erfurts, 1664.

Der Mainzer Kurfürst hat sich bekanntlich bei der Belagerung und Eroberung Erfurts französischer Hilfstruppen bedient (S. 250), die ihm König Ludwig XIV. zur Verfügung gestellt hatte. Diese Hilfeleistung hat der König durch eine Medaille feiern lassen, deren Vorderseite seinen Kopf zeigt, während auf der Rückseite die behelmte Gallia die demütig knieende Erfordia der Mainzer Kirche zuführt; darüber die Inschrift: „Gallia vindex“ (rächende Helferin); darunter: „Erfordia eccl[esiae] Mogunt[inae] restituta. MDCLXIV.

1. Gleichzeitiger Kupferstich: Erfurt, Städtisches Museum.
2. Bronzemedaille: Erfurt, Städtisches Museum.

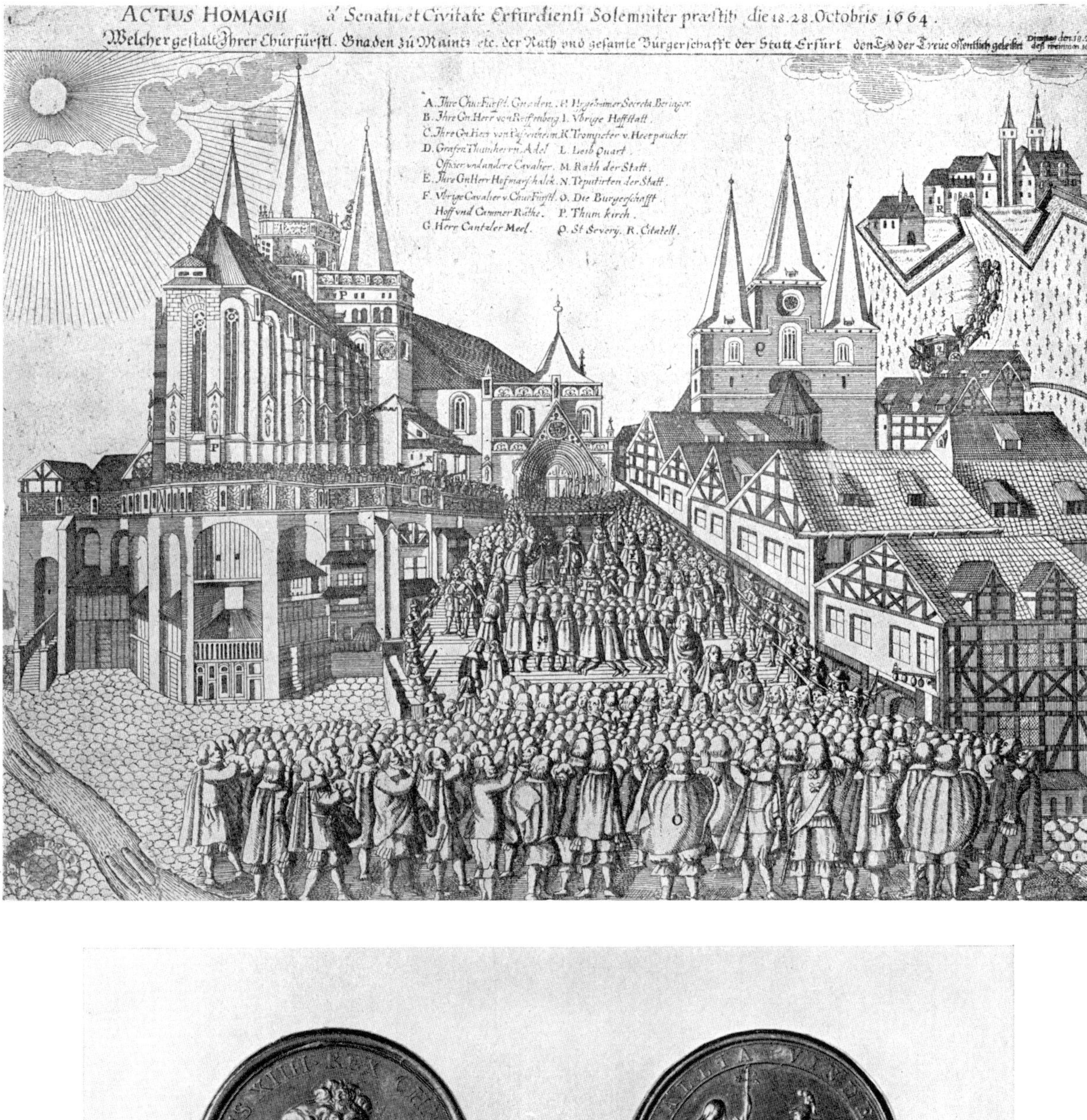

ACTUS HOMAGII á Senatu et Civitate Erfurdiensi Solemniter præstiti die 18.28. Octobris 1664.
Welcher gestalt Ihrer Chürfürstl. Gnaden zü Maintz etc. der Rath und gesamte Bürgerschafft der Statt Erfurt
B. Ihre Gn. Herr von Reiffenberg I. Vbrige Hoffstatt.
D. Grafen Thumherrn Adel L. Leib Quart.
Offizier und andere Cavalier. M. Rath der Statt.
E. Ihre Gn Herr Hofmarschalck. N. Teputirten der Statt.
F. Vbrige Cavalier v. Chur Fürstl. O. Die Burgerschafft.
Hoff und Cammer Räthe. P. Thum kirch.
G. Herr Cantzler Meel. Q. St Severy. R. Citatell.

LUDOVICUS XIIII REX

Die Universität Erfurt huldigt dem Erzbischof und Kurfürsten Johann Philipp von Mainz.

In einem holzgetäfelten Saale, vielleicht im Kollegium majus (S. 181) steht der schon sechzigjährige Kurfürst und nimmt die untertänigste Huldigung des gesamten Lehrkörpers der Universität entgegen. Die Professoren in ihrer schwarzen Amtstracht stehen im Halbkreise um ihn herum, an ihrer Spitze der Rektor, der mit einer Verbeugung die Zeichen seiner Würde, die beiden Szepter (S. 205), vor dem neuen Landesherrn senkt.
Die Unterschrift in der Barockkartusche lautet: „Reverendissimo et Serenissimo Principi electori Moguntino et domino suo clementissimo felicissimoque in urbem hanc ingressum gratulabatur devotissime cum Rectore Universitas eadem ab Ipsius Celsitudine vicissim gratiosissime excepta d. 21./11. Octobris Anno 1664."
Zu deutsch: „Den hochwürdigsten und allergnädigsten Kurfürsten von Mainz, ihren gnädigsten und glücklichsten Herrn beglückwünschte zu seinem Einzug in diese Stadt alleruntertänigst die Universität samt ihrem Rektor daselbst, die von seiner Hoheit wiederum auf das freundlichste empfangen wurde am 21./11. Oktober 1664."

Malerei auf Pergament in Band IV der Universitätsmatrikel: Erfurt, Stadtarchiv.

Reverendissimo & Serenissimo Princi
pi Electori Moguntino & Domino suo clementissimo felicissimum
in urbem hanc ingressum gratulabatur demississime cum
RECTORE Universitas, Eadem ab Ipsius Celsi
tudine vicissim gratiosissime excepta
d. 4. Octobris Anno 1664.

Erfurt huldigt dem Kurfürsten und Erzbischof Anselm Franz von Mainz, 1679.

Stärker als die Darstellung der Huldigung und Eidesleistung der mainzischen und städtischen Behörden, die im Grunde genommen die von 1664 wiederholt, interessiert uns an diesem Bilde der Schauplatz, um so mehr, als er nicht nur mit künstlerischer Feinheit, sondern auch mit völliger Naturtreue dargestellt ist. St. Severi und der Dom, der damals auch noch die hohen, spitzen Helme der Gotik trug, die gewaltige Treppe, die zu beiden Kirchen emporführt, das ist ja ein von dem heutigen nur unwesentlich abweichendes Bild. Aber die Umgebung ist ganz anders: die Gewölberäume der Substruktionen des Domes (Kavaten) sind mit Lager- und Verkaufshäusern ausgefüllt; neben dem Dom stehen mehrere jetzt verschwundene Bauten; der Platz „Vor den Graden" (gradus = Stufe) ist viel kleiner als heute, denn sein ganzer nördlicher Teil wird von Straßen und Gebäuden ausgefüllt (Fingerlingsgasse, Am Folloch, Rubenmarkt, Unter den Schildern), die dem am 6. November 1813 abgebrannten und später nicht wieder aufgebauten Stadtteil angehören; quer über den Platz fließt ein mit einer kleinen Brücke und Übergangssteinen versehener Wasserlauf, einer jener Abflüsse der Gera, wie sie damals in Erfurt auch in anderen Straßen nicht selten waren. Alles in allem ein Bild, das für die Kenntnis der Entwicklung dieses schönsten und monumentalsten Erfurter Platzes von hoher Bedeutung ist.
Auf der linken Tafel das Wappen des Erzbischofs; auf der rechten die Anordnung der Eidleistenden, die getrennt nach staatlichen (links) und städtischen Behörden (rechts) aufgestellt waren.

Portal der Citadelle Petersberg.

Nach der Eroberung Erfurts hat der neue Landesherr begonnen, eine Zwingburg zu errichten und auf dem Petersberg eine gewaltige neue Citadelle anzulegen, um etwaigen Abfallgelüsten der neuen Untertanen begegnen zu können.
Der Erbauer der ersten Erfurter Petersbergbefestigung, wahrscheinlich der Baumeister Petrini, hat in diesem Portal ein hervorragendes Werk der Barockkunst geliefert. Schlicht und doch monumental, klar im Aufbau und doch reich, drückt es mit unübertrefflicher Sicherheit den militärischen Charakter der Gesamtanlage aus, zu der es den Zugang bildet. In jener Zeit hatte die Kunst auch an militärischen Bauten noch einen Anteil. Das Portal ist vor 1673 entstanden, denn es führt noch das Wappen des in diesem Jahre verstorbenen Kurfürsten Johann Philipp.

1. Kupferstich: Erfurt, Städtisches Museum.
2. Photographie von E. Bissinger, Erfurt.

Dem Hochwürdigsten Durchlauchtigsten Fürsten und Herrn
HERRN ANSELMO FRANCISCO
Des Heiligen Stuels zu Mainz Erzbischoffen
Des Heil. Röm. Reichs durch Germanien Erzcanzlarn
und Churfürsten
Churfürstl. Mainz:
Erbhuldigung
wie solche
Von Dero
Rähten Gerichts Personen Beambten
Stadt Rähten Dienern und gesamter treu-
esten Burgerschafft
in
Erffurd
den des 1679 Jahrs

CITADELLE PETERSBERG

In Erfurt geprägte kurmainzische Münzen.

Nach der Besitzergreifung Erfurts im Jahre 1664 hat Kurmainz dort zum ersten Male seit dem 13. Jahrhundert wieder Münzen prägen lassen, von denen hier einige abgebildet sind:

1. Thaler des Kurfürsten Damian Hartardt von 1675. Vorderseite: Brustbild des Kurfürsten und die seine Würden bezeichnende Umschrift. Rückseite: Wappen des Kurfürsten, Jahreszahl und der Name „Erffurt", endlich in der Umschrift die Fortsetzung der Aufzeichnung der Würden der Vorderseite.
2. Zwölfgroschenstück des Kurfürsten Anselm Franz von 1689.
3. Eingroschenstück von 1802, die letzte in Erfurt geprägte mainzische Münze.

Medaille auf das vierhundertjährige Bestehen der Universität Erfurt, 1792.

Im Jahre 1792 wurde das vierhundertjährige Bestehen der Universität vom 17.—20. September durch eine Reihe von akademischen Feiern im Dom und der Universität und durch ein Mahl in der Statthalterei festlich begangen, wozu der Kurfürst ein Stückfaß besten Rheinweins geschenkt hatte.

Aus Anlaß dieser Feier wurde nach dem Entwurf von Th. Stockmar die nebenstehend abgebildete silberne Medaille geprägt, die auf der Schauseite das Brustbild des Kurfürsten Friedrich Karl Josef von Erthal zeigt, auf der Rückseite die Inschrift über die Jubelfeier mit dem Namen des damaligen Rektors Prof. Dr. Sinnhold.

1. Drei Münzen von 1675, 1689 und 1802; 2. Eine silberne Medaille von 1792: Erfurt, Städtisches Museum.

AUSPICIIS
SACRA SÆCULARIA
CELEBRATA
RECTORE

Erfurt im 17. Jahrhundert.

Die Pest in Erfurt.

Die Stadt Erfurt ist, wie andere deutsche Städte auch, häufig von Epidemien heimgesucht worden, die bei den mangelnden hygienischen und medizinischen Kenntnissen starke Opfer forderten, am schlimmsten aber in den Jahren 1597 und 1683. Die Kirchenbücher und zwei Medaillen geben darüber erschütternde Kunde.

Die erste Medaille berichtet: „Anno 1597 sein in Erffort gestorben 7765 Mensch., auf den Dorffer. sein 9676."

Die zweite zeigt auf der Vorderseite einen Erzengel, der sein flammendes Schwert einsteckt, nachdem er den Tod besiegt und unter seine Füße gebracht hat. Neben ihm eine, von einem Schädel gekrönte Tafel, auf der die Worte stehen: „Sum[ma] d[er] in a[nno] 1683 zu Erff[urt] erstor[benen] Person[en] 9437." Über dem Erzengel die Verse:

Mors jugulans cedit, -
Vita salusque redit.

Übersetzt: Der würgende Tod weicht,
Leben und Gesundheit kehren zurück.

Auf der Rückseite sieht man eine ausgezeichnet wiedergegebene Ansicht der Stadt Erfurt mit der Cyriaksburg, darüber die strahlende Sonne, deren heilbringende Kraft der Vers preist:

„Hoc redeunte perit contagiosa lues."

Übersetzt: Mit ihrer Rückkehr verging die ansteckende Seuche.

Unter der Stadtansicht die Inschrift:

Erphordia a peste libera anno 1683 exeunte.

Übersetzt: Erfurt frei von der Pest am Ausgang des Jahres 1683.

Bedenkt man, daß die Einwohnerzahl Erfurts damals 15—16000 betrug, so liegt hier das für uns ganz Unfaßbare vor, daß 1597 die Hälfte, 1683 sogar 60—65% aller Erfurter binnen wenigen Monaten der furchtbaren Seuche erlegen sind. Die Kirchenbücher berichten erschütternde Einzelheiten aus der schrecklichen Zeit, in der ganze Familien ausstarben; die Urkunden berichten, wie viele Häuser damals in Erfurt leer wurden und verfielen, weil die Menschen fehlten, die sie bewohnen konnten, und wie viele Hypothekengläubiger um ihr Geld kamen, weil die Häuser keine Eigentümer mehr hatten und wertlos geworden waren.

Die Pest von 1683 war die letzte, die Erfurt heimgesucht hat. Ihre Erinnerung ist lange Zeit nicht erloschen. Noch um 1800 gab es viele verfallene Häuser und wüste Wohnstätten in Erfurt, die an dies furchtbarste Pestjahr erinnerten, das die Stadt je erlebt hat.

Drei silberne Medaillen: Erfurt, Städtisches Museum.

Garten des Adam Schwind in Erfurt, 1630.

Der Garten lag bei der heutigen Pförtchenbrücke, war an drei Seiten von Wasser umflossen und an der vierten durch eine hohe Mauer mit einem Warttürmchen geschützt. Er enthielt einen Teich, in dem sich Fische tummeln, und einen reichen Obstbaumbestand. Interessant sind die auf dem Bilde verstreuten Erklärungen. Ganz unten links, wo man Badende sieht, steht „Schwimmende"; ein wenig rechts darüber heißt es: „Alhier halden sich Schlangen auf". Die Inschrift unten lautet: „Der Fahrweg gehet durchs Wasser in die Cartheuser Mühl", und rechts unten heißt es: „Alhier kömbt der Treye Born in Deich", was aus dem Erfurtischen ins Hochdeutsche übersetzt heißt: Hier kommt der Dreienbrunnen in den Teich.

Der Eigentümer ist ein um Erfurt hochverdienter Mann. Adam Schwind, der mainzischer Provisor (Vorsteher des Mainzer Hofes und Verwalter der erzbischöflichen Allodialgüter) in Erfurt war, hat im Jahre 1631 durch sein mutiges und standhaftes Verhalten die Stadt vor der drohenden Zerstörung durch Tilly gerettet, der ihr das Schicksal Magdeburgs bereiten wollte.

Garten eines Erfurter Ratsherrn, 1657.

Der Erfurter Ratsherr Johann Heinrich Weißmantel hatte sich in der garten- und wasserreichen Vorstadt, die man das Hirschbrühl nannte (heute Gustav-Adolf- und Friedrichstraße), einen Garten angelegt, der mit seinem, von Wasser umgebenen Lusthause, seinen stilisierten Beeten und Laubengängen als Muster einer bürgerlichen Gartenanlage der Barockzeit gelten kann. Interessant ist, ihn mit dem mehr ländlichen Garten des Adam Schwind von 1630 zu vergleichen, der noch nicht die starke Stilisierung aufweist.

Federzeichnungen von ca. 1670 von Sam. Fritz in dessen Chronik: Erfurt, Stadtarchiv.

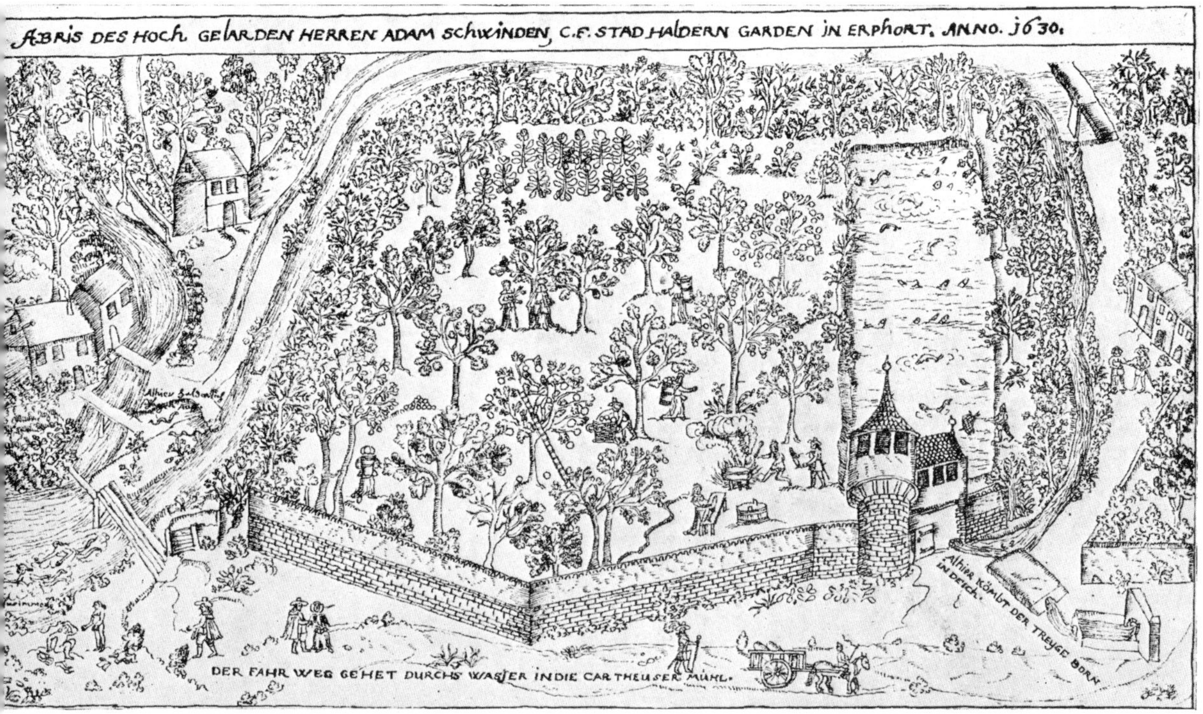
ABRIS DES HOCH GELARDEN HERREN ADAM SCHWINDEN, C.F. STAD HALDERN GARDEN IN ERPHORT. ANNO. 1630.
DER FAHR WEG GEHET DURCHS WASSER INDIE CARTHEUSER MÜHL.
Alhier kömbt der Treyge Born in Deich

DAS IST DES HERREN johan HEINRICHS WEISMANDELS GARDEN IM HIRSCH BRÜEL ZU ERPHORD ANNO 1657.

Kaspar von Stieler.

Der bedeutende Sprachwissenschaftler und Schriftsteller Kaspar von Stieler wurde am 2. August 1632 zu Erfurt geboren, kehrte nach langem Wanderleben 1691 in seine Vaterstadt zurück, wo er, trotz seines Alters, eine reiche Tätigkeit entfaltete, und am 24. Juni 1707 starb, nachdem er kurz vorher (1705) vom Kaiser geadelt worden war. Sein Hauptwerk ist sein „Teutscher Sprachschatz" (1691), in dem er sich wissenschaftlich mit der deutschen Sprache beschäftigte. Dramen von ihm sind 1665—1667 in Rudolstadt aufgeführt worden. Im Jahre 1668 wurde er mit dem Beinamen „der Spahte" in die „Fruchtbringende Gesellschaft" aufgenommen, die sich die Pflege und Reinigung der deutschen Sprache als Ziel gesetzt hatte und damals die bedeutendsten Vertreter des deutschen Schrifttums umfaßte.
Das Bild zeigt Stieler als Mitglied dieser Gesellschaft mit seinem Beinamen und dem dazu gehörigen Spruch; oben rechts sein Wappen.

Anonymer Kupferstich aus dem Ende des 17. Jahrhunderts: Erfurt, Städtisches Museum.

Der Spahte.
Es ist kein Mittel nicht vor frühes Un
tergehen
Wer seinen Fleiß ans Liecht stellt, der kan
bestehn.
Was ätzet man das Bild des Spahten müh
sam ein;
Da Er wenns Mahlens gilt sein Mahler
selbst muß seyn!
Ægidius Martini Med
D. P. P. Med. Prov. Erf.

Hiob Ludolf.

Geboren 1624 in Erfurt, aus einer Familie stammend, deren Angehörige in der Geschichte der Stadt eine wichtige Rolle gespielt haben (S. 274), ist Hiob Ludolf als Historiker, Sprachforscher und Kenner besonders der orientalischen Sprachen (er selbst verstand 25 Sprachen), einer der meistbewunderten deutschen Gelehrten des 17. Jahrhunderts gewesen. Er starb 1704 als kaiserlicher Rat und herzoglich sächsischer Geheimrat in Frankfurt a. M.

Georg Christoph Petri von Hartenfels.

Geboren 1633 zu Erfurt, gestorben daselbst 1718, hat Petri von Hartenfels sich als Arzt einen berühmten Namen erworben. Von den Thüringer Fürsten, vor allem aber von den Mainzer Erzbischöfen ist der seit 1662 in seiner Vaterstadt Ansässige hochgeehrt und zum Leibarzt ernannt, 1680 endlich vom Kaiser geadelt worden. Er gehörte auch der Erfurter Universität an und hat von 1689—1692 die Rektorwürde bekleidet. Seine Vielseitigkeit war so groß, daß er sich bei alledem noch der Erfurter Stadtverwaltung widmen konnte. Seit 1686 Mitglied des Rates, hat er von 1695—1716 neunmal die Würde als Oberstratsmeister bekleidet. Nimmt man dazu, daß er als medizinischer Schriftsteller gutes geleistet hat, daß er treffliche Verse zu machen verstand, daß er eine ausgezeichnete Bibliothek besaß und daß er trotz seines etwas grimmigen Aussehens — auch unser Bild zeugt davon — der liebenswürdigste Mensch war, bei allen wohlgelitten, gesund und heiter bis in sein hohes Alter, so rundet sich hier das Bild einer vielseitigen, bedeutenden und doch harmonischen Persönlichkeit, wie sie in dieser Art selten zu finden sind.

1. Schabkunstblatt von Peter Schenk (um 1700): Erfurt, Städtisches Museum.
2. Anonymer Kupferstich: Erfurt, Städtisches Museum.

Zwei Erfurter Geschichtschreiber.

Nachdem Erfurt 1664 dem Mainzer Kurstaat einverleibt worden war, hatte die neue Landesherrschaft das Bestreben, die Zeiten der städtischen Unabhängigkeit in mainzischer Beleuchtung darzustellen und die Geschichte der Stadt unter dem Gesichtspunkt dargestellt zu wissen, daß Mainz stets Erfurts Herr gewesen sei und daß die städtische Freiheit auf Unrechtmäßigkeit und Unbotmäßigkeit beruht habe. Diesen Dienst leisteten der Mainzer Regierung zwei Historiker, ein Katholik und ein Protestant: Gudenus und Falkenstein:

Dr. Johann Mortiz Gudenus, 1639—1688.

In Heiligenstadt geboren, 1665 Doktor der Rechte, seit 1667 Universitätsprofessor in Erfurt, seit 1676 Regierungsrat, seit 1679 Stadtschultheiß daselbst, hat Gudenus 1675 die erste gedruckte Erfurter Geschichte verfaßt (Historia Erfurtensis ab urbe condita ad reductam) in elegantem Latein geschrieben, ein kleines Kunstwerk. Aber die mainzische Tendenz ist so stark, daß sie ihn zur bewußten Fälschung verleitet.

Johann Heinrich von Falkenstein, 1682—1760.

Vorsichtiger war der markgräflich Ansbachsche Hofrat Johann Heinrich von Falkenstein. Seine dickleibige „Historie von Erfurt" (1739) fälscht nicht geradezu, leistete aber durch geschicktes Verschweigen und willkürliche Ausdeutung der Quellen der mainzischen Tendenz um so mehr Vorschub, als sie in deutscher Sprache geschrieben war, daher eine viel breitere Wirkung hatte, als die lateinische Darstellung des Gudenus. In der Tat ist die Falkensteinsche Historie das geschichtliche Hausbuch in Erfurt geworden, hat die alten guten geschriebenen Chroniken verdrängt und ist vor allem schuld, daß die aus ersten und authentischen Quellen geschöpfte Erfurter Chronik des Augustinerpfarrers und Gymnasialdirektors Zacharias Hogel (1611—1677) und dessen Fortsetzers, des Ratsmeisters Siegemund Friese (1683—1754) nicht gedruckt wurden und daher unbekannt blieben. Diese beiden Chroniken, die wichtigsten Quellen zur Erfurter Geschichte, befinden sich jetzt im Stadtarchiv.

Unvollständige Schabkunstblätter des 18. Jahrhunderts: Erfurt, Städtisches Museum.

Portal des ehmaligen Cyriaksklosters, 1689.

Dies älteste, schon im Jahre 836 erwähnte Benediktiner-Nonnenkloster, ursprünglich St. Paul genannt und auf dem nördlichen Teile des Domhügels gelegen, hat mehrere Male den Sitz wechseln müssen. Erzbischof Adalbert I. von Mainz verlegte es 1123 auf die später Cyriaksberg genannte Höhe im Südwesten der Stadt und weihte es dem heiligen Cyriakus. Mit Erlaubnis des Papstes verlegte wiederum der Erfurter Rat, der auf dem Berge eine Festung (Cyriaksburg) errichten wollte, das Kloster 1480 in die Stadt, in die Nähe der Andreaskirche. Weil dann der neue Wohnsitz der geplanten Befestigung des Petersberges hinderlich war, mußten endlich die Nonnen ihn um 1689 wieder verlassen und siedelten sich in der Hügelgasse an.
Von diesem letzten Klosterbau stammt das schöne Barockportal, das die Jahreszahl 1689 trägt, oben das Wappen des damals regierenden Erzbischofs und Kurfürsten von Mainz Anselm Franz von Ingelheim und die Brustbilder der Heiligen Benedikt und Cyriakus zeigt.
Das Kloster, das, 1803 aufgehoben, im 19. Jahrhundert als Garnisonlazarett diente, wurde 1898 abgebrochen, um der Kunstgewerbeschule Platz zu machen. Das Portal befindet sich im Städtischen Museum.

Erfurter Bürgerhäuser des 15. bis 17. Jahrhunderts.

Gotische Häuser in Erfurt.

Wohnhäuser aus Stein sind im Mittelalter sehr selten. In Erfurt hat wohl erst der große Brand von 1472, der verheerendste, der die Stadt jemals betroffen, die Erbauung von steinernen Häusern zur Folge gehabt. Zu diesen gehört zweifellos

Das Haus Allerheiligenstraße 11

genannt zum Roten Stern. Es trägt an dem mit spätgotischem Maßwerk versehenen Erker die Jahreszahl 1479 und zeigt in der Einfachheit seiner Gestaltung und der ganz aus dem wirtschaftlichen Zweck heraus konstruierten Gliederung des Erdgeschosses die Art des 15. Jahrhunderts. Dasselbe gilt von dem ehmaligen

Haus Anger 24

genannt zur Güldenen Krone. Fest, mit dem Eindruck gesammelter Kraft erhob es sich mit seinen spärlichen Öffnungen, einfach und vornehm, nichts wollend, als Ausdruck zu sein für das schaffende Bürgertum. Das Haus ist Ende des 19. Jahrhunderts abgebrochen worden.

Ehmaliges Haus zum grünen Sittich und Katzenberge.

Aus zwei Häusern zusammengewachsen, zeigt dies in der Gotthardtstraße gelegene, schon 1750 abgebrochene Haus noch ganz den Charakter der Gotik und ist ein vortreffliches Beispiel für die Erfurter bürgerliche Baukunst im Mittelalter.

Einer seiner Besitzer war, wie das Wappen andeutet, der bekannte Obervierherr Volkmar Limprecht, ein ehrgeiziger Mann, der seit seinem Eintritt in den Rat 1661 für die Verständigung Erfurts mit Kurmainz eintrat und wegen dieser Parteinahme am 20. November 1663 auf Betreiben des Volkes hingerichtet wurde (S. 250).

1. Zwei Photographien: Erfurt, Städtisches Museum.
2. Lithographie nach einer nicht mehr vorhandenen Zeichnung: Erfurt, Städtisches Museum.

V. L.

Allerheiligenstraße.

Neben der Michaelisstraße besitzt die Allerheiligenstraße noch die meisten alten Häuser im heutigen Erfurt. Nicht wie mit dem Lineal gezogen, sondern in leichten Kurvenschwingungen verläuft sie, überall malerische Blicke ermöglichend; im Hintergrunde der ragende Turm der Allerheiligenkirche. Vorn das noch in spätgotischen Formen gehaltene Haus zum Goldenen Sternberg, dessen Fenster die Jahreszahlen 1533 und 1537 tragen. Eine Innentür dieses Hauses (1539) befindet sich im Museum (vgl. S. 166).

Haus zur Hohen Lilie.

Eines der ältesten Renaissancehäuser der Stadt, 1538 errichtet, mit reizvoller Abwechslung der Fenstergestaltung in den verschiedenen Stockwerken und einem bemerkenswerten Portal.

Das Haus hat in der Erfurter Geschichte eine Rolle gespielt. Gebaut wurde es von Hans Ludolf, dem ältesten Vertreter einer Familie, die durch fast zwei Jahrhunderte der Stadt eine Reihe bedeutender Männer geschenkt hat (S. 266). Da es viel Raum besaß und vornehm eingerichtet war, hat der Rat es oft als Absteigequartier für fürstliche Gäste und sonstige Herren von Rang benutzt. So haben 1541 Landgraf Philipp von Hessen, 1543 Herzog Moritz von Sachsen und als berühmtester König Gustav Adolf 1631 und 1632 dort gewohnt (S. 236). Am 10. September 1817 ist auch König Friedrich Wilhelm III. Gast des Hauses gewesen.

Ehmaliges Haus zum Rosenbaum.

Das in der Michaelisstraße gelegene Haus ist 1584—91 von der reichen Patrizierfamilie Gebhardt erbaut worden. Mit seinem durch zwei Stockwerke gehenden Erkervorbau, seinem reichen Portal und seinen, auf unserem Bilde nicht völlig sichtbaren Breitenmaßen war es bis zur Errichtung des Stotternheimschen Gebäudes (S. 282) zweifellos der größte und stattlichste Renaissancebau in Erfurt. In der ersten Hälfte des 19. Jahrhunderts war das Kriminalgericht dort untergebracht; 1851 ist das Haus abgebrochen worden.

1. Photographien von E. Bissinger, Erfurt.

2. Lithographie von Gerhard und Schreiber nach einer Zeichnung von H. Schreiber: Erfurt, Städtisches Museum.

Gast & Logierhaus.

Das Haus zum güldenen Kröhnbacken und die Laasphe-Kapelle mit dem St. Michaelis-Kirchturm.

Der Torbau mit dem Fachwerk und dem Einfahrtstor trägt die Jahreszahl 1534 und hat noch starke Anklänge an die Gotik. Der Hauptbau, leider in seinen oberen Stockwerken nicht gut wiederhergestellt, ist 1561 von dem Erfurter Patrizier Ilgen von Milwitz und dessen Frau Anna Schwaneflügel errichtet worden und zeigt das typische Renaissanceportal mit den besonders schön gearbeiteten Wappen des Ehepaares und zwei noch mit dem Originalgitterwerk versehene Fenster mit flacher Giebelbekrönung.

Die Kapelle, 1505 von dem damaligen Erfurter Weihbischof Johann von Laasphe gestiftet, schmiegt sich mit ihrem zierlichen, plastischen Schmuck tragenden Erker und dem spätgotischen Eingangstor an den einfach und schlicht aufsteigenden Turm der Michaeliskirche. Sie ist heute von dem entstellenden Putz befreit und wirkt nun doppelt hell und graziös zwischen den schwereren Nachbarbauten.

Das untere Bild zeigt die Diele des Hauses, die im wesentlichen noch im alten Zustand erhalten ist.

Photographien von E. Bissinger, Erfurt.

Haus zum Breiten Herd, 1584.

Eins der schönsten Renaissancehäuser Erfurts, in der Gliederung seiner Fassade zwar abhängig von dem gleichfalls am Fischmarkt liegenden Hause zum Roten Ochsen von 1562, aber der Hochrenaissance gemäß reicher ausgestattet und mit üppigerem Schmuck versehen. Das Erdgeschoß ist im 19. Jahrhundert umgestaltet. Unser Bild zeigt das Haus vor dem Anbau, der von dem damaligen Besitzer in Form einer Kopie des alten um 1880 hinzugefügt wurde.

Das Haus ist von Heinrich von Denstedt erbaut worden, wäre Ende des 17. Jahrhunderts vermöge seiner Schönheit und Geräumigkeit beinahe Sitz der mainzischen Statthalter geworden und gelangte 1774 in den Besitz des wohlhabenden Kaufherrn Nikolaus Boutin. Auf dem Erfurter Fürstenkongreß von 1808 diente es dem König von Sachsen als Wohnung. Heute ist es Sitz der Handwerkskammer.

Das Bild unten zeigt die konstruktiv sehr interessant gestaltete Wendeltreppe des Hauses.

Photographien von E. Bissinger, Erfurt, die größere von ca. 1880: Erfurt, Städtisches Museum.

FRIEDRICH WAL HER.

Die Häuser zum Stockfisch und zum Lilienfaß in der Johannesstraße.

Das Haus zum Stockfisch, 1607 von Paul Ziegler erbaut, ist mit seinem aus massivem Sandstein quadrierten Untergeschoß, seinen zwei Portalen und seinem durch die beiden Obergeschosse hochgeführten, giebelgekrönten, reich mit plastischem Schmuck versehenen Erkervorbau eins der bemerkenswertesten Patrizierhäuser Erfurts. Es gehört zu jenen Gebäuden an der Johannesstraße, die vermöge ihres großen Hinterlandes mit der durchfließenden Hirschlache von den großen Waidhändlern bewohnt waren. Das Hauptportal zeigt die Wappen der Ziegler, Milwitz, Brückner und Gerstenberg; an der Vorderseite des Erkers im zweiten Obergeschoß noch einmal die Wappen des Erbauers und dessen Ehefrau Elisabeth geb. von Milwitz.

Das in derselben Straße gelegene Haus zum Lilienfaß, erbaut um 1700 von dem sächsischen Geheimen Rat Johann Jakob Schmidt, steht gleichfalls auf einem ursprünglich zu Handelszwecken dienenden Gelände. Der Blick durch die kleine Gasse zeigt die Ausdehnung des Hinterlandes und dessen Abschluß durch ein massives gotisches Haus, das mit dem Wappen des zur Reformationszeit hervorragenden Geschlechtes der Huttener (s. S. 76) versehen ist und später als Lagerhaus diente. Das Portal, vor dessen Oberlicht ein mit Lilien geschmücktes Faß als Versinnbildlichung des Hausnamens befand, war eines der interessantesten, die Erfurt besaß. Um 1770 gehörte das Haus dem Kaufmann Andreä (S. 312). Im Jahre 1914 ist es abgebrochen worden, um einem Kino Platz zu machen.

Die Diele dieses Hauses mit ihrer prachtvollen, noch ganz in den wuchtigen Formen des Barock gehaltenen Freitreppe und den gewaltigen Holzpfeilern zeigt, mit welcher Raumverschwendung damals diese Patrizierhäuser gebaut wurden.

Das ehmalige Stotternheimsche Haus, 1612.

Im Jahre 1612 erbaute der Erfurter Oberstratsmeister und Waidgroßhändler Hiob von Stotternheim, der reichste Mann der Stadt, an der Ecke von Anger und Schlösserstraße ein in den reinsten Renaissanceformen gehaltenes palastähnliches Haus, das mit seinen zwei turmgekrönten Erkern, seinem Eckturm, seinen drei Portalen und Dachgiebeln das schönste Privatgebäude des damaligen Erfurt war. Am Gesims des Erdgeschosses entlang lief eine lateinische Inschrift, die besagte, daß der Erbauer das für fünf Wohnungen bestimmte Haus zum Andenken an seine geliebte Vaterstadt und zur dauernden Erinnerung an seinen Namen unter dem Schutz des allmächtigen Gottes errichtet habe.

Leider ist der in Thüringen einzigartige Prachtbau nicht mehr erhalten. Bei dem großen Brande von 1660 wurde er zerstört. Erzbischof Johann Philipp von Mainz kaufte wenig später die Brandstätte und schenkte den Teil in der Schlösserstraße den Jesuiten, die darauf ihr Kollegium (das spätere Gymnasium, heute katholische Volksschule (S. 427), errichteten. Dort sind noch heute Reste des alten Baues erhalten. Am Anger blieben die Ruinen wüst liegen und wurden erst 1792 durch Häuser ersetzt.

Reste des ehmaligen Stotternheimschen Hauses.

In dem Eckhause Anger und Schlösserstraße hatten sich noch bis in die neueste Zeit Reste des Stotternheimschen Palastes erhalten: ein Portal und zwei Reliefs mit kämpfenden römischen Kriegern. Sie befinden sich heute im Städtischen Museum.

1. Kolorierte Federzeichnung von Wendel, bezeichnet und datiert 1828: Erfurt, Städtisches Museum.
2. Photographie.

Das ehemalige Stotternheimische Gebäude
zu
Erfurt auf dem Anger
Zum ewigen Andenken meines geliebten Vaterlandes und wegen des schmeigelhaften Bewustsein eines dankbaren Zuruckerinnerns bei den Nachkomen hat dieses zu fünf Wohnungen bestimte Gebäude unter dem Schutze
des Allmächtigen dem Ehre und Lob sei aufbauen lassen Hiob von Stotternheim Erfurtischer Burgemeister den 1ten August. Seine Gattin war Anna Brucken starb 1597. Den 1ten August brannte es zum ersten mal ab. Nachher bauten die
Jesuiten unter Joh. Philipp auf einen Theil desselben ihr Kloster worin seit einigen Jahren das Königl. Gymnasium ist. Die Ruinen der Mauern nach der Seite des Angers standen bis 1792 wo sie abgerissen und 8 Häuser errichtet wurden.

ANTEL-FABRIK MAX LAMM & Co.
ENGROS-EXPORT

Haus Marktstraße 35.

Im Jahre 1716 von dem Hutmachermeister Michael Gotscheffsky erbaut und das Areal mehrerer Hausgrundstücke umfassend, zeigt dieses Haus noch ganz die wuchtigen Barockformen des 17. Jahrhunderts und ist dem gegenüberliegenden, 1677 errichteten Hoffmannschen Hause (S. 361) architektonisch aufs engste verwandt. Gleich diesem wird es von den gegenwärtigen Besitzern, den Treitschkeschen Erben, pietätvoll in seiner alten Fassadenform erhalten, auch hier ein vorbildlicher und opfervoller Akt heimatlicher Denkmalpflege.

Ehmaliges Haus Anger 27.

Um 1700 erbaut, gibt dieses, leider 1898 abgebrochene Haus mit seiner einfach und doch kräftig gegliederten, von sparsamem plastischen Schmuck belebten Fassade eine gute Vorstellung von dem Erfurter bürgerlichen Barock des 17.—18. Jahrhunderts. Charakteristisch für die Erfurter Bauweise (im Gegensatz zur niederdeutschen) ist, daß der Giebel aus dem Dache herausspringt.

Photographien: Erfurt, Städtisches Museum.

27
Mendershausen.
27
M. Wellend

Erfurt im 18. Jahrhundert.

Erfurt 1740.

Diese Ansicht zeigt die seit dem Mittelalter kaum veränderte Geschlossenheit, den Turmreichtum und den prachtvollen Aufbau des äußeren Stadtbildes. Sie befindet sich unter einem der größten und besten Stadtpläne des 18. Jahrhunderts.

Lothar Franz von Schönborn, Erzbischof und Kurfürst von Mainz, 1695–1729.

Der erste mainzische Fürst, der in dem wiedereroberten Erfurt nicht nur ein finanzielles Ausbeutungsobjekt sah, sondern versuchte, die tief darniederliegende Stadt wirtschaftlich zu heben und Reformen in Justiz und Verwaltung einzuführen. Sein Statthalter Graf Boineburg (s. S. 289) hat dabei im wesentlichen nach seinen Richtlinien gehandelt. In den konfessionellen Streitigkeiten mit den Erfurter Evangelischen hat sich der Kurfürst verantwortungsbewußter und daher maßvoller bewiesen, als sein Statthalter. Für Erfurt ist er auch durch seine Prachtbauten des Kaufhauses (S. 298) und der Statthalterei (S. 292) und durch die Beendigung der gewaltigen Petersberg-Befestigung (S. 98) bedeutungsvoll geworden.
Von der klugen und energischen Persönlichkeit des Kirchenfürsten vermag unser Bild, trotzdem es künstlerisch nicht hoch steht, immerhin eine Vorstellung zu geben.

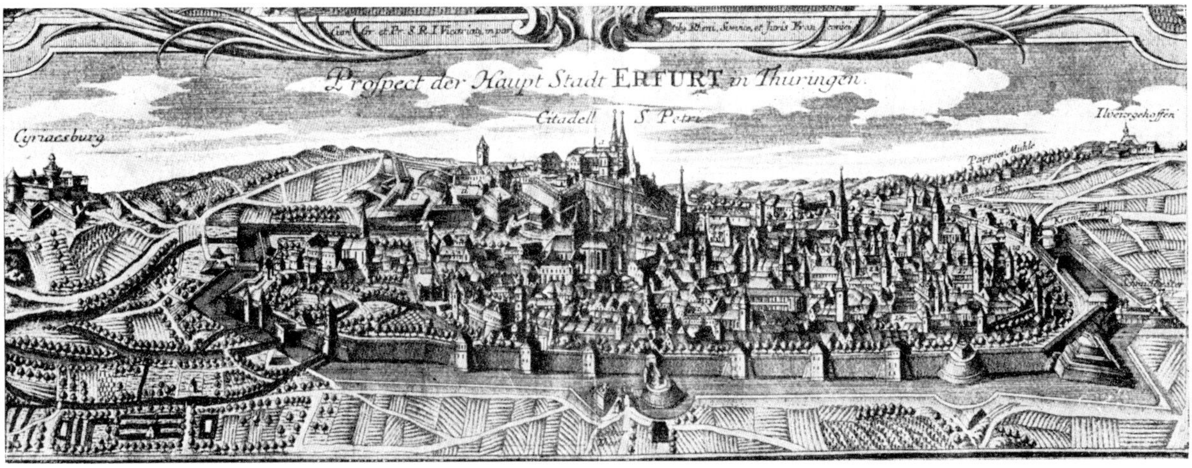

Stadtplan von C. K. König, Augsburg 1740: Erfurt, Stadtarchiv.
Anonymer Kupferstich um 1695: Erfurt, Städtisches Museum.

LOTHARIUS FRANCISC, FREYH: V SCHÖNBORN
herr zu Reichelsberg Etc. Bischoff zu Bamberg, und Coadjutor
des Ertzstiffts Mayntz. Der 68t. Ertzbischoff, und 52. Churfurst. Tratte nach absterben
Anselmi Francisci als Succesor die regierung so gleich an 1695. Deme Gott der allmächt
ige eine so glückliche Regierung, u hoches alter, als sein he: Ohm (ahn der Churwürde fünffter vor
fahr Joannes Philippus mild: seehl: andenckens) gefuhret u erreichet hatt, gnädiglich verleyhen wolle.

Statthalter Philipp Wilhelm Reichsgraf von Boineburg.

In Erfurt ist diesem Statthalter, der von 1702—1717 an der Spitze der Regierung gestanden hat, später ein so glänzendes Angedenken zuteil geworden, daß die moderne Wissenschaft die daraus folgende starke Überschätzung auf das richtige Maß hat zurückführen müssen. Von seinen Maßnahmen auf dem Gebiet der Finanzen geht vieles auf die Zentralbehörde in Mainz zurück, die glänzenden Bauten des Kaufhauses und der Statthalterei (S. 292), die zu seiner Zeit in Erfurt errichtet wurden, verdanken im wesentlichen dem persönlichen Eingreifen des Kurfürsten Lothar Franz von Schönborn (S. 287) ihre Entstehung, und die dem Schüler von Leibniz angedichtete hohe wissenschaftliche Bedeutung läßt sich gleichfalls nicht mehr aufrechterhalten. Berücksichtigt man freilich, daß Erfurt beim Amtsantritt Boineburgs noch immer an den Folgen der schrecklichen Entvölkerung durch die Pest im Jahre 1683 litt, daß Handel und Gewerbe darniederlagen, daß die Bürgerschaft dem wesens- und konfessionsfremden mainzischen Regiment mißtrauisch und zurückhaltend gegenüberstand, geschweige denn, daß sie eine lebendige mainzische Staatsgesinnung besessen hätte, so läßt sich nicht leugnen, daß der Statthalter sich mehr als irgendeiner seiner Vorgänger der ihm anvertrauten Stadt mit gewissenhafter Fürsorge angenommen hat und daß er nach Kräften und nicht ohne Erfolg bemüht gewesen ist, die Verwaltung zu reformieren und die ganz zerrüttete Wirtschaft wieder zu heben. Nur auf konfessionellem Gebiete hat er in dem leidigen „Gesangbuchstreit“ mit den Erfurter Evangelischen aus seinem leidenschaftlichen Katholizismus heraus den vorsichtigen Staatsmann vermissen lassen; sein Kurfürst ist auch hier maßvoller und weitblickender gewesen.

Boineburgs Andenken ist in Erfurt vor allem auch durch die Stiftung der berühmten Bibliothek seines Vaters und der damit verbundenen Gründung und Ausstattung einer Universitätsprofessur für Geschichte und Philosophie lebendig geblieben, die 1716 gemacht wurden (s. S. 290). Boineburg starb am 24. Februar 1717 im Alter von 60 Jahren und wurde in der Wigbertikirche beigesetzt.

Unser Bild ist der Universitätsmatrikel entnommen und zeigt ihn als Rektor der Hochschule im Jahre 1705.

Malerei auf Pergament in Band IV der Erfurter Universitätsmatrikel: Erfurt, Stadtarchiv.

Die Boineburgische Bibliothek, der Grundstock der heutigen Stadtbücherei.

Der Statthalter Graf Boineburg hat 1716 die Bibliothek seines Vaters, die eine der bedeutendsten Privatbibliotheken Deutschlands war, der Erfurter Universität gestiftet (s.S.288) und durchgesetzt, daß Philipp Franz von Belmont, der wohl als sein natürlicher Sohn anzusehen ist, deren erster Bibliothekar und Inhaber einer gleichzeitig gegründeten Universitätsprofessur wurde. Diese Bibliothek ist der Grundstock der heutigen Stadtbücherei geworden. Sie wurde zunächst in der alten Juristenschule untergebracht, die zu diesem Zwecke umgebaut und 1728 ihrem neuen Zweck als Bibliotheksgebäude übergeben wurde.

Erst 1768 wurde die Bibliothek in das Kaufhaus am Anger und damit in das Gebäude übergeführt, in dessen zweitem Obergeschoß sie sich noch heute befindet. Nach Aufhebung des Jesuitenordens 1773 durch dessen Bibliothek bereichert, nach Säkularisation der Erfurter Klöster 1803 durch deren Bücherschätze, 1842 durch die berühmte Amplonianische Handschriftensammlung (s. S. 184) vermehrt, 1907 aus staatlichem in städtischen Besitz übergegangen, stellt die Bibliothek mit ihren Schätzen eines der wichtigsten Kulturinstitute Erfurts dar.

Das obere Bild zeigt das erste 1728 in sehr feinen Barockformen errichtete Bibliotheksgebäude in der Mainzerhofstraße, das leider 1899 abgebrochen wurde; das untere läßt einen Blick tun in den 1768 hergerichteten Hauptbüchersaal der heutigen Stadtbücherei.

Die von dem Erfurter H. Seelender geprägte Medaille auf Boineburg zeigt auf der Rückseite die Gestalt der Minerva mit dem Schilde des Grafen und die Ansicht der Stadt Erfurt. Auf der Schauseite das Brustbild Boineburgs.

1. Zinnmedaille: Erfurt, Städtisches Museum.
2. Photographien von E. Bissinger, Erfurt.

F. C. Böhnert.

Die Statthalterei, heute Regierungsgebäude.

Der Bau ist aus drei verschiedenen Teilen zusammengewachsen: der Ostflügel besteht aus den beiden Renaissancehäusern zur güldenen Flechte und zum stolzen Knecht (dessen halbrunder Erker die Jahreszahl 1540 trägt), die 1699 von der Mainzer Regierung angekauft und zum Wohnsitz des Erfurter Statthalters bestimmt wurden; Mittelbau und Westflügel sind erst unter der Statthalterschaft des Grafen Boineburg in den Jahren 1711—1720 nach dem Entwurf des berühmten fränkischen Baukünstlers Maximilian von Welsch in den Formen des süddeutschen Barock und mit palastähnlichem Charakter erbaut worden. Bewundernswert, wie Welsch es verstanden hat, diese beiden gänzlich verschiedenen Gebäude zu einem Bau von durchaus einheitlicher Wirkung zusammenzufassen.

Dieser Statthalterpalast ist nun für ein Jahrhundert der Mittelpunkt der Erfurter Geschichte geworden. Boineburg selbst, 1717 gestorben, hat den neuen Teil noch nicht bewohnen können, aber seine Nachfolger haben hier residiert: Friedrich Wilhelm von Bicken, von dessen Wirksamkeit man nicht viel weiß (1717—1732), der bedeutende Anselm Franz von Warsberg (1732—1760), der Schöpfer des Hirschgartens (S. 300), Karl Schenk zu Schmiedburg (1763—1766) und der joviale Genußmensch Karl von Breidbach-Bürresheim (1766—1770), zuletzt der Freiherr von Dalberg (1772—1802), der die Statthalterei zum Mittelpunkt einer feingeistigen Geselligkeit machte. In diesem Gebäude sind Goethe, Schiller, Herder, Wieland, Wilhelm von Humboldt, Herzog Karl August von Weimar, Karoline von Dacheröden, Humboldts spätere Frau, und die beiden Schwestern von Lengefeld, deren eine Schillers Frau wurde, aus- und eingegangen. Hier hat dann von 1802—1806 der preußische Gouverneur Graf von Wartensleben gewohnt und dreimal König Friedrich Wilhelm III. und die Königin Luise empfangen, das letztemal im Oktober 1806 kurz vor der Katastrophe von Jena; hier hat das Königspaar die Nachricht vom Tode des Prinzen Louis Ferdinand bei Saalfeld erhalten. In diesem Gebäude, das nunmehr kaiserliches Palais hieß, hat ferner Erfurts Landesherr Napoleon vom 27. September bis 14. Oktober 1808 gewohnt, als er zu Ehren Alexanders I. von Rußland in Erfurt die deutschen Fürsten um sich versammelte (S. 352). Hier hat er seine fürstlichen Gäste empfangen und im Festsaal des Mittelbaues bewirtet, in dem Erkerzimmer des Barockbaues hat er am 2. Oktober die berühmte Unterredung mit Goethe gehabt, im Renaissancebau lagen seine Arbeitszimmer. Die Augen von ganz Europa waren damals auf den Erfurter Palast gerichtet. Fünf Jahre später, auf dem Rückzug nach der Schlacht bei Leipzig, hat Napoleon noch einmal vom 22. bis 25. Oktober in dem Gebäude gewohnt, das die Tage seines höchsten Glanzes gesehen. Nach der Wiedervereinigung mit Preußen wurde der Palast endlich Sitz der Regierung und Wohnung des Regierungspräsidenten. In seinen Räumen hat der spätere Staatsminister von Motz als Vizepräsident und Präsident 1816—1821 durch seine Tätigkeit und seine Denkschriften den Grund zu seinem staatsmännischen Ruhme gelegt.

Unsere Bilder zeigen das Äußere des Gebäudes in seinem heutigen Zustand (der Zustand von 1808 S. 353) sowie den großen Festsaal, dessen prunkvolle und doch nicht schwere Architektur den Charakter des Barock noch unberührt erkennen läßt.

Photographien von E. Bissinger, Erfurt.

Das Treppenhaus im Regierungsgebäude.

Festlich heiter leitet diese Treppe, eine wundervolle Schöpfung des Barock, den Hinaufsteigenden hinauf bis zum großen Saal. Die Halle war ursprünglich und bis 1820 um das doppelte größer, da der nebenstehend abgebildeten Treppe noch eine zweite genau gleiche gegenüberlag. Sie hat einer Pförtnerwohnung weichen müssen, eine der vielen Sünden wider die Kunst, die sich die preußische Verwaltung in Erfurt hat zu schulden kommen lassen. In dieser Treppenhalle wurden am 30. Mai 1803 Friedrich Wilhelm III. und die Königin Luise von der evangelischen weiblichen Schuljugend empfangen, die sich mit dem Pädagogen Lossius (S. 330) hier aufgestellt hatte, der Königin Blumen streute und ein von ihrem Lehrer verfaßtes Gedicht überreichte.

Photographie von E. Bissinger, Erfurt.

Die große Feuersbrunst in Erfurt am 21. Oktober 1736.

Erfurt ist, wie alle mittelalterlichen Städte, häufig von Feuersbrünsten heimgesucht worden, die bei der leichten Bauart der Häuser sich schnell ausbreiten konnten. Am verheerendsten war der im Jahre 1472 von einem Mönch angelegte Brand; am stärksten im Gedächtnis haftete aber die Feuersbrunst, die am 21. Oktober 1736 in einem Hause der Stunzengasse ausbrach, infolge des Sturmes sich rasch verbreitete und in dem Viertel um die Predigerkirche herum 70 Häuser in Asche legte. Erfurts gekrönte Dichterin, Sidonie Zäunemann (1711—40), hat in einem bekannten, den Schwulst des ausgehenden Barock verratenden Gedicht das Schrecknis dieses gewaltigen Brandes geschildert.

Unser Bild zeigt eine geometrisch genaue Darstellung aller vom Brande betroffenen Häuser nebst Benennung der Eigentümer und des ihnen erwachsenen Schadens. Die beiden Pfarrhäuser der Predigerkirche wurden auch ein Raub der Flammen; ein Wunder, daß es gelang, die Kirche selbst vor dem Verderben zu retten.

Für die ältere Topographie der Stadt ist der Plan infolge seiner genauen Angaben von großer Wichtigkeit. An seiner Hand kann man bequem die starken Veränderungen feststellen, die das Straßennetz durch den Brand und den Wiederaufbau des betroffenen Stadtviertels erlitten hat.

Die Medaille zeigt das Brustbild der erwähnten Dichterin Sidonie Hedwig Zäunemann, das Haupt mit dem Lorbeerkranz umwunden und der Umschrift: Sydonia Hedw: Zeunemann in Erff: Kayserl. gekrönte Poetin von der Kön. Acad[emie] Georg[ia] Aug[usta] zu Götting[en] 3. Jan. 1738.

1. Silberne Medaille von Christian Wermuth in Gotha: Erfurt, Städtisches Museum.
2. Kupferstich von Joh. Andreas Göpel nach einer Zeichnung von J. H. Werner in Erfurt in der Chronik des Siegmund Friese: Erfurt, Stadtarchiv.

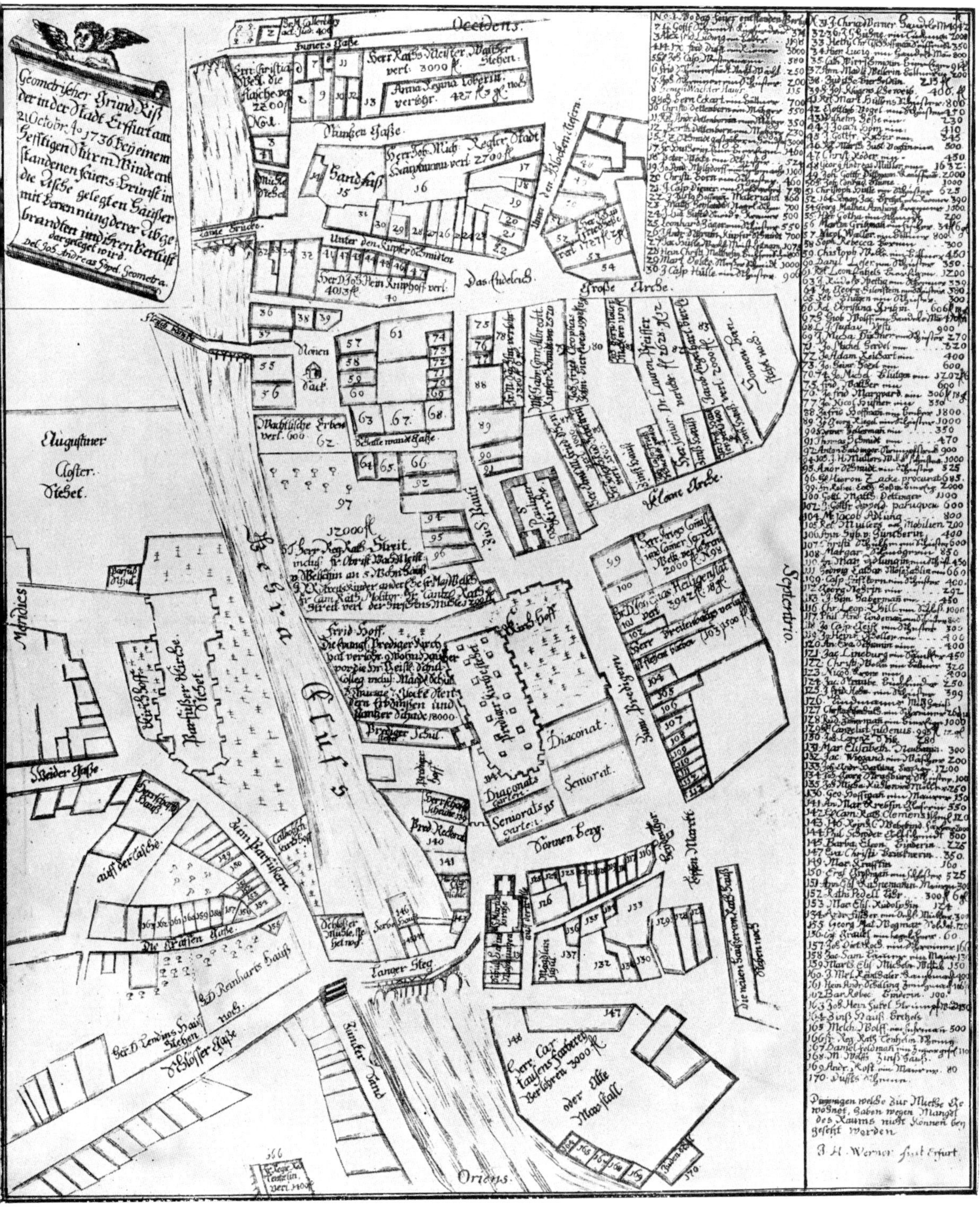
Geometrischer Grund Riß der in der Stadt Erffurt am 21 October Ao 1736 bey einem hefftigen Sturm Winde entstandenen Feuers Brunst in die Asche gelegten Häuser mit deren nun derer Abgebrandten und ihren Verlust dargeleget wird.
Del. Joh. Andreas Köpel Geometra.
Occidens
Oriens
Septentrio
Meridies
Augustiner Closter Stehet.
Junkers Gaße
Münzer Gaße
Sand Fuß
Unter den Kupfer Schmieden
Das Endeleuch
Große Kirche
Kleine Kirche
Gera Fluß
Frid Hoff
Prediger Kirchhoff
Diaconat
Seniorat
Seniorats Garten
Dornen Berg
Zum Predigern
Zum Barfüßern
Barfüßer Kirche Stehet
Kirchhoff
Schneider Gaße
Langer Steg
Zinken Sand
oder Alte Marstall
Diejenigen welche zur Miethe gewohnt, haben wegen Mangel des Raums nicht können beygesetzt werden
J. H. Werner fecit Erfurt

Der Siebenjährige Krieg.

Friedrich der Große in Erfurt.

Die Stadt hat in diesem Kriege unsäglich leiden müssen. Da ihr Landesherr, der Kurfürst von Mainz, einer der erbittertsten Gegner Friedrichs des Großen war, so wurde das dem Kriegsschauplatz naheliegende Erfurt von 1757—1762 nicht weniger als achtmal von preußischen Truppen besetzt und gebrandschatzt. Über drei Millionen Taler haben die Preußen im Laufe des Krieges aus einer Stadt herausgepreßt, deren Bürger in ihrer Gesamtheit nur ein Vermögen von etwa 700000 Taler versteuerten. Die Folge war der finanzielle Ruin; erst um 1790 hatte sich Erfurt von dieser wirtschaftlichen Katastrophe einigermaßen erholt.

Einmal haben die Erfurter auch den großen König selbst in ihren Mauern gesehen. Am 13. September 1757 zog Friedrich durch das Krämpfertor in Erfurt ein. Langsam ritt er durch die Straßen, in einfacher blauer Uniform, die nur der Stern des Schwarzen Adlerordens schmückte, gefolgt von seinem Bruder, dem Prinzen Heinrich, und zahlreichen Generalen; hinter ihm die siegreichen Regimenter mit klingendem Spiel und fliegenden Fahnen. Kein offizieller Empfang ward ihm zuteil, und doch jubelte das Volk ihm zu, bezwungen von der Persönlichkeit des Mannes, dessen Taten Europa in Atem hielten. Die Stadt wurde von seinen Truppen besetzt, aber der König selbst blieb nicht in ihren Mauern; da die mainzische Garnison noch die Zitadelle Petersberg besetzt hielt, mochte er sich nicht sicher genug fühlen. Er übernachtete in Ilversgehofen und wohnte dann 14 Tage lang in Dittelstedt und Kerspleben.

Kein Wunder, daß man den Friedensschluß vom Februar 1763 als eine Erlösung mit Jubel begrüßte. Bei Gelegenheit des Amtsantritts des neuen Statthalters Schenk zu Schmiedburg wurde gleichzeitig eine Friedensfeier veranstaltet, bei der das neue Kaufhaus auf dem Anger (heute Museum) von den Erfurter Kaufleuten besonders schön geschmückt und abends prachtvoll erleuchtet war.

Kupferstich und Zeichnung von G. H. Werner in Erfurt, 1763: Erfurt, Städtisches Museum.

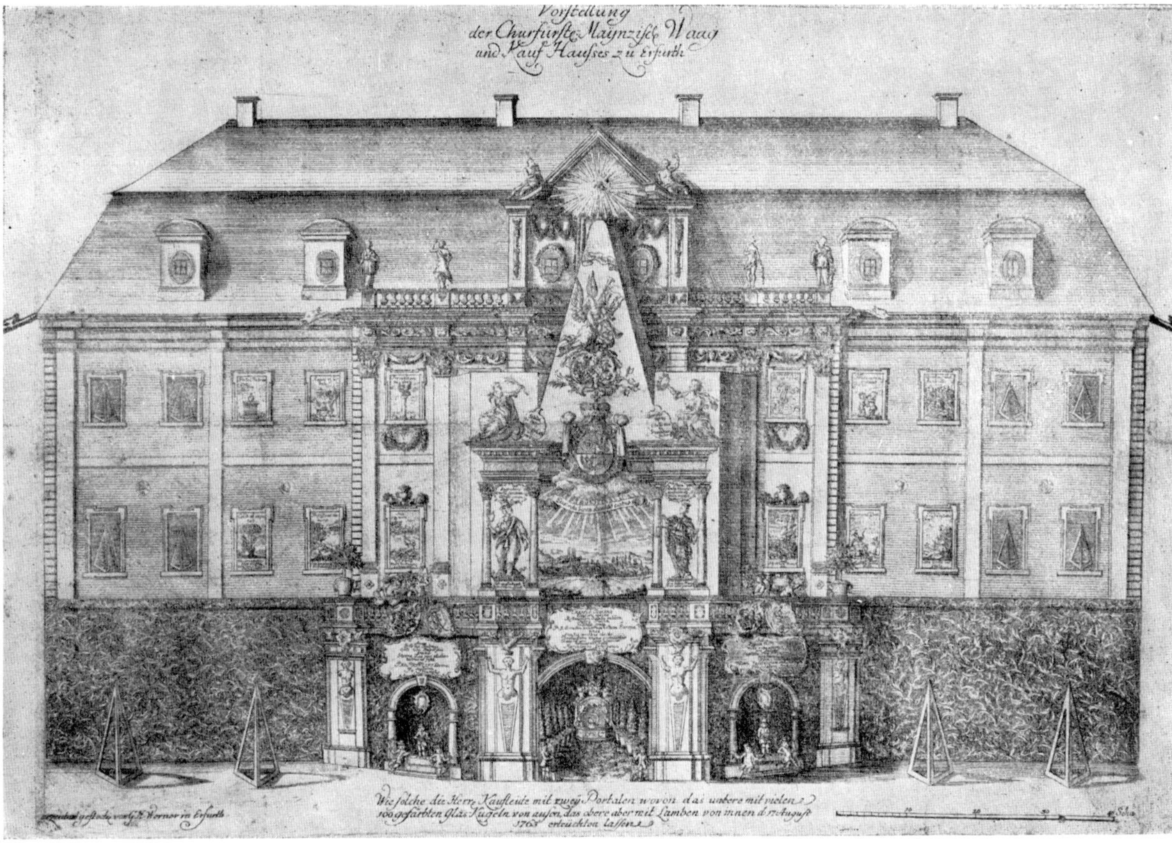
Vorstellung
der Churfürstl. Maynzisch. Waag
und Kauf Hausses zu Erfurth
Wie solche die Herr. Kaufleute mit zwey Portalen wovon das untere mit vielen
100 gefärbten Glas Kugeln von außen, das obere aber mit Lampen von innen d. 17. August
1768 erleuchten lassen

Franz Anselm von Warsberg, Mainzischer Statthalter in Erfurt.

Ein vortrefflicher Mensch und ausgezeichneter Regent. Seiner Statthalterschaft (1732—1760) verdankt Erfurt das Aufblühen der Industrie und des Handels, eine neue wohltätige Regelung des Armenwesens, die langsame, aber stetige Hebung des Wohlstandes, die dann freilich durch den Siebenjährigen Krieg unterbrochen wurde. Alle diese Maßnahmen, verbunden mit Gerechtigkeitsliebe und Toleranz lassen Warsberg als einen der ersten Vertreter des beginnenden Zeitalters der Aufklärung erscheinen und machen die Trauer der Erfurter um den Tod des auch im Privatleben überaus sympathischen und wohltätigen Mannes verständlich. Das Stadtbild von Erfurt hat er durch Anlegung des Hirschgartens vor der Statthalterei verschönert.
Ein Bildnis von ihm ist nicht bekannt. Sein hier abgebildetes Grabdenkmal befindet sich in der Wigbertikirche, die den Statthaltern als Hofkirche diente.

Karthäuserkirche.

Diese in den prunkvollsten Formen des Barock gehaltene, ausgezeichnet gegliederte Fassade ist 1728 recht im Sinne der damaligen Zeit als Kulisse vor eine schlichte gotische Kirche gesetzt worden und darf wohl als ein Werk des berühmten Baukünstlers Maximilian von Welsch angesehen werden. In neuester Zeit sind die beiden Statuen aus den unteren Nischen herausgenommen und an ihre Stelle Fenster eingesetzt worden, ein barbarischer Eingriff in wertvolles Kunstgut, denn die Fassade ist ein Kunstwerk und als solches eine Einheit, von der nichts weggenommen werden kann, ohne die künstlerische Wirkung auf das schwerste zu gefährden.
Das Karthäuserkloster, dem die Kirche angehörte, ist 1372 gegründet und 1803 aufgehoben worden. Seinen Zustand um 1520 zeigt die Stadtansicht auf S. 213.

Grabdenkmal aus dunklem Marmor: Erfurt, Wigbertikirche.
Photographie von E. Bissinger, Erfurt.

Die Akademie gemeinnütziger Wissenschaften zu Erfurt.

Schon der Statthalter Boineburg hatte in Erfurt eine Akademie der Wissenschaften gründen wollen und darüber mit seinem Lehrer Leibniz korrespondiert. Aber erst 1754 trat die „Akademie nützlicher Wissenschaften" ins Leben, und zwar auf persönliche Anregung des Kurfürsten Johann Friedrich Karl von Ostein (1743—1763), der damit als ihr Gründer anzusehen ist. Die Akademien hatten im 18. Jahrhundert den ausgesprochenen Zweck, den Universitätslehrern neben ihrer oft zweckgebundenen Lehrtätigkeit auch die Beschäftigung mit der freien Wissenschaft zu ermöglichen. Die Geschichte der Erfurter Akademie ist reich an Wechselfällen. Unter Dalbergs Leitung in hoher Blüte, die hervorragendsten Namen der damaligen wissenschaftlichen und künstlerischen Welt zu ihren Mitgliedern zählend, darunter Schiller (1791), Wilhelm und Alexander von Humboldt, Goethe (1811) usw., wurde auch sie von dem Siechtum der Universität mit ergriffen, war eine Zeitlang in Gefahr, gleich dieser aufgehoben zu werden, blieb aber dann doch erhalten und ist seitdem mit ihren Jahrbüchern, ihren Sitzungen und Vorträgen die Hauptvertreterin des wissenschaftlichen Lebens in Erfurt geblieben, immer mehr hineinwachsend in ihre Hauptaufgabe, Mittel- und Sammelpunkt der kulturellen Einzelveranstaltungen der Stadt zu werden.

Das Bild zeigt den obengenannten Kurfürsten, den Gründer der Akademie.

Nebenstehend ist der Original-Dankbrief abgebildet, den Goethe 1811 nach seiner Aufnahme in die Akademie an deren Sekretär, den Professor Dominikus in Erfurt, gesandt hat und der in der großen Weimarer Goethe-Ausgabe nach dem Konzept, nicht nach dem Original abgedruckt ist. Die Worte „an einem so großen Feste" beziehen sich darauf, daß Goethes Aufnahme am 15. August, dem Geburtstage Napoleons, des damaligen Erfurter Landesherrn, erfolgt war, und sind ein neuer Beweis für des Dichters Verehrung für Napoleon. Der letzte Satz des nur in der Unterschrift eigenhändigen Briefes zeigt, daß Goethe sich der früheren Beziehungen zu Dominikus, des Hausgenossen und Vertrauten Dalbergs, wohl erinnerte.

1. Kupferstich und Zeichnung von J. E. Nilson um 1750.
2. Originalbrief in den Akten der Erfurter Akademie: Erfurt, Stadtbücherei.

Hochwürdiger,

Hochgeehrtester Herr,

Die Hochansehnliche Akademie der nützlichen Wissenschaften zu Erfurt erzeigt mir eine besondere Ehre, indem sie meiner an einem so grossen Feste gedenken und mich unter ihre Glieder gefällig aufnehmen wollen. Ich wünsche, daß dasjenige was ich auf meinem Lebensgange gewollt und vermocht, auch einigen Nutzen möge gestiftet haben, damit ich mit einigem Zutrauen unter so viel würdigen, auf das Beste ihrer Mitmenschen bedachten Männern einen Platz nehmen könne.

Haben Sie die Güte, meinen Dank für diese Auszeichnung der Gesellschaft aufs verbindlichste auszudrücken, und glauben Sie der Versicherung, daß dieses Geschenk mir nicht angenehmer hätte zukommen können, als durch die Hände eines Mannes, den ich so lange höchlich zu schätzen Ursache habe. Und so ist es keine leere Formel, wenn ich mich mit besonderm Zutrauen und vorzüglicher Hochachtung unterzeichne

Ew. Hochwürd.

gehorsamster Diener

JWvGoethe

Weimar

den 11 September

1811

Kurfürst Friedrich Karl von Erthal, 1774–1802.

Der letzte der mainzischen Herrscher über Erfurt, mild, wohlwollend, ein feiner Diplomat, Gegner des Kaisers und daher Anhänger des von Friedrich dem Großen gestifteten deutschen Fürstenbundes. Als solcher willigte er ein, daß der persönlich ihm nicht sympathische Erfurter Statthalter Dalberg 1787 sein Koadjutor wurde, weil er Preußens Kandidat war. Seine Stadt Erfurt hat er 1777 zuerst besucht, aus welchem Anlaß ihm die Erfurter den noch heute stehenden Obelisk auf dem Friedrich-Wilhelm-Platz errichteten (S. 373). Als ihn die französischen Kriege aus Mainz vertrieben, hat er 1793 und 1795 vorübergehend in Erfurt geweilt, von 1800—1801 sogar acht Monate; er wohnte damals in der Statthalterei, die zur kurfürstlichen Residenz erhoben wurde. Die Erfurter waren dem damals schon über achtzigjährigen Herrn sehr zugetan. Er starb am 25. Juli 1802, kaum einen Monat bevor Erfurt dem mainzischen Staate verloren ging und an Preußen kam.

Kupferstich von Georg Joseph Cöntgen, um 1780: Erfurt, Städtisches Museum.

Alexander Thiele.

Der 1685 in Erfurt geborene Johann Alexander Thiele ist einer der namhaftesten deutschen Landschaftsmaler seiner Zeit und nebenbei auch ein tüchtiger Radierer gewesen. In Dresden hat er seit 1726 als Hofprospektmaler eine ganz Mitteldeutschland umfassende künstlerische Tätigkeit entfaltet. In der dortigen Galerie finden sich denn auch mehrere Gemälde von ihm. Aus seiner besten Zeit stammt die „Ansicht des Schlosses in Merseburg, von der Saale aus gesehen", das sich im Besitz des Erfurter Museums befindet, dessen graphische Sammlung übrigens auch mehrere Blätter von Thieles Hand enthält. Er starb 1752 in Dresden.

1. Radierung von Geyser nach einem Gemälde von Fiedler im Schlosse zu Rudolstadt: Erfurt, Städtisches Museum.
2. Ölgemälde: Erfurt, Städtisches Museum.

Johann Sebastian Bach.

Der gewaltigste unter den großen deutschen Musikern hat zu Erfurt in engsten Beziehungen gestanden. Seine Eltern und alle seine Geschwister sind in Erfurt geboren. Der Vater, Johann Ambrosius Bach, war seit 1668 Ratsmusikus in Erfurt und ist erst 1683 nach Eisenach gezogen, wo Johann Sebastian am 21. März 1685 geboren wurde. Die Mutter, Elisabeth Lämmerhirt, vermählt seit 1668, war geboren am 24. Februar 1644 als Tochter des Kürschnermeisters und Ratsherrn Valentin Lämmerhirt. Zwei nahe Verwandte, Johann Christian und Johann Ägidius Bach, sind im 17. Jahrhundert gleichfalls Erfurter Musiker gewesen.

Das Stadtarchiv besitzt noch den eigenhändigen Brief, den Johann Sebastian Bach als fürstlich Anhaltischer Kapellmeister in Cöthen am 15. März 1722 an den Rat zu Erfurt mit der Bitte gerichtet hat, ihm den auf ihn fallenden Teil aus der Hinterlassenschaft der verstorbenen Witwe seines Oheims Tobias Lämmerhirt auszuzahlen. Datum und Unterschrift des Briefes sind nebenstehend abgebildet.

Das Ölgemälde, erst vor zwei Jahrzehnten durch Ankauf des Städtischen Museums bekannt geworden, zeigt den großen Musiker in jüngeren Jahren und ist nach ursprünglichen Anzweiflungen heute wohl als authentisch anerkannt. Es trägt auf der Rückseite Namen und Geburtsdatum Bachs in unzweifelhaften Schriftzügen der Mitte des 18. Jahrhunderts. Bach ist 1750 in Leipzig gestorben.

1. Ölgemälde des 18. Jahrhunderts: Erfurt, Städtisches Museum.
2. Unterschrift Bachs in einem Briefe von 1722: Erfurt, Stadtarchiv.

Cöthen. d. 15. Martij
ao: 1722.

ergebenster Diener
Joh: Sebast: Bach.
Hochf: Anhalt-Cö:
thenischer Capellmeister

Christian Reichart, der Begründer des Erfurter Gartenbaus.

Geboren 1685 in Erfurt, gestorben daselbst 1775, studierte Reichart die Rechte in Erfurt und Jena, trat 1724 in den Rat ein, dessen Ämter er bis zur Würde des Ratsmeisters (1752) bekleidete. Zur Beschäftigung mit dem Gartenbau kam er zunächst durch die Praxis; dann folgte theoretisch-wissenschaftliches Studium, das ihm die Mitgliedschaft der Akademien von Göttingen und Erfurt eintrug. Unter seinen zahlreichen Schriften erlangte vor allem sein „Land- und Gartenschatz“ (6 Teile, 1753—1755) hohe Anerkennung und große Verbreitung. Nicht weniger als fünfmal ist er aufgelegt worden. Auch Goethe hat sich das treffliche Werk angeschafft, als er ein kleines Gut zu bewirtschaften begann. In Erfurt hat man dem verdienten Mann ein lebendiges Andenken bewahrt und ihm 1867 ein Denkmal gesetzt.

Samenschrank Christian Reicharts.

Schränkchen mit 19 Fächern. Auf der Innenseite der Türflügel Malereien in Rokokomanier.

Ölgemälde von Joh. Samuel Beck von ca. 1760 im Städtischen Museum zu Erfurt. Das Schränkchen ebenda.

Der Erfurter Maler Johann Samuel Beck.

Die Abbildung zeigt eines der zahlreichen, mit großer Feinheit und ungewöhnlicher Naturtreue gemalten Bilder des Erfurter Malers Johann Samuel Beck (1718—1778). Er beherrschte fast die ganze künstlerische Produktion Erfurts im 18. Jahrhundert. Große Altarbilder, Porträts von Ratsherren und Bürgern, Wandgemälde und Supraporten, Stillleben und mythologische Darstellungen von seiner geschickten Hand haben sich in großer Zahl erhalten und zeigen ihn als einen Künstler von gutem technischem Können und geschickter Kompositionsgabe. Als Graf Gotter um 1750 in Molsdorf sein Schloß baute, hat er den Erfurter Maler zur Ausschmückung der Räume herangezogen.

Kaufmann Christian Jakob Andreä, 1768.

Im Jahre 1726 zu Erfurt geboren, ging Andreä 1756 nach Rußland, wo er in St. Petersburg ein Geschäft eröffnete, 1767 kehrte er nach Erfurt zurück. Er wohnte im Hause zum Lilienfaß in der Johannesstraße (S. 280). Das von dem Erfurter Maler Beck gefertigte Bildnis zeigt die klugen, verbindlichen Züge des weitgereisten, welterfahrenen Kaufherrn.

1. Ölgemälde auf Leinwand: Erfurt, Städtisches Museum.
2. Ölgemälde von J. S. Beck, bezeichnet und datiert 1768: Erfurt, Städtisches Museum.

Christoph Martin Wieland in Erfurt, 1769–1772.

Der berühmte Dichter, 1733 in einem Dorfe bei Biberach in Schwaben geboren, der sich schon von 1749—1750 in Erfurt aufgehalten hatte, wurde im Jahre 1769 durch Vermittlung des einflußreichen Professors Riedel als Lehrer an die Erfurter Universität berufen. Hier, in dem Hause Zum Schwan in der Gotthardtstraße, schrieb er den pädagogischen Roman „Der goldene Spiegel oder die Könige von Scheschian", der 1772 seine Berufung als Erzieher des Herzogs Karl August von Weimar zur Folge hatte. Dort lebte er fortan in dem klassischen Dichterkreise bis zu seinem Tode 1813. Erinnerungen an Erfurt spielen auch in seinen, 1781 erschienenen satirischen Roman „Die Abderiten" mit hinein. Im Oktober 1808, während des Erfurter Fürstenkongresses, ist er gleich Goethe im heutigen Regierungsgebäude als „der Voltaire der Deutschen" dem Kaiser Napoleon vorgestellt worden.

1. Kupferstich von Bause nach einem Gemälde von May, datiert 1782: Erfurt, Städtisches Museum.
2. Photographie von W. Lorenz, Erfurt.

Erfurter Fayence.

Die Erfurter Fayencefabrik, die zweitälteste in Thüringen, 1718 von Fleischhauer gegründet, von 1724 bis zu ihrer Auflösung im Jahre 1792 in den Händen von drei Generationen der Familie Stieglitz, hat die größte Produktion von allen Thüringer Fayencefabriken gehabt. Ihre Blütezeit fällt in die Jahre 1725—1750, wo sie die Leipziger und Frankfurter Messen mit ihren Erzeugnissen beschickte und hohe Gewinne erzielte. Sie war die einzige kunstgewerbliche Industrie von Bedeutung, die Erfurt in der ersten Hälfte des 18. Jahrhunderts besessen hat.

Die Erfurter Fayencen, anfangs denen des benachbarten, zwei Jahre älteren Dorotheental bei Arnstadt eng verwandt, haben bald ihre eigene Note erhalten und zeichnen sich im allgemeinen durch ein farbenbuntes, lebhaftes Dekor aus: leuchtende Farben in reicher Zusammenstellung (gelb, braun, grün, blau), Darstellungen verschiedenster Art: Chinesen, Landschaften, Architektur, Blumen und Blattranken mit Menschen, Vögeln und anderen Tieren, vor allem aber sehr eigenartige Randmotive (z. B. an den Tellern). Daneben gibt es freilich auch Stücke in einfachem Weiß und Blau sowie in Weiß und einem eigenartigen matten Grün. Alle diese Eigenschaften lassen die Erfurter Fayencen nicht allzu schwer von denen des übrigen Thüringen unterscheiden und machen es verständlich, daß sie neuerdings bevorzugte Sammelobjekte der Museen und privater Liebhaber bilden. Das Erfurter Museum besitzt, wie billig, gegenwärtig wohl die reichste Sammlung dieser schönen und reizvollen Erzeugnisse des heimischen Kunstgewerbes.

Die Fabrik ist, wie alle ihre deutschen Schwestern, eingegangen, weil sie der Konkurrenz des inzwischen auch zur Massenproduktion gelangten Porzellans nicht gewachsen war.

Unsere Bilder zeigen sechs charakteristische Erfurter Fayencegefäße aus dem Besitz des Städtischen Museums. Besonders schön ist das große Nachtlicht (das Gefäß hat hinten eine Öffnung, um die Kerze hineinzustellen), trotzdem der Deckel fehlt; sehr fein auch der Teller mit den drei Fischen.

6 Erfurter Fayencen: Erfurt, Städtisches Museum.

Dalberg und sein Kreis.

Statthalter Dalberg in Erfurt, 1772–1802.

Karl Theodor Anton Maria Freiherr von Dalberg ist den meisten Deutschen nur bekannt als Erzbischof und Kurfürst von Mainz, als Fürstprimas des Rheinbundes und Großherzog von Frankfurt, Würden, die er Napoleon verdankte und als deren Inhaber er eine politisch manchmal recht unerfreuliche Rolle in den Jahren der französischen Fremdherrschaft gespielt hat. Nur wenige wissen, daß dieser Mann dreißig Jahre lang, von 1772—1802, kurmainzischer Statthalter in Erfurt gewesen ist, daß man dort mit starker Verehrung an ihm gehangen hat und daß er erst dieser Erfurter Stellung und den besonderen Beziehungen, die sie ihm bot, die Möglichkeit seines späteren unerhörten Aufstiegs verdankte.

Geboren am 8. Februar 1744 zu Mannheim, einem der ältesten mittelrheinischen Reichsadelsgeschlechter entstammend, zur geistlichen Laufbahn bestimmt, schon mit 24 Jahren Domherr zu Mainz, mit 26 zu Worms, mit 31 zu Würzburg, kam er 1772 als Statthalter nach Erfurt und hat dort, vom reinsten Willen beseelt, als typischer Vertreter des Zeitalters der Aufklärung versucht, die seit dem Siebenjährigen Kriege schwer darniederliegende Stadt wirtschaftlich zu heben, mit Wohlfahrtseinrichtungen zu versehen, Handel und Wandel zu beleben und Verwaltungsreformen einzuführen. Freilich ist ihm dies nur bis zu einem gewissen Grade gelungen, wenn auch immerhin soweit, daß die durch ihre bisherigen Statthalter nicht gerade verwöhnten Erfurter ihm überschwänglichen Dank wußten. Seine eigentliche Bedeutung jedoch ruht auf dem Gebiete der geistigen Kultur. Hier hat er, der geistvolle Dilettant und unvergleichliche Anreger und Einfühler, viel erreicht. Zwar der längst dahinsiechenden Universität konnte auch er kein neues Leben mehr einflößen, aber Theater und Musik haben durch ihn in Erfurt eine besondere Pflege erfahren, die Akademie nützlicher Wissenschaften, deren Protektor er war, ist durch ihn in eine neue Epoche fruchtbarer Tätigkeit eingetreten, und er hat die Großen des benachbarten Weimar in seinen Kreis nach Erfurt gezogen: Goethe, der ungemein oft in Erfurt war, Schiller, der monatelang dort gelebt hat, Herder, Wieland, Wilhelm von Humboldt. Es ist ein Beweis für eine Art von Genialität seiner Natur, daß auch diese ihn gelten ließen und sich seines geistreichen, anregenden Umgangs erfreuten.

Dalbergs persönlichste Schöpfung waren aber die sogenannten Assembleen, die er 1786 einrichtete und die für das gesellschaftliche Leben der Stadt die größte Bedeutung erlangten. Jeden Dienstag von 5—8 Uhr waren die Repräsentationsräume der Statthalterei einer völlig freien Gesellschaft geöffnet, zu der jeder anständig gekleidete Bürger oder Fremde Zutritt hatte. Man unterhielt sich völlig zwanglos, Spieltische standen bereit, die Jugend vergnügte sich mit Gesellschaftsspielen; zuweilen wurden auch Lieder gesungen und Musiker ließen sich hören, wie der Erfurter Kapellmeister Häßler. Wie oft sind Goethe, Herder, Schiller, Wilhelm von Humboldt auf diesen Assembleen anwesend gewesen! Auch regierende Fürsten, wie Herzog Karl August von Weimar (s. S. 322) erschienen zuweilen in diesem Zirkel, der, wie ein zeitgenössischer Erfurter sagt, „alle Stände ohne Abstufung und Unterschied in einem gemeinschaftlichen Brennpunkt vereinigte“. Dalberg mit seiner Liebenswürdigkeit, seinem Geist, seinem Wissen war der alles belebende Mittelpunkt. Von allen Seiten wird bezeugt, daß er — ein kühnes Wagnis mehrere Jahre vor der französischen Revolution — hier keinen Unterschied zwischen vornehm und gering, zwischen adlig und bürgerlich machte, und gerade darin lag, wie schon die Zeitgenossen richtig empfanden, der Hauptwert dieser Veranstaltungen.

Bildnis des jugendlichen Dalberg, Kupferstich von E. Verhelst in Mannheim um 1770: Erfurt, Städtisches Museum.

C. Verhelst a Manh.

Ingenium coeleste suis velocius annis
Surgit.

OVID.

Statthalter Dalberg in Erfurt.

Obgleich durch die neuen Würden eines Koadjutors, d. h. designierten Nachfolgers des Erzbischofs von Mainz und des Fürstbischofs von Konstanz und durch politische Tätigkeit oft längere Zeit zur Abwesenheit von Erfurt gezwungen, hat Dalberg doch seinen Statthaltersitz und die dort ihm erwachsenen Pflichten nicht vernachlässigt. Immer größer wurde die Verehrung, die man ihm in Erfurt entgegenbrachte, und stieg auf den Höhepunkt, als Dalberg 1786 ein Lobgedicht auf die Stadt verfaßte, eine Kantate „An Erfurt", die der Musiker Häßler sofort komponierte. Am Schluß dieses sentimentalen Gedichtes stehen die Verse, die zum geflügelten Wort geworden sind:

Wir lieben unsere Vaterstadt,
In Erfurt ist gut wohnen.

Es war ein tragisches Verhängnis, daß gerade in dem Augenblick, wo Dalberg endlich die Nachfolgerschaft des weit über 80 Jahre alten Kurfürsten antrat, die Stadt Erfurt, in der er den größten Teil seines Lebens verbracht hatte, ihm entrissen und mit Preußen vereint wurde (21. August 1802). Nur einmal noch, zur Zeit des Fürstenkongresses, hat die Stadt den Vielverehrten auf einige Tage in ihren Mauern gesehen (S. 356).

Der Befreiungskrieg machte Dalbergs politischer Laufbahn ein Ende. Als Bischof von Regensburg hat er still und zurückgezogen, ein Wohltäter der Armen, noch wenige Jahre gelebt. Am 10. Februar 1817 ist er gestorben. In Erfurt ist sein Andenken bis heute in hohem Grade lebendig geblieben.

Das Bild zeigt ihn im vierzigsten Jahre und befindet sich in der Matrikel der Erfurter Universität, die ihren Förderer dadurch besonders zu ehren wünschte.

Malerei auf Pergament von 1783 in Band V der Matrikel der Erfurter Universität: Erfurt, Stadtarchiv.

Goethe in Erfurt.

Erfurts Lage in Weimars Nachbarschaft und die freundschaftlichen Beziehungen Goethes zu dem Erfurter Statthalter von Dalberg brachten es mit sich, daß der Dichter und weimarische Minister ungemein häufig in Erfurt gewesen ist, entweder allein oder in Begleitung seines Herzogs Karl August. Sie pflegten dann in dem neben der Statthalterei gelegenen, dem weimarischen Staate gehörigen Geleitshause (heute Haus zum Vaterland) zu wohnen, wo immer Zimmer für sie bereit standen. Wie wir aus Goethes Briefen an Frau von Stein wissen, hat er seit Dezember 1775 Erfurt unzählige Male besucht, bald in amtlicher Eigenschaft, bald zu freundschaftlichem Verkehr mit dem von ihm hochgeschätzten Dalberg oder mit dem Dacherödenschen Hause (S. 328), aus dem sein Freund Wilhelm von Humboldt sich die Frau geholt hatte. Aus dem Geleitshause schrieb er im Dezember 1781 an Frau von Stein: „An diesem roten Tische hab ich dir schon oft geschrieben."

Dalbergs Assembleen (S. 318) hat er häufig besucht. Von einem dieser Besuche, am 1. Dezember 1789, haben wir in den Tagebüchern des Erfurter Chronisten Konstantin Beyer eine überaus anschauliche Schilderung: „Donnerstag, den 1. Dezember. In der Assemblee hatte sich eine zahlreiche Gesellschaft eingefunden. Plötzlich Lärm: der Herzog von Weimar kommt. Die Lakaien liefen mit Lichtern herunter. Die sämtlichen kurfürstlich mainzischen Offiziers gingen in corpore hinaus, um ihn zu empfangen. Jetzt trat er herein, in seiner Regimentsuniform, weiß und rot, mit großen, mächtigen Reiterstiefeln. Der berühmte Geheime Rat Goethe war sein Begleiter nebst dem Kammerherrn von Wedel. Goethe geht nicht mehr so geniemäßig einher, wie ehemals; er ist viel steifer, hofmäßiger geworden, hat sich ganz nach Hofetiquette geformt. Er kam in einem zimtbraunen Bratenkleide, chapeau bas mit dem Degen an der Seite dahergeschritten und machte Komplimente wie der steifste Hofjunker. Der Herzog ist, seitdem ich ihn nicht sah, viel dicker geworden, er trägt einen recht venerablen Bauch vor sich her und sein Gesicht ist wie ausgestopft. Er schreitet mit steifen, ernsten Heldenschritten, wie König Friedrich oder der alte Dessauer; kaum daß man ihn lächeln sieht. Mit einem kaum merkbaren Kopfnicken belohnte er die Kunst unseres Häßler (S. 334), der sich auf dem Fortepiano vor ihm hören ließ." Wie lebendig ist hier der vierzigjährige Dichter geschildert, der, ein Jahr zuvor aus Italien zurückgekehrt, sich enttäuscht zurückgezogen und die Maske des Hofmanns angenommen hat.

Goethe hat in Erfurt auch Liebesabenteuer gehabt. Heiter erinnert er sich ihrer als Greis und schreibt für seinen Westöstlichen Divan als Hafis die schalkhaften Verse:

Sollt einmal durch Erfurt fahren,
Das ich sonst so oft durchschritten,
Und ich schien nach vielen Jahren
Wohlempfangen, wohlgelitten.

Wenn mich Alten alte Frauen
Aus der Bude froh gegrüßet,
Glaubt ich Jugendzeit zu schauen,
Die einander wir versüßet.

Das war eine Bäckerstochter,
Eine Schusterin daneben;
Eule keineswegs jene,
Diese wußte wohl zu leben.

Und so wollen wir beständig,
Wettzueifern mit Hafisen,
Uns der Gegenwart erfreuen,
Das Vergangne mitgenießen.

Seine größte Stunde in Erfurt aber erlebte der Dichter, als er am 2. Oktober 1808 im Regierungsgebäude in einer langen Audienz Napoleon persönlich gegenübertrat (S. 362), den er seitdem nicht aufgehört hat zu verehren. Diese Verehrung kommt auch in dem Briefe zum Ausdruck, in dem er am 11. September 1811 der Erfurter Akademie nützlicher Wissenschaften für seine Aufnahme in dies gelehrte Institut seinen Dank aussprach (S. 303).

1. Kupferstich von D. v. Chodowiecki nach einer Zeichnung von G. M. Kraus in Weimar, 1776, Erfurt: Städtisches Museum. 2. Photographie des ehemaligen Geleitshauses neben der Regierung.

D · I · W · GÖTHE

Schiller in Erfurt.

Der Name Erfurt hat für den Dichter zuerst Bedeutung gewonnen durch die berühmte Rezension, die der Erfurter Schriftsteller Christian Friedrich Timme schon am 24. Juli 1781, einige Wochen nach dem Erscheinen der „Räuber“, diesem Erstlingsstücke in der „Erfurtischen Gelehrten-Zeitung“ gewidmet hat und in der die Worte standen: „Haben wir je einen deutschen Shakespeare zu erwarten, so ist es dieser“; sodann durch seine Beziehungen zu der berühmten, aus Erfurt stammenden Schauspielerin Sophie Albrecht, der glänzenden Verkörperin seiner Luise in „Kabale und Liebe“. Persönlich war Schiller im August 1787 zum ersten Male in Erfurt, merkwürdigerweise um im dortigen Ursulinerkloster ein Fräulein von Arnim zu besuchen.

Dauernde Beziehungen zu Erfurt brachte dann erst das Dacherödensche Haus (S. 328) und der Statthalter von Dalberg. Mit Karoline von Dacheröden, der nachmaligen Braut und Frau Wilhelm von Humboldts, die seit 1774 in Erfurt lebte, waren Lotte von Lengefeld und deren Schwester Karoline von Beulwitz (später von Wolzogen) eng befreundet, und so fiel denn auch in Erfurt im Dezember 1789 die Entscheidung über Schillers Verlobung mit Lotte. Mit Dalberg war Schiller kurz vorher in Verbindung getreten; er hoffte von ihm eine Anstellung und materielle Förderung. Erstere konnte der Statthalter nicht geben, aber er ist bis zu Schillers Tode nicht nur ein begeisterter Bewunderer des Dichters gewesen, sondern hat ihn auch mit bedeutenden Geldsummen unterstützt.

Vom 18. bis 22. Februar 1790 ist Schiller mit seiner Braut in Erfurt gewesen, hat im Gasthof zum Schlehendorn (heute Rheinischer Hof) gewohnt und bei den Spitzen der Behörden Besuch gemacht. Vom 1. bis 10. Januar 1791 hat der Dichter dann wiederum in Erfurt geweilt, ist am 3. Januar auf Dalbergs Betreiben in die Erfurter Akademie gemeinnütziger Wissenschaften aufgenommen worden und hat hier den ersten Anfall der Krankheit gehabt, an der er 15 Jahre später gestorben ist. In demselben Jahre kam er im August zu siebenwöchigem Aufenthalt nach Erfurt und wohnte mit seiner Frau in dem Hause 2018 auf dem Plänchen (heute Lange Brücke 36), das umstehend abgebildet ist. Er arbeitete hier an seiner Geschichte des Dreißigjährigen Krieges, war fast täglich Dalbergs Gast und hat hier am 25. September eine Aufführung seines Don Karlos erlebt, mehrere Monate vor der Weimarer Erstaufführung. Bedeutsam wurde, daß Dalberg, der schon 1790 auf des Dichters Anfrage, ob er die Geschichtsschreibung oder das Drama als Hauptbeschäftigung pflegen sollte, mit staunenswerter Sicherheit zum Drama geraten hatte, Schiller auf Wallenstein als Tragödienstoff aufmerksam gemacht und seinem Vertrauten, dem Professor Dominikus, aufgetragen hatte, alle einschlägige Literatur über den Feldherrn für den Dichter herauszusuchen.

Im Juli 1792 war Schiller wiederum in Erfurt, um mit Wilhelm von Humboldt eine Zeitlang zusammen zu sein. Zu Dalberg blieb er in dauernder Beziehung. Der Statthalter übernahm 1793 die Patenschaft von Schillers ältestem Sohn und der Dichter widmete ihm seine Abhandlung „Über Anmut und Würde“.

Schillers letzter Besuch in Erfurt fällt in den Mai 1803, wo er auf Einladung der preußischen Offiziere einem Fest im heutigen Regierungsgebäude beiwohnte. Er schrieb darüber an seinen Freund Körner in Dresden: „Ich habe in diesen Tagen auch lustig gelebt: die preußischen Offiziere in Erfurt haben mich zu einem Feste eingeladen, und ich bin hingegangen. Es hat mir viel Spaß gemacht, mich mitten in einem großen Militär zu finden, denn es waren gegen hundert Offiziere beisammen, wovon mir insbesondere die alten gedienten Majors und Obersten interessant waren.“

1. Stahlstich von A. Wagner in Leipzig, um 1840: Erfurt, Städtisches Museum.

2. Gasthaus zum Schlehendorn (Rheinischer Hof), Photographie von ca. 1860: Erfurt, Städtisches Museum.

Rheinischer-Hof

Schiller in Erfurt.

Das Haus, in dem Schiller im Spätsommer 1791 wohnte, gehörte den Eltern des bekannten Erfurter Chronisten Konstantin Beyer, dessen Stadtchronik und dessen im Stadtarchiv aufbewahrten Tagebücher eine ausgezeichnete und zuverlässige Quelle für die Erfurter Geschichte der bewegten Jahrzehnte von 1780—1820 darstellen. Beyer selbst hat Schiller damals täglich gesehen, und ihm verdanken wir auch die Nachricht über die Aufnahme des Dichters in die Erfurter Akademie. An dem noch heute bestehenden Hause, das früher den Namen „Zum Bürgerstreit" führte, ist in neuer Zeit eine Gedenktafel an Schillers Aufenthalt angebracht worden.

Zwei Patrizierhäuser.

Das Haus zum Würzgarten (links) und das benachbarte, auf mehreren Grundstücken errichtete Nachbarhaus, Futterstraße 12 und 13, beide 1754 erbaut, sind gute Beispiele für die Art, wie man im 18. Jahrhundert die Häuser wohlhabender Bürger gestaltete. Bei aller Ähnlichkeit zeigen sie doch auch wieder sehr bezeichnende Abweichungen.

Getuschte Federzeichnung von Major Meinecke in dessen handschriftlicher Chronik (um 1850—60): Erfurt, Stadtarchiv.

Das Dacherödensche Haus. Wilhelm von Humboldt und seine Frau Karoline von Dacheröden.

Karl Friedrich von Dacheröden, einem thüringischen Adelsgeschlecht entstammend, früher preußischer Kammerpräsident in Minden, seit 1771 in Erfurt ansässig, war unter Dalbergs Erfurter Freunden der Vertrauteste und hat von 1778 an fast dreißig Jahre lang als Direktor die Erfurter Akademie geleitet, eine vornehme, zur Repräsentation geschaffene Persönlichkeit, der in dem schönen Renaissancehause zum Großen Schiff auf dem Anger die liebenswürdigste Gastlichkeit ausübte; kein Fremder von Rang oder Bildung verließ Erfurt, ohne dies Haus besucht zu haben, dessen Hauptschmuck freilich Dacherödens Tochter Karoline war. Schön, geistvoll, von manchen sogar als die bedeutendste deutsche Frau bezeichnet, jugendliche Freundin Dalbergs, zu dem sie verehrungsvoll emporblickte, war Karoline befreundet mit den beiden Schwestern von Lengefeld, durch die sie Schiller kennen lernte, dessen Verlobung mit Lotte von Lengefeld vom Dacherödenschen Hause stark begünstigt und befördert wurde. Durch dieselben Beziehungen wurde sie auch mit Wilhelm von Humboldt bekannt, der damals in Weimar lebte und nun öfter nach Erfurt herüberkam; mit ihm verlobte sie sich am 16. Dezember 1789. Humboldt ist damals zu Goethe, Schiller und Dalberg in freundschaftlichste Beziehungen getreten, die bis zu deren Lebensende gedauert haben. In Erfurt fand dann auch am 29. Juni 1791 in Anwesenheit des Statthalters die Vermählung des Brautpaares statt, und in Erfurt, wo ihm im Sommer 1792 das erste Kind geboren wurde, hat er 1794 ganze vier Wochen, 1797 dann noch einmal als Gast Dalbergs geweilt, dessen politische Unzulänglichkeit er zwar erkannte, dessen Anregungskraft und reines Streben er aber immer wieder bewunderte.

Humboldt war inzwischen in den preußischen Staatsdienst getreten, wurde 1801 Gesandter in Rom, 1809 Kultusminister und Begründer der Berliner Universität und hat dann bis zu seinem Rücktritt 1819 sich als hervorragenden Staatsmann bewährt, ohne dabei auf die ästhetische und wissenschaftliche Arbeit zu verzichten, in der er bis zu seinem Tode 1835 Ausgezeichnetes geleistet hat.

Der Briefwechsel Humboldts mit seiner Braut und Frau ist von 1789—1809, dem Todesjahr des alten Herrn von Dacheröden, eine der interessantesten Quellen zur Geschichte des damaligen Erfurter Lebens.

In Erinnerung an die glücklichen Erfurter, Jenaer und Weimarer Tage mit Karoline, Goethe und Schiller dichtete Humboldt später das Sonett:

Im kleinen Raum von Erfurts reichen Auen
Bis wo aus Schwarzburgs engem Fichtentale,
Sich lieblich windend, rauschend strömt die Saale,
Vermocht' ich wohl mein keimend Glück zu schauen.

Ich sah den Morgen dort des Lebens grauen,
Wenn Morgen heißet, wann zum erstenmale
Hernieder aus der Liebe goldner Schale
Dem Geist des tiefen Sinnes Perlen tauen.

Denn die der Kranz des Dichterpreises schmückte,
Die beiden strahlverwandten Zwillingssterne,
Die spät noch glänzen in der Zukunft Ferne,

In Freundesnähe mir das Schicksal rückte,
Da Bande, von der Liebe süß gewoben,
Empor mich, wie auf lichter Wolke, hoben.

1. Ölgemälde von Gottlieb Schick, 1803.
2. Relief von Martin Klauer, 1796; beide dem Werke „Wilhelm und Karoline von Humboldt in ihren Briefen", von Anna von Sydow, entnommen.

WILHELM VON HUMBOLDT.

Kaspar Friedrich Lossius.

Im Jahre 1768 zu Erfurt geboren, aus einer angesehenen Gelehrtenfamilie entsprossen, ist der Diakonus der Andreaskirche, später der Predigerkirche, Kaspar Friedrich Lossius zeitlebens mehr Lehrer und Pädagoge als Geistlicher gewesen. Sein Roman „Gumal und Lina" (1796—1802) gehört der pädagogischen Weltliteratur an und wurde in mehrere Sprachen übersetzt. Neben seinem geistlichen Amt versah er auch das eines Lehrers an der Predigermädchenschule, hatte schon seit 1798 Privatkurse für höhere Mädchenbildung eingerichtet und aus deren Erfahrungen heraus 1806 in seiner Schrift „Über die öffentliche Erziehung der Kinder aus den vornehmeren und gebildeteren Ständen" die Errichtung einer öffentlichen höheren Mädchenschule gefordert. Erst die Franzosenherrschaft brachte die Erfüllung dieses Wunsches: am 22. April 1811 wurde die höhere Töchterschule in Gegenwart der Behörden feierlich eröffnet, wobei Lossius die Aufgaben der Schule entwickelte und die Tochter des Präsidenten von Resch als Schülerin „mit Anstand und Anmut eine kurze Rede" des Dankes hielt. Lossius starb schon 1817.

Rudolf Zacharias Becker.

Der bekannte Pädagoge und Volksschriftsteller ist 1752 in Erfurt geboren, studierte in Jena, war dann im Hause des Präsidenten von Dacheröden in Erfurt der erste Erzieher von dessen Tochter Karoline, der späteren Frau Wilhelm von Humboldts (S. 328), und siedelte 1784 nach Gotha über, wo er die „Deutsche Zeitung für die Jugend" herausgab, die seit 1796 „Nationalzeitung der Deutschen" hieß und als solche eine starke Wirkung und Verbreitung gehabt hat. Mit Dalbergs schöngeistigem Kreise in Erfurt hat er auch von Gotha aus stets Fühlung gehalten. Wegen eines Aufsatzes in seiner Zeitung wurde er 1811 von den Franzosen verhaftet und bis April 1813 in Magdeburg gefangen gehalten. Er starb 1822 in Gotha.

1. Kupferstich in Punktiermanier von J. C. Bock nach einer Zeichnung von C. Weiland.
2. Kupferstich von Schlotterbeck nach einem Gemälde von F. Tischbein, 1799: beide in Erfurt, Städtisches Museum.

Johann Bartholomäus Trommsdorff, 1770–1837.

Einer der bedeutendsten Chemiker seiner Zeit, der Reorganisator des Apothekerwesens, Dr. med. und Dr. phil., seit 1795 Professor an der Universität Erfurt, später Direktor der Erfurter Akademie und preußischer Geheimer Hofrat. Sproß einer angesehenen Erfurter Familie, in der schon seit drei Generationen der Apothekerberuf erblich war, gehörte er schon früh dem Dalbergschen Kreise an, gab seit 1794 die erste pharmazeutische Zeitschrift, das Journal der Pharmacie, heraus, die das Heilmittelwesen auf eine moderne Grundlage zu stellen suchte, gründete 1796 in seiner Ecke Anger und Schlösserstraße gelegenen Schwanenapotheke (S. 407) ein chemisch-physikalisch-pharmazeutisches Institut, in dem dann im Laufe der Jahre 289 junge Leute ausgebildet wurden, darunter zahlreiche Ausländer, die den Ruhm des Lehrers über ganz Europa verbreiteten, bekleidete in seiner Vaterstadt eine Reihe von mit der öffentlichen Gesundheitspflege verbundenen Ämtern und hat in der Zeit der Napoleonischen Kontinentalsperre mit Erfolg das alte Blaufärbemittel des Waids durch ein besonderes Verfahren dem Indigo gleichzumachen versucht.
In Erfurt war seine Antwort berühmt, die er im Juli 1807 dem Kaiser Napoleon erteilte, als ihn dieser gefragt hatte, wen er für den größten Chemiker halte. Sie lautete: „Die Chemie hat kein großes Haupt mehr, seit Lavoisier das seinige verloren"; Lavoisier war in der französischen Revolution hingerichtet worden. Der Kaiser hat diese Antwort übel genommen und dem Gelehrten sofort den Rücken zugewandt.

Christian Gotthilf Salzmann.

Der vielleicht bedeutendste unter den philanthropischen Pädagogen seiner Zeit, Christian Gotthilf Salzmann, geboren am 1. Juni 1744 in dem zum Erfurtischen Landgebiet gehörigen Dorfe Rohrborn, war von 1772—1781 Diakonus und Pfarrer an der Andreaskirche zu Erfurt und hat schon hier seinen Ruf als pädagogischer Schriftsteller begründet. Nach einem vorübergehenden Aufenthalt in Dessau gründete er die Erziehungsanstalt Schnepfenthal bei Gotha, die bald zu glänzender Blüte gelangte und noch heute besteht. Auf den Instruktionsreisen, die er alljährlich mit seinen Schülern machte, hat Salzmann fast regelmäßig auch Erfurt besucht. Er starb am 31. Oktober 1811.

1. Kupferstich in Punktiermanier von Roßmaeßler in Leipzig nach einem Gemälde von J. Ochs, datiert 1802: Erfurt, Städtisches Museum.
2. Kupferstich um 1790: Erfurt, Städtisches Museum.

Johann Wilhelm Häßler.

Der ausgezeichnete Musiker und geschätzte Komponist wurde 1747 in Erfurt geboren, kam durch seinen Oheim, den berühmten Organisten der Predigerkirche und letzten Bachschüler Kittel, in Abhängigkeit von Bach'scher Musik, bekleidete die Stelle als Organist an der Barfüßerkirche und leitete, von Dalberg hochgeschätzt (S. 322), die öffentlichen Konzerte in Erfurt, die damals im Ratskeller abgehalten wurden, und bei denen seine Frau als geschätzte Sängerin mitwirkte. Im Jahre 1790 ging er nach England, 1792 nach Petersburg und 1794 nach Moskau. Hier fand er bei der russischen Aristokratie den Wirkungskreis, der ihm zusagte, und die Wertschätzung, deren er bedurfte; hier ist er 1822 auch gestorben. Seine zahlreichen Kompositionen, hauptsächlich für Orgel und Klavier, zeigen ein reiches Talent, aber keine starke Originalität. Einen Teil seines musikalischen Nachlasses besitzt die Erfurter Stadtbücherei.

Professor Dr. Johann Joachim Bellermann.

Im Jahre 1754 geboren, Sproß einer alten Erfurter Familie, hat Bellermann von 1784—94 als Professor und von 1794—1804 als Direktor des evangelischen Ratsgymnasiums zu Erfurt gewirkt und gehörte zum engeren Kreise um Dalberg. Im Jahre 1804 wurde er wegen seiner hervorragenden Tüchtigkeit als Direktor an das Gymnasium zum Grauen Kloster nach Berlin berufen, eine Stellung, die er bis 1828 innehatte, und in der ihm Sohn und Enkel gefolgt sind; 1842 ist er gestorben.

Abt Plazidus Muth.

Im Jahre 1753 geboren, war Muth der letzte Abt des altberühmten Petersklosters in Erfurt (S. 8), das 1803 von den Preußen aufgehoben wurde, und zugleich Professor an der Universität. Eine milde, liebenswürdige Persönlichkeit, ganz durchdrungen von der Toleranz jener Zeit, zugleich ein bedeutender Pädagoge, der sich um die Hebung des katholischen Schulwesens in Erfurt große Verdienste erworben hat. Im November 1802 hatte er der preußischen Regierung eine Denkschrift über die Reform des katholischen Klerus eingereicht, die zeigt, daß er mit hellen Augen in seine Zeit sah und das Reformbedürftige klar erkannte.

Kupferstich von Müller, ca. 1780—90: Erfurt, Städtisches Museum.

Kupferstich und Zeichnung von H. Lips um 1800: Erfurt, Städtisches Museum.

Kupferstich von C. W. Bock nach einem Gemälde von J. A. Stiefel, 1796: Erfurt, Städtisches Museum.

IOHANN·WILHELM·HÆSLER.

Erfurter Ansichten um 1800–1810.

Der Maler Dornheim.

Nikolaus Heinrich Dornheim, geboren 1770 zu Erfurt als Sohn des Kirchners und Schulmeisters der Barfüßerkirche, ist der Maler der zahlreichen Ansichten von Erfurt und Umgebung, die als Ölgemälde, Aquarelle oder Handzeichnungen noch heute im Museum und in zahlreichen Erfurter Familien sich befinden und von denen im folgenden mehrere Abbildungen gegeben werden. Wo er seine künstlerische Ausbildung genossen, wissen wir nicht, und von seinem Leben haben wir nur ganz spärliche Kunde, aber seine anspruchslosen Bilder zeigen ihn als einen ungemein sympathischen Künstler, der über eine sichere Technik verfügt und vor allem ein angeborenes Feingefühl für Raumgestaltung und Komposition besitzt; prachtvoll, mit welchem Gefühl für Harmonie und Ausgeglichenheit er seine Figuren in die Landschaft hineinsetzt. Denn Landschafter ist er fast ausschließlich, und so verdanken wir ihm im wesentlichen unsere Kenntnis des äußeren Erfurter Stadtbildes und zahlreicher Einzelpartien in Stadt und Umgebung aus den Jahren von 1790—1830. Glücksgüter hat er nicht sammeln können, seine Tätigkeit brachte ihm offenbar nicht viel mehr ein, als er zu einem bescheidenen Unterhalte brauchte. 1830 ist er gestorben.
Das Bild, ein Selbstporträt Dornheims, zeigt ihn als etwa Fünfzigjährigen mit wirrem Haar und einer gewissen Düsterheit des Ausdrucks.

Blick auf die Cyriaksburg vom Brühler Tor, um 1800.

Vorn links ein Teil des Brühler Tores mit plastischem Schmuck aus der Barockzeit. Dann die Brücke über den Stadtgraben und im Hintergrunde der von der Festung gekrönte Cyriaksberg. Die große steinerne Vase mit Sockel steht jetzt in den Anlagen bei der Pförtchenbrücke.

1. Kleines Ölgemälde auf Holz, ca. 1820: Erfurt, Städtisches Museum.
2. Kolorierter Kupferstich nach einer Zeichnung von N. H. Dornheim, um 1800: Erfurt, Städtisches Museum.

C.H.H
KUNST

Wilde Gera, Augustbrücke und Reglerkirche von Osten, um 1800.

Das sehr geschickt komponierte Bild des Erfurter Malers Dornheim zeigt die mit Gebüsch bewachsene innere Stadtmauer, deren Wallgraben, die Wilde Gera, die steinerne Augustbrücke, die Reglerkirche mit dem romanischen und dem Barockturm und die Vorstadthäuser. Heute sind Mauer und Brücke verschwunden, die Gera ist zugeschüttet und an ihrer Stelle zieht sich die Ringstraße hin, die gerade an dieser Stelle mit den großen Gebäuden der Deutschen Bank und des Postscheckamtes besetzt ist.

Die Reglerkirche, um 1800.

Als Kirche des Stiftes der regulierten Chorherren des heiligen Augustinus im 12. Jahrhundert nahe der inneren Stadtmauer erbaut, zeigt sie noch heute im Portal und dem Südturm die romanischen Formen ihrer Entstehungszeit, während der durch einen Brand beschädigte, 1742 neu errichtete Nordturm dem Barock angehört, das im 14. Jahrhundert erbaute Langhaus der Gotik. Das Stift wurde im 16. Jahrhundert vom Rat säkularisiert, die Kirche dem evangelischen Gottesdienst überwiesen, und 1540 eine Schule in den Klostergebäuden untergebracht.

Unser Bild, von Dornheim gezeichnet, zeigt die Abgeschiedenheit, in der die Kirche damals lag. Heute steht sie, umbrandet vom Großstadtverkehr, in der Bahnhofstraße, fast erdrückt und in den Hintergrund gedrängt von den modernen Geschäftshäusern ihrer Umgebung. Im Innern birgt sie einen der schönsten und reichsten Schnitzaltäre aus der Zeit um 1470 und das Epitaph des 1775 gestorbenen großen Erfurter Gartenbauers Christian Reichart (S. 310).

Getuschte Federzeichnungen von N. H. Dornheim, um 1800: Erfurt, Städtisches Museum.

Steigergarten.

Da, wo der Steigerwald zur Sohle des Geratales herabsteigt, lag oberhalb der Stadt ein schon im 18. Jahrhundert sehr besuchter Erholungsort, der Steigergarten. Das Bild zeigt den Blick auf Wirtschaftsgebäude und Garten von Osten nach Westen. Die beiden ruhenden Sphinxe sind noch heute vorhanden, wie überhaupt der Garten z. T. noch im alten Zustande erhalten ist. Rechts im Hintergrunde die Cyriaksburg.

Derselbe Garten von Westen nach Osten gesehen. Der Charakter der Gaststätte ist hier stärker betont. Die plastischen Götterfiguren entstammen dem Rokoko des 18. Jahrhunderts und stehen noch heute an Ort und Stelle. Links im Hintergrunde Dom und Severi. Reizend, mit welch feinem Gefühl für Wohlabgewogenheit der Komposition Dornheim, dem wir diese Blätter verdanken, auch hier wieder die den Raum belebenden Menschen angeordnet hat.

Gartenhäuschen am Steiger.

Neben dem Steigergarten standen schon Ende des 18. Jahrhunderts zahlreiche Gartenhäuschen wohlhabender Erfurter, in denen sie mit ihren Familien im Sommer Erholung suchten und die zum Teil auch heute noch erhalten sind. Wieder ist es Dornheim, dem wir diese hübsche Ansicht verdanken. Durch die Bäume hindurch sieht man das Dorf Hochheim.

Aquarellierte Federzeichnungen von N. H. Dornheim, um 1810: Erfurt, Städtisches Museum.

Vogels Garten, um 1810.

Einer der beliebtesten Erholungsorte der damaligen Erfurter, am Beginn des Dalbergsweges gelegen, vor hundert Jahren viel ausgedehnter als heute, denn der Garten umfaßte die ganze heutige Theaterstraße samt dem Gelände des jetzigen Stadttheaters. Der schlichte und doch vornehme Wirtschaftsbau mit der schönen Säulenhalle, der uralte Baum, unter dem die Gäste sitzen, die promenierenden Menschen, das alles ist von Dornheim mit dem ihm eigenen Geschmack zu einem hübschen Bilde vereinigt, das uns unmittelbar in die Zeit des beginnenden 19. Jahrhunderts versetzt.

Erfurter Wasserlandschaft in der Gegend des Moritztores, um 1810.

Um das von einem Holzsteg überbrückte Wasser der Gera gruppieren sich links die kleine Petermühle, im Mittelgrund der 1812 abgebrochene Turm der ehmaligen Moritzkirche, rechts der gewaltige Bau des 1465 vom Rat errichteten städtischen Kornhofes, der heute noch steht.
Die geschmackvolle, gut komponierte Zeichnung stammt von Dornheim.

1. Aquarellierte Federzeichnung von N. H. Dornheim, um 1810: Erfurt, Städtisches Museum.
2. Getuschte Federzeichnung von N. H. Dornheim, um 1810: Erfurt, Städtisches Museum.

Blick vom Wall beim Schmidtstedter Tor, um 1800.

Unten das Tor und die Brücke über die Wilde Gera, die den Verkehr nach Weimar vermittelte, im Hintergrunde die fruchtbaren Hügel des Schmidtstedter Feldes und die Waldberge, rechts der Wall, der am Ende des 18. Jahrhunderts der beliebteste Spaziergang der Erfurter war. Auf dem mittelalterlichen Haupttorgebäude, dessen Massiv halb sichtbar ist, steht ein Wohnhaus. Im Vordergrunde sitzt vielleicht der Maler Dornheim selbst, dem wir auch dieses schöne Blatt verdanken.

Gärten des Präsidenten von Resch und der Familie Schorch, um 1810.

Links das Gartenhaus der in Erfurt seit dem 18. Jahrhundert sehr angesehenen Familie Schorch, von der um 1800 ein Professor und ein Ratsherr bemerkenswert waren. Das Haus gehörte dem Herrn von Resch, der unter französischer Herrschaft Präsident der Finanz- und Domänenkammer war. Die Gärten lagen an der Hochheimer Straße hinter der Milchinsel. Das schmiedeeiserne Tor des Portals befindet sich heute in der Gartenstraße.

Aquarellierte Federzeichnungen von N. H. Dornheim: Erfurt, Städtisches Museum.

Blick vom Steiger auf Erfurt, um 1810.

Der Schauplatz des Vordergrundes ist derselbe, auf dem 1811 das Napoleonsdenkmal (S. 366) errichtet wurde (heute Augustahöhe). Mit gewohntem Geschick hat der Maler Dornheim verstanden, zwischen den Bäumen hindurch den Blick auf Erfurt zu lenken und dabei die Hauptakzente des Bildes, Dom und Severi, die gewaltige Zitadelle Petersberg mit der Klosterkirche und die Cyriaksburg hervorzuheben.

Erfurt von Westen aus gesehen, um 1810.

Die Ansicht zeigt die Stadt von der heutigen Cyriakstraße aus. Dom, Severi und Petersberg heben sich beherrschend heraus. Links das Sibyllentürmchen.

1. Aquarellierte Federzeichnung von N. H. Dornheim: Erfurt, Städtisches Museum.
2. Tuschzeichnung von N. H. Dornheim: Erfurt, Städtisches Museum.

Die Preußen in Erfurt, 1802–1806.

Die erste preußische Herrschaft in Erfurt, 1802–1806.

Auf Grund besonderer Verträge mit Frankreich hatte Preußen die Verordnung der Reichsdeputation in Regensburg über die Säkularisation der geistlichen Reichsstände nicht abgewartet, sondern schon im August 1802 die ihm zugesprochenen Gebietsteile in Besitz genommen, unter denen sich auch Erfurt befand. Am 21. August 1802 rückten preußische Truppen in die Stadt ein, und nun begann ein scharfes Regiment, das mit dem Schlendrian und der bequemen Lässigkeit der mainzischen Behörden gründlichst aufräumte, Justiz und Verwaltung auf neue, moderne Grundlagen stellte, viele alten Zöpfe beseitigte, aber auch durch manche unnötigen Härten und Schikanen des militärischen Gouverneurs Grafen von Wartensleben die gut preußisch gesinnten Erfurter abstieß. Weil z. B. der Gouverneur das bisher immer für die oberste Zivilverwaltung bestimmte Regierungsgebäude für sich haben wollte, mußte die oberste Verwaltungsbehörde nach Heiligenstadt verlegt werden, so daß Erfurt von Heiligenstadt aus regiert wurde. Im großen und ganzen erwiesen sich freilich die preußischen Reformen als gesund und notwendig; Erfurt ist erst damals aus halb mittelalterlichen Zuständen in ein zeitgemäß verwaltetes und gut organisiertes Gemeinwesen verwandelt worden. Zur Erinnerung an die Vereinigung Erfurts mit Preußen wurde eine Medaille geprägt, deren Schauseite das Brustbild des Königs zeigt, während auf der Rückseite die Kriegsgöttin mit der preußischen Fahne ihre Hand schützend über die Zeichen und Geräte von Ackerbau, Handel und Gewerbe hält. Die Umschrift lautet: „Auch ihnen Schutz und Wohlfarth. Erfurth mit dem Staate vereinigt, 1802".

Das preußische Königspaar ist in den vier kurzen Jahren viermal in Erfurt gewesen, immer mit stürmischer Begeisterung begrüßt, zuerst Ende Mai 1803. Damals war es, daß der Diakonus Lossius (S. 230) die Königin Luise durch seine Mädchenschule in der Eingangshalle der heutigen Regierung mit einem Gedicht begrüßen ließ, dessen Titelblatt nebenstehend abgebildet ist und dessen Schlußvers lautet:

„Erfurts Glück liegt in so teuren Händen,
Dieser Tag erhebt es höher noch.
Laßt uns Dank und Preis zum Himmel senden!
Königin Luise lebe hoch!"

Der letzte Aufenthalt des Königspaares in Erfurt im Oktober 1806 war schon umdüstert von der Niederlage bei Saalfeld und dem Tod des Prinzen Louis Ferdinand. Die Schlacht bei Jena am 14. Oktober machte dann der preußischen Herrschaft ein jähes Ende; am 17. zogen die Franzosen ein; der preußische Kommandant hatte ihnen, ohne einen Schuß zu tun, eine der wichtigsten Festungen übergeben.

1. Silberne Medaille, 1803: Erfurt, Städtisches Museum.
2. Druck von 1803: Erfurt, Stadtarchiv.

Ihro Majestät

der

Königin von Preußen

Louise Auguste Wilhelmine Amalie

als

Ihrer königlichen Landesmutter

am Tage

Allerhöchstdero

feyerlichen Ankunft in Erfurt

in tiefster Unterthänigkeit

überreicht

von

Erfurts erfreuten Töchtern

der evangelischen Gemeinden.

Den 30ten May 1803.

Napoleon und die Franzosenherrschaft.

Napoleon.

Nach dem Zusammenbruch Preußens am 14. Oktober 1806 bei Jena wurde Erfurt nach einer übereilten Kapitulation der preußischen Garnison schon am 17. Oktober von den Franzosen besetzt und blieb nach dem Frieden von Tilsit im Juli 1807 als domaine reservé à l'empereur mit seinem Landgebiet unter der persönlichen Herrschaft des Kaisers, der auch im rechtsrheinischen Deutschland ein ihm direkt gehöriges Stück Land besitzen wollte und dazu gleich seinem großen Vorgänger Gustav Adolf mit dem genialen Scharfblick des großen Feldherrn das im Herzen Deutschlands gelegene wohlbefestigte Erfurt auserwählt hatte, das damit eine einzigartige staatsrechtliche Stellung erhielt. Am 23. Juli 1807 kam der neue Landesherr zum ersten Male auf ein paar Stunden nach Erfurt. Ein Jahr später wählte Napoleon die Stadt zum Ort seiner Zusammenkunft mit Kaiser Alexander I., und so sah Erfurt vom 27. September bis zum 14. Oktober 1808 den glänzenden Fürstenkongreß in seinen Mauern (S. 352).

Aber trotz dieses äußeren Glanzes kam die Stadt unter der Franzosenherrschaft in den äußersten Verfall. Die neuen Machthaber suchten so viel Geld als möglich aus den Bürgern herauszupressen. Schon während des Fürstenkongresses überreichten die Vertreter der Stadt dem Kaiser eine von Professor Dominikus verfaßte Denkschrift, in der festgestellt wurde, daß weder die Zinsen der Staatsschuld, noch die Pensionen bezahlt würden und daß auf Stadt und Land Erfurt seit 2 Jahren eine Schuldenlast von 5½ Millionen Franken lastete. Aber obgleich Napoleon Abhilfe versprach, geschah nach seiner Abreise nichts; auch eine Gesandtschaft, die die verzweifelten Erfurter Bürger 1810 hinter dem Rücken des französischen Intendanten Devismes nach Paris schickten, blieb ohne dauernden Erfolg. Der Weltherrscher hatte für die Not der kleinen deutschen Stadt kein Ohr. Während des Waffenstillstands im Befreiungskrieg weilte Napoleon vom 25. bis 28. Mai 1813 zum dritten Male in Erfurt, zum vierten und letzten Male endlich vom 22. bis 25. Oktober 1813 in den furchtbaren Tagen des Rückzuges nach der Schlacht bei Leipzig.

Als dann nach einer schreckensvollen Belagerung von zwei und einem halben Monat durch die Preußen, bei welcher der Stadtteil vor dem Domhügel und Petersberg in Flammen aufging, die preußische Herrschaft wieder aufgerichtet wurde, war Erfurt eine ruinierte, verarmte, von einer Schuldenlast von 20 Millionen bedrückte Stadt, an deren Zukunft vielleicht mancher verzweifeln mochte.

Farbiges Schabkunstblatt und Zeichnung von D. B., 1807: Erfurt, Städtisches Museum.

Der Erfurter Fürstenkongreß, 1808.

Nach der Niederwerfung Preußens 1806/1807 hatte Napoleon die Stadt Erfurt und ihr Landgebiet als domaine reservé à l'empereur, als einziges rechtsrheinisches Land sich selbst vorbehalten. Hier war er persönlich der Landesherr, die Erfurter also Untertanen des gewaltigen Kaisers. Diesem Umstande verdankte es die Stadt, daß vom 27. September bis 14. Oktober 1808 der sogenannte Fürstenkongreß in ihren Mauern stattfand, der, wie der Chronist Konstantin Beyer sagt, „die Blicke von ganz Europa eine Zeitlang auf Erfurt heftete" und die Stadt für einige Wochen in den Mittelpunkt des Weltgeschehens stellte. Napoleon empfing hier, umgeben von seinen Vasallen und inmitten eines gewaltigen Aufwandes den Kaiser Alexander I. von Rußland, den er für sich und seine Pläne zu gewinnen hoffte. Außer den beiden Kaisern waren damals 4 Könige und eine Königin, 18 regierende Fürsten und Fürstinnen, 6 Erbprinzen und 24 andere Prinzen nebst ihren Ministern und zahlreichem Gefolge in Erfurt versammelt, unter ihnen berühmte Namen, wie der französische Diplomat Talleyrand und die Marschälle Duroc, Lannes, Mortier und Soult, der bayerische Minister Graf Montgelas, der preußische Minister des Auswärtigen Graf von der Goltz, die Geheimräte Goethe und Wieland aus Weimar.

Die Kongreßteilnehmer waren fast alle bei Erfurter Bürgern untergebracht. Kaiser Alexander wohnte in dem für damalige Verhältnisse recht stattlichen und weiträumigen Hause Anger 6, das dem Tabakfabrikanten Triebel gehörte, später vom preußischen Militärfiskus erworben wurde und lange Jahrzehnte als Kommandantur diente. Wie die Schilderhäuser zeigen, standen vor dem Hause vier Ehrenposten, davon zwei zu Pferde.

Kaiser Napoleon wohnte in dem ehemaligen mainzischen Statthalterpalast, dem heutigen Regierungsgebäude, vor dem die gleichen Ehrenposten standen. Er bewohnte mit seinem großen Gefolge den ganzen ersten Stock. Die Räume für den Kaiser waren vollkommen neu hergerichtet und z. T. mit kostbaren Sachen, die man aus Paris hatte kommen lassen, z. T. mit neuem Mobiliar ausgestattet, das in Gotha angefertigt worden war.

Der Erfurter Kongreß bedeutet die Höhe, aber auch den Wendepunkt von Napoleons unerhörter Laufbahn. Kaiser Alexander zu gewinnen gelang ihm nicht. Seit Erfurt trat der Gegensatz der beiden Herrscher immer stärker zutage, bis er vier Jahre später, 1812, zum russischen Feldzug und damit zur Katastrophe Napoleons führte.

Haus Anger 6 und Regierungsgebäude; zeitgenössischer Kupferstich: Erfurt, Städtisches Museum.

1. Palais des Kaisers Napoleons. 2. Palais des Kaisers Alexander in Erfurt.

Der Erfurter Fürstenkongreß.

Kaiser Alexander I. von Rußland.

Der vornehmste Gast, um dessentwillen Napoleon die Erfurter Zusammenkunft inszeniert hatte. Im Jahre 1777 geboren, seit 1801 Kaiser, war Alexander 1807 in Tilsit dem persönlichen Zauber des Franzosenkaisers erlegen, und so hoffte dieser, in Erfurt den Herrscher des Ostens endgültig für seine politischen Pläne zu gewinnen. Aber diese Hoffnung erfüllte sich nicht. Weder bei den oft stundenlangen Verhandlungen in Erfurt, noch später in Weimar, wo Alexanders Schwester als Vermählte des Erbprinzen lebte, gelang es Napoleon, zu irgendeinem greifbaren Ergebnis zu kommen.

An äußeren Ehrungen für den Gast hat es Napoleon natürlich nicht fehlen lassen. Alexander, der in dem schönen, einige Jahre zuvor neuerbauten Hause des Fabrikanten Triebel am Anger wohnte (später Kommandantur, S. 353), war neben dem Gastgeber selbst der einzige unter den in Erfurt versammelten Fürsten, dem außer den zwei gewöhnlichen Schildwachen noch zwei Reiterwachen vor das Haus gestellt wurden, deren riesige Schilderhäuser allgemeines Aufsehen erregten.

Lithographie von Bourgois nach einer Zeichnung von A. Desnoyers, um 1810: Erfurt, Städtisches Museum.

Der Erfurter Fürstenkongreß.

Das französische Theater in Erfurt.

Napoleon hatte zu Ehren seines kaiserlichen Gastes seine Pariser Schauspieltruppe mit dem berühmten Talma an der Spitze nach Erfurt kommen lassen, um hier Vorstellungen zu geben. Während des Kongresses wurden hier in der Zeit vom 28. September bis zum 30. Oktober fast täglich die klassischen Stücke der französischen Literatur (Corneille, Racine, Voltaire) gegeben. Die Vorstellungen fanden im damaligen Erfurter Theater (heute Kaisersaal) in der Futterstraße statt (S. 391). Hier spielte Talma „vor einem Parterre von Königen", denn der Kaiser besuchte mit seinen fürstlichen Gästen jede Vorstellung. Den Höhepunkt bildete die Aufführung von Voltaires „Mahomet" am 9. Oktober. Der Erfurter Chronist Konstantin Beyer schreibt darüber: „Eine solche Menge glänzender Equipagen sah unser Erfurt noch nie vor seinem Schauspielhause, als heute vor ihm hielten. Nicht allein die Futtergasse, sondern auch der Wenigemarkt und ein großer Teil der Johannisgasse waren damit ganz angefüllt, und man konnte sich nur mit der größten Schwierigkeit durch dies Wagengewirre hindurch winden."

Einem ungenannten Teilnehmer dieser Vorstellung verdanken wir die nebenstehend abgebildete Skizze des Parterres an jenem Abend. Auf der Bühne stehen die Schauspieler Talma, Belmont und Damas; hinter dem Orchester sieht man sieben Sessel, auf denen Napoleon mit Alexander I., die Könige von Bayern, Sachsen und Westfalen, Prinz Wilhelm von Preußen und der Fürstprimas Dalberg saßen. Dann folgen die Sitzreihen der Minister, der Gesandten, der Marschälle, der deutschen Fürsten und der französischen Aristokratie. Die Logen waren den französischen Offizieren eingeräumt.

Der Zeichner der Skizze hat gleichzeitig eine, gleichfalls hier wiedergegebene Erläuterung dazu geschrieben, in der die Sätze stehen: „Ich kann kühn behaupten, noch nie etwas Imposanteres, Glänzenderes im Leben gesehen zu haben, als diese Fürstenversammlung. Auf diesem Parterre befanden sich 96 Fürsten. — Schade, daß die Deklamation der Pariser Schauspieler gegen das kleine Haus im Kontrast gegen die Pariser Kommödien-Häuser zu stark war. Nie werde ich vergessen, wie der Protektor [Napoleon, Protektor des Rheinbundes] beim letzten Worte aufstand, den Stuhl schlenkerte und sich mit Alexander wegbegab. Die ganze Vorstellung hindurch hatte Napoleon kein Wort gesprochen."

Das letzte Bild zeigt den berühmten Schauspieler Talma in der Rolle des Mahomet.

1. Skizze des französischen Theaters in Erfurt nebst Erläuterung: Erfurt, Städtisches Museum.
2. Farbiger französischer Kupferstich: Erfurt, Städtisches Museum.

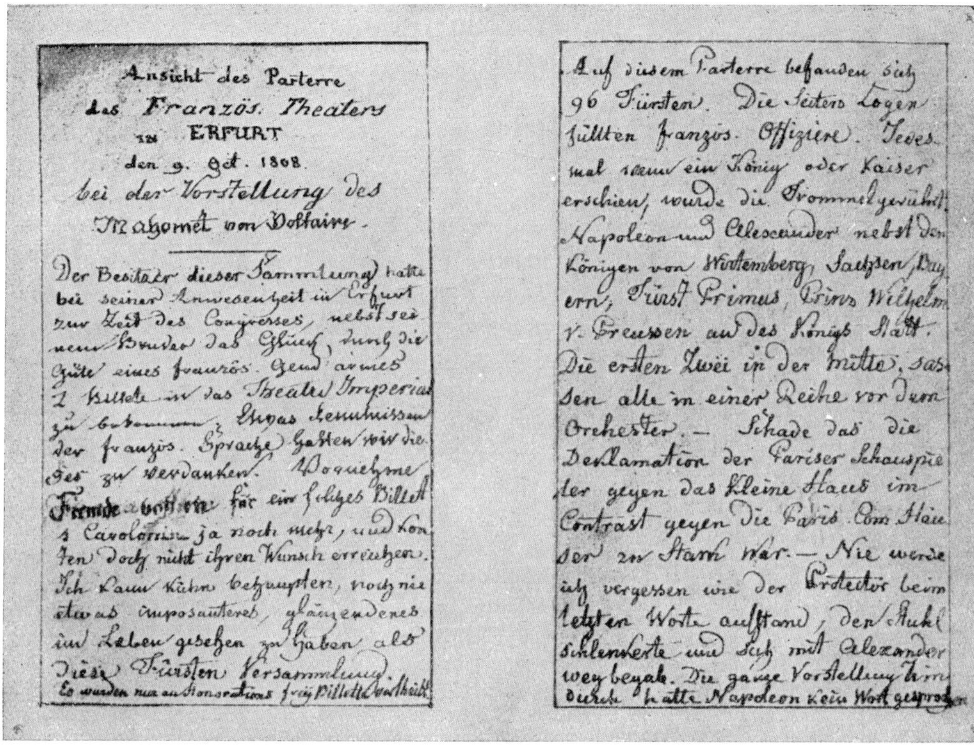

Ansicht des Parterre
des Französ. Theaters
zu ERFURT
den 9. Oct. 1808
bei der Vorstellung des
Mahomet von Voltaire.

Der Besitzer dieser Sammlung hatte bei seiner Anwesenheit in Erfurt zur Zeit des Congresses, nebst seinem Bruder das Glück, durch die Güte eines französ. Gend'armes 2 Billete in das Theater Imperial zu bekommen. Etwas Kenntnissen der französ. Sprache hatten wir dies zu verdanken. Vornehme Fremde [illegible] für ein solches Billett 4 Carolinen ja noch mehr, und konnten doch nicht ihren Wunsch erreichen. Ich kann kühn behaupten, noch nie etwas imposanteres, glänzenderes im Leben gesehen zu haben als diese Fürsten Versammlung.
Es wurden nur an Honoratioren frey Billette vertheilt.

Auf diesem Parterre befanden sich 96 Fürsten. Die Seiten Logen füllten französ. Offiziere. Jedesmal wenn ein König oder Kaiser erschien, wurde die Trommel gerührt. Napoleon und Alexander nebst den Königen von Wirtemberg, Sachsen, Bayern; Fürst Primus, Prinz Wilhelm v. Preussen an des Königs Statt. Die ersten Zwei in der Mitte, sassen alle in einer Reihe vor dem Orchester. — Schade das die Deklamation der Pariser Schauspieler gegen das kleine Haus im Contrast gegen die Paris. Com. Häuser zu stark war. — Nie werde ich vergessen wie der Protector beim letzten Worte aufstand, den Stuhl schlenkerte und sich mit Alexander wegbegab. Die ganze Vorstellung hindurch hatte Napoleon kein Wort gesprochen.

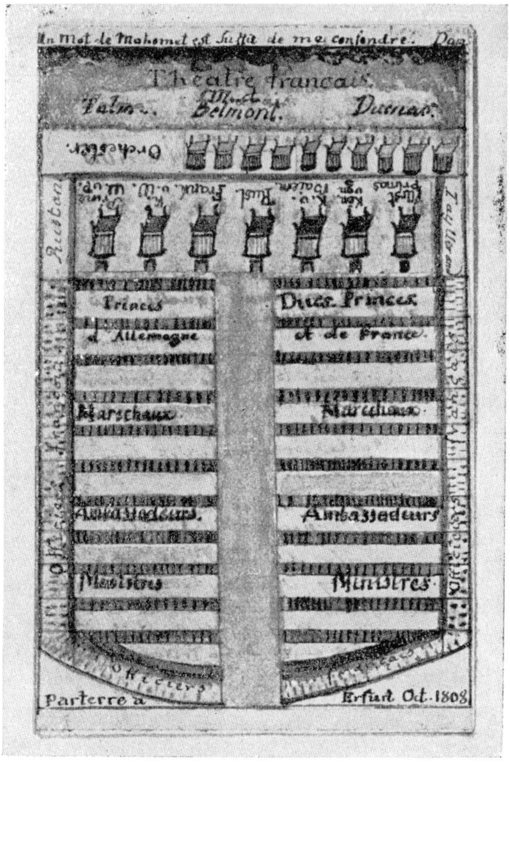

Der Erfurter Fürstenkongreß.

Der König von Sachsen.

Friedrich August I. von Sachsen, Kurfürst seit 1763, König von Napoleons Gnaden seit 1806, war einer der von dem Franzosenkaiser in Erfurt besonders bevorzugten Fürsten. Napoleon ließ keine Gelegenheit vorübergehen, um gerade ihm diese Gunst auch öffentlich zu zeigen. Der König wohnte während des Kongresses in dem schönen Renaissancehause zum Breiten Herd am Fischmarkt (S. 279), das dem wohlhabenden Kaufmann Boutin gehörte. Friedrich August bezahlte sein bis zur Schlacht bei Leipzig unerschütterliches Festhalten an Napoleon 1815 mit dem Verlust der Hälfte seines Landes an Preußen.

Talleyrand.

Eine der wichtigsten Persönlichkeiten auf dem Erfurter Fürstenkongreß war Napoleons Minister des Auswärtigen C. M. Fürst von Talleyrand-Perigord, seit 1806 Fürst von Benevent (1754—1838), der genialste französische Diplomat seiner Zeit. Er wohnte beim Kaufmann Lange auf dem Anger. Bei allen wichtigen Verhandlungen und Audienzen, auch bei der Goethes, ist er zugegen gewesen.

1. Kupferstich nach Riedel (1811): Erfurt, Städtisches Museum.
2. Kupferstich von Bollinger, um 1800: Erfurt, Städtisches Museum.

Bollinger sc.

Der Erfurter Fürstenkongreß.

Wohnung des Königs Maximilian I. von Bayern.

Das Haus Marktstraße 21, damals dem Fabrikanten Hoffmann gehörig und noch heute im Besitz von dessen Urenkel, diente während des Kongresses dem König von Bayern als Wohnung. Auch der bayrische Ministerpräsident Graf Montgelas wohnte dort. Das Haus, 1677 erbaut, ist eines der schönsten und stattlichsten Barockhäuser Erfurts, klar gegliedert, wuchtig, interessant auch durch die mit vielen Opfern im alten Zustand erhaltenen Ladenöffnungen im Erdgeschoß.

Das Wohnzimmer des Königs ist samt der damals für den hohen Besuch neu beschafften Möbelausstattung im reinen Empirestil von der Familie Hoffmann pietätvoll erhalten worden. Napoleon, der den König öfter besuchte, soll sich, wie überliefert ist, dabei meist auf einen vor dem zweiten Fenster stehenden (auf unserem Bild nicht sichtbaren) Spieltisch gesetzt haben. Die goldene, mit Perlen besetzte, emaillierte Dose, die der König als Geschenk hinterließ, ist heute noch im Besitz der Famillie.

Das Äußere und Innere des Hauses ist in seiner prachtvollen und sorgfältigen Erhaltung ein seltenes Beispiel von Denkmalpflege und Heimatsinn der alten Erfurter Familie.

Photographien von E. Bissinger, Erfurt.

Der Erfurter Fürstenkongreß.

Goethe und Napoleon in Erfurt.

Am 2. Oktober 1808 wurde Goethe, der mit seinem Herzog seit dem 29. September in Erfurt weilte, von Napoleon zur Audienz befohlen. Ein weltgeschichtlicher Augenblick von höchster symbolischer Kraft, als die beiden Größten ihrer Zeit, der Mann der Tat und der Mann des künstlerisch-schöpferischen Bildens, auf eine Stunde in Erfurt einander gegenüber traten, beide Juristensöhne, der eine aus Ajaccio, der andere aus Frankfurt, beide aus eigener Kraft zu den Höhen des Ruhmes gelangt, beide die Herren in ihrem Reiche: der eine hatte eben Europas Fürsten um sich versammelt, der andere einige Monate zuvor der Welt den „Faust" geschenkt. Darum erkannten sie sich auch als ihresgleichen.

Die hohe Gestalt des damals 59jährigen Dichters, das Imponierend-Ruhige der Haltung, die großen, tiefen, dunklen Augen, das Gepräge hoher Geistigkeit, das ein langes, innerlich und äußerlich unendlich reiches Leben diesem Größten der damaligen Deutschen gegeben hatte, überraschte den Menschenkenner Napoleon so, daß ihm bei Goethes Anblick der Ausruf entfuhr: Voilà un homme — sieh da, ein Mann! Zum ersten Male vielleicht hat der Kaiser gefühlt, daß ein Mensch gleichen seelischen Ranges vor ihm stand. Wenn er dann Goethe aufforderte, nach Paris zu kommen und dort ein Cäsardrama zu schreiben, besser als das von Voltaire, wenn er noch auf seinem Rückzug aus Rußland im Winter 1812, als er in Weimar die Pferde wechselte, sich Goethes erinnerte und ihn grüßen ließ, so liegt darin eine Wertschätzung des Dichters und des Menschen, die bei Napoleon außerordentlich selten war.

Aber auch auf Goethe hat die Persönlichkeit des Kaisers, wie wir aus zahlreichen Äußerungen wissen, den stärksten Eindruck gemacht: „Sein Leben war das Schreiten eines Halbgotts von Schlacht zu Schlacht und von Sieg zu Sieg. Von ihm könnte man wohl sagen, daß er sich in dem Zustande fortwährender Erleuchtung befunden, weshalb auch sein Geschick ein glänzendes war, wie es die Welt vor ihm nicht sah und vielleicht auch nach ihm nicht sehen wird." Daß Goethe diesem Urgeist, diesem nur sich selbst gleichenden dämonischen Menschen, diesem Aufwühler und Beherrscher einer Zeit und einer Welt, der zu ihm das gewaltige Wort gesprochen: „Die Politik ist das Schicksal", persönlich hat nahetreten können, ist für ihn ein kostbares Erlebnis geworden, nicht zuletzt dadurch, daß er in dem Kaiser die höchste Verkörperung dessen, was er das Dämonische nannte, und damit ein einzigartiges Stück größter Natur erblicken durfte.

Das Bild zeigt den Raum des Regierungsgebäudes, in dem die Unterredung stattfand, allerdings in seiner heutigen Gestalt. Damals war er mit der steifen Pracht des französischen Empire ausgestattet, so daß Goethe das ihm von früher vertraute Zimmer kaum wiedererkannte. Er selbst sagt in einer späteren Aufzeichnung über die Audienz: „Ich trat etwas zurück und kam gerade an den Erker [auf dem Bilde gleich rechts] zu stehen, in welchem ich vor mehr als dreißig Jahren zwischen manchen frohen auch manche trübe Stunde verlebt. — Ich hatte Zeit, mich in dem Zimmer umzusehen. Auch hier waren es noch die alten Tapeten [Wandteppiche], aber die Porträts an den Wänden waren verschwunden." So genau erinnerte sich der Dichter noch der in diesen Räumen mit Dalberg verbrachten Tage!

Moderne Photographie.

Der Erfurter Fürstenkongreß.

Zwei Medaillen auf den Erfurter Fürstenkongreß.

1. Silberne Medaille, von der Stadt Erfurt Napoleon gewidmet. Auf der Vorderseite die Ansicht der Stadt, darunter die Inschrift: Erfordiae XIV. Octobris MDCCCVIII (der 14. Oktober war der Tag der Abreise der beiden Kaiser). Auf der Rückseite: Napoleoni I. grata civitas (Napoleon dem Ersten die dankbare Stadt).
2. Silberne Medaille, gefertigt von Facius in Weimar. Auf der Vorderseite die mit Lorbeer geschmückten Köpfe der beiden Kaiser. Auf der Rückseite ein von einem geflügelten Genius inspirierter Geschichtschreiber; darüber „Imperatorum congressus" (Kongreß der Kaiser); links die Türme von Erfurt, rechts das Schloß von Weimar; darunter die Jahreszahl MDCCCVIII.

Polizeiinspektor Kahlert, um 1810.

Der vielleicht verhaßteste unter den Beamten der französischen Herrschaft in Erfurt, Polizeiinspektor Kahlert, ist dargestellt, wie er die Wache am Brühlertor inspiziert. Im Hintergrund der Barockbau des Tores, daneben ein massiver Turm der äußeren Befestigung aus dem 15. Jahrhundert, rechts das Wachhaus, an dessen Fenster eine Bauersfrau gerade Zollgeld bezahlt.
Das sehr gut komponierte Bild verdanken wir wiederum der geschickten Hand des Erfurter Malers Dornheim.

1. Silberne Medaillen: Erfurt, Städtisches Museum.
2. Ölgemälde von N. H. Dornheim: Erfurt, Städtisches Museum.

NAPOLEONI
GRATA CIVITAS

IMPERATORUM CONGRESSUS
MDCCCVIII

Die Napoleonshöhe im Steiger bei Erfurt.

Zu Ehren des kaiserlichen Landesherrn von Erfurt wurde im Jahre 1811 am Abhang des Steigerwaldes ein auf acht Säulen ruhender, von einer Siegesgöttin gekrönter Rundtempel aus Eichenholz errichtet, der die von dem Bildhauer Döll in Gotha angefertigte Büste Napoleons enthielt und die Inschrift trug: Napoléon le Grand. Um die Aussicht auf Erfurt möglich zu machen, schlug man die drei heute noch bestehenden Schneisen durch den Wald. Im Hintergrunde die Stadt mit ihren Türmen.

Der Maler Nikolaus Heinrich Dornheim (1772—1830), ein Erfurter Kind (S. 336), hatte den Auftrag zu diesem Bilde von den französischen Behörden erhalten. Daher sieht man auf ihm die sorgfältig gemalten Bildnisse der damaligen Erfurter Machthaber: in der von Hunden umgebenen Gruppe neben dem Wagen der höchste französische Beamte Intendant Devismes mit Frau und Bruder in Unterhaltung mit dem Präsidenten Resch; Universitätsprofessor Dominikus, der Erfurter Historiker, nähert sich dieser Gruppe; in der Mitte rechts von der Eiche der Hofrat von Weißenborn mit Frau und Schwägerin, denen der Sekretär des Intendanten, Blanc, sich nähert. Vor dem Gartenhäuschen ganz rechts der berüchtigte Polizeioberinspektor Kahlert im Gespräch mit Bürgermeister Dr. Weißmantel.

Schon wenige Tage nach dem Sturz der Franzosenherrschaft, im November 1813, wurde der Tempel zerstört und 1868 durch einen, König Friedrich Wilhelm III. gewidmeten Obelisken ersetzt, der heute noch vorhanden. Der Name „Napoleonshöhe" hielt sich indessen noch lange Jahrzehnte und ist erst nach 1870 durch „Augustahöhe" verdrängt worden.

Ölgemälde von Nikolaus Heinrich Dornheim, signiert und datiert 1812: Erfurt, Städtisches Museum.

Der Napoleon-Obelisk auf dem Anger.

Als am 20. März 1811 dem Kaiser Napoleon ein Sohn geboren wurde, der den Namen König von Rom erhielt, ließen die französischen Behörden zu Ehren dieses Ereignisses auf Kosten der Stadt und des Landes einen 70 Fuß hohen Obelisken auf dem Ostteil des Angers errichten, der aus Balken gezimmert, mit Gips überzogen und weiß und rot marmoriert wurde. Er war mit einem Eisengitter umgeben und trug die Initiale Napoleons N und die Inschriften: „den 20. März 1811“ und „Napoleon dem Großen“.

Zerstörung des Napoleon-Obelisken durch Erfurter Bürger beim Einzug der Preußen.

Am 6. Januar 1814, als nach elfwöchiger Belagerung Erfurt den Preußen übergeben wurde, während Petersberg und Domhügel noch in den Händen der Franzosen blieben, wurde ein französischer Offizier, der seine Wache beim Napoleon-Obelisken auf dem Anger auf die freudig erregte Menge hatte schießen lassen, von den aufgebrachten Bürgern getötet. Über die nun folgende Szene lassen wir den Chronisten berichten (Beyer, Neue Chronik, S. 562):

„Gleich nach diesem Vorgange steckten die darüber äußerst aufgebrachten Bürger den auf dem Anger stehenden, von den hiesigen Behörden zu Ehren Napoleons (1811) errichteten Obelisk in Brand, nachdem vorher die daran befindlichen Inschriften mit Axthieben zertrümmert worden waren. Man warf in das Innere dieses nur aus hölzernen Balken bestehenden und mit gegipster Leinwand überzogenen Obelisken Stroh, das man anzündete. Weil es aber nicht brennen wollte, kletterten Jungen an den Balken bis an die Spitze und stießen den Blechdeckel, der ihn oben schützte, herab, worauf das Feuer mehr Luft bekam, so daß nun der ganze hohe Obelisk in Flammen stand.“

1. Getönter Kupferstich von Ermer nach einer Zeichnung von Nik. Heinrich Dornheim, 1811: Erfurt, Städtisches Museum.

2. Gleichzeitiges Aquarell, gemalt von Beck: Erfurt, Städtisches Museum.

Rückzug der Franzosen durch Erfurt nach der Schlacht bei Leipzig im Oktober 1813.

Am treffendsten schildert der zeitgenössische Chronist Konstantin Beyer diesen Rückzug. Er sagt (Neue Chronik von Erfurt, S. 532):
„Um 12 Uhr in der Nacht des 22. Oktober kam der Kaiser Napoleon hier an; alle Hauptquartiere der französischen Armee befanden sich hier. Den 23. mußten alle Verwundeten von hier fort, auch alle Kranken, die sich noch fortschleppen konnten. Der Zug der geschlagenen Armee hier durch schien kein Ende nehmen zu wollen. Vom Anger bis an das Brühler Tor übertraf das verwirrte Truppengewühl jede Beschreibung. Es war ein wahres Gewirre von Pferden, Wagen, Reitern, Fußvolk und Kanonen. In allen Straßen lärmte und tobte es fürchterlich. — Kaum, daß man noch durchzukommen im Stande war. Es war ein fürchterlicher Zustand. Die ganze französische Armee schien aufgelöst. Offiziere und Soldaten verfluchten Napoleon."
Etwas von dieser Verwirrung und Aufgelöstheit hat der Maler des Bildes zu geben versucht, das den Ostteil des Angers mit dem Napoleonobelisken und der Kaufmannskirche im Hintergrunde zeigt.

Bombardement von Erfurt durch die Preußen am 6. November 1813.

Im Vordergrunde die feuernde preußische Artillerie. Im Hintergrunde die Stadt und die Festung Petersberg mit Brandglut und Rauch.

Gleichzeitige Aquarelle von Beck: Erfurt, Städtisches Museum.

Das Bombardement von Erfurt den 6ten November 1813

Die Brandruinen vor den Graden und auf dem Petersberge nach dem preußischen Bombardement am 6. November 1813.

Am 27. Oktober 1813 wurde Erfurt von den Preußen eingeschlossen, am 6. November fand eine heftige Beschießung statt, bei der die Peterskirche ausbrannte und der Stadtteil vor Petersberg und Domhügel in Flammen aufging. Das erste Bild zeigt im Vordergrunde den südlichen Teil des heutigen Friedrich-Wilhelms-Platzes, im Hintergrunde den zusammengeschossenen Stadtteil am Fuß des Petersberges, die Festung und die Klosterkirche auf demselben.

Domhügel, Petersberg und der Stadtteil an ihrem Fuße nach der Beschießung durch die Preußen am 6. November 1813.

In seiner alle anderen Darstellungen weit überragenden Naturtreue ist das Bild ein geschichtliches Zeugnis ersten Ranges. Man sieht die Ruinen der zusammengeschossenen Häuser, die bald darauf abgerissen und nicht wieder aufgebaut wurden. Man sieht den Petersberg, die noch rauchenden Überreste der Klostergebäude und die wundervolle romanische Kirche, die weiter nicht gelitten hat, als daß das Dach und die Innenausstattung verbrannt waren. Der Steinkern des Gebäudes und vor allem die beiden Türme waren noch völlig unversehrt. Man versteht es daher nicht, warum die preußische Militärverwaltung 1820 die Türme und den ganzen Oberteil der Kirche bis zur Höhe der Seitenschiffe abtragen ließ und damit ein unersetzliches Kunstdenkmal aus dem Anfang des 12. Jahrhunderts so gut wie vernichtet hat.

1. Gleichzeitiges Aquarell von Beck: Erfurt, Städtisches Museum.
2. Gleichzeitiges Aquarell von Joh. Georg Wendel: Erfurt, Städtisches Museum.

Ansicht der Brand-Ruinen vom Graden u: der Festung Petersberg
nach dem Bombardement vom 6ten Novb. 1813

Erfurter Blokadescheine.

Als nach der Schlacht bei Leipzig Erfurt von den Preußen eingeschlossen wurde (27. Oktober 1813) und von aller Verbindung mit der Außenwelt abgeschnitten war, entschloß sich die französische Militärbehörde, Notgeld herzustellen, und zwar wurden am 1. November Scheine im Werte von 2, 3, 4, 8 und 12 Groschen, 1, 2 und 5 Thalern ausgegeben. In Umlauf kamen davon Scheine im Gesamtbetrag von 20191 Thlr. 16 Gr., die später von den preußischen Behörden eingelöst wurden. Sie tragen meistens die eigenhändigen Unterschriften der städtischen Beamten Spoenla und Scheibner, einige auch von Zacke und Klein und sind mit Tinte numeriert.
Die Abbildungen zeigen Scheine im Werte von 2 Thalern und von 3 Groschen.

Blokadescheine: Erfurt, Stadtarchiv.

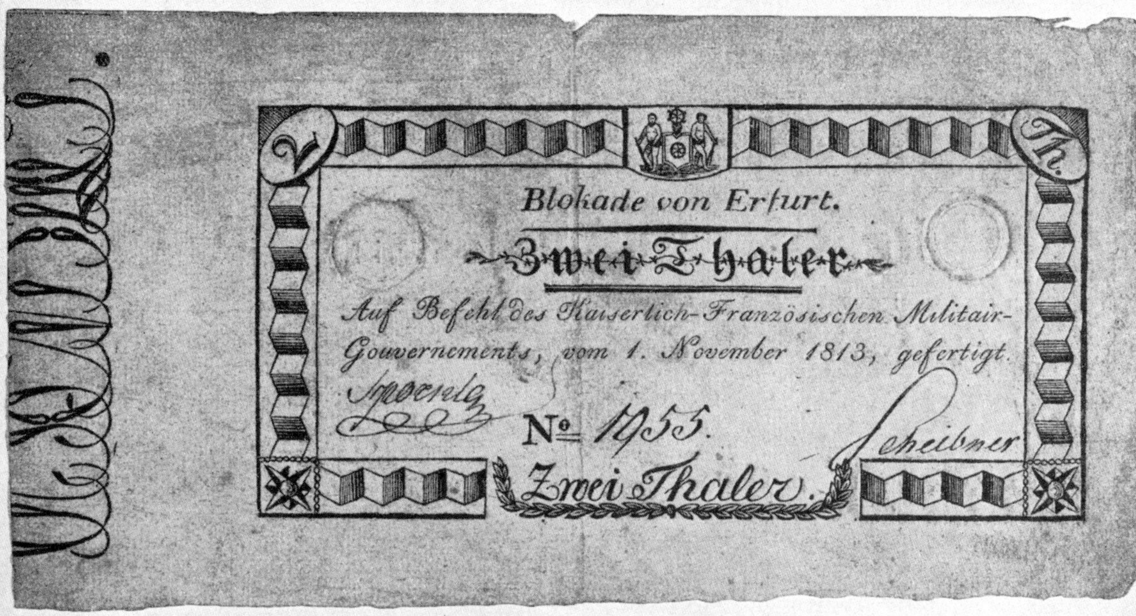
2
Th.
Blokade von Erfurt.
Zwei Thaler
Auf Befehl des Kaiserlich-Französischen Militair-
Gouvernements, vom 1. November 1813, gefertigt.
No 1955.
Zwei Thaler.

3
gr.
Blokade von Erfurt
Drei Groschen
Auf Befehl des Kaiserlich-Französischen Militair-
Gouvernements, vom 1. November 1813, gefertigt.
N.o 212.
Drei Groschen

Die Biedermeierzeit.

Erfurt von Südwesten, 1824.

Vom Rande des Steigers blickt man auf die Stadt, die immer noch den Namen „die turmreiche“ verdiente, auf die noch streng abschließende äußere Mauer, die den Festungscharakter betonte, auf Dom und Severi, die sich beherrschend herausheben und auf die Zitadelle Petersberg, der seit einigen Jahren die stolze, zweitürmige Kirche des Petersklosters fehlt. Jeder Vergleich mit einer älteren Ansicht zeigt augenfällig, um wie viel ärmer das äußere Stadtbild Erfurts geworden war, seit die preußische Militärverwaltung ohne Not die Stadt ihrer bisherigen Bekrönung beraubt hatte.

Blick über das Geratal auf Steiger und Steigergarten, 1824.

Der Blick ist von der halben Höhe des Cyriaksberges aufgenommen und zeigt im Hintergrunde den Steigergarten und die sich daran anschließenden Sommerhäuschen (S. 341), im Vordergrunde das fruchtbare Tal.

Blick vom Steigergarten auf Geratal und Cyriaksburg, um 1820–30.

Im Vordergrunde der Steigergarten mit den heute noch vorhandenen Sphinxen. Im Tal die langen, von Stegen überbrückten Wassergräben, in denen damals wie heute zur Winterszeit die Brunnenkresse geerntet wurde, da das aus dem sogenannten Dreienbrunnen kommende Wasser die Eigenschaft hat, nicht zuzufrieren. Im Hintergrunde die Festung Cyriaksburg, deren beherrschende Stellung hier besonders deutlich wird.

1. u. 2. Farbige Lithographien von C. Wießner in Nürnberg nach einer Zeichnung von A. Neidenbach, datiert 1824: Erfurt, Städtisches Museum.
3. Farbige Lithographie, wahrscheinlich von Ackermann: Erfurt, Städtisches Museum.

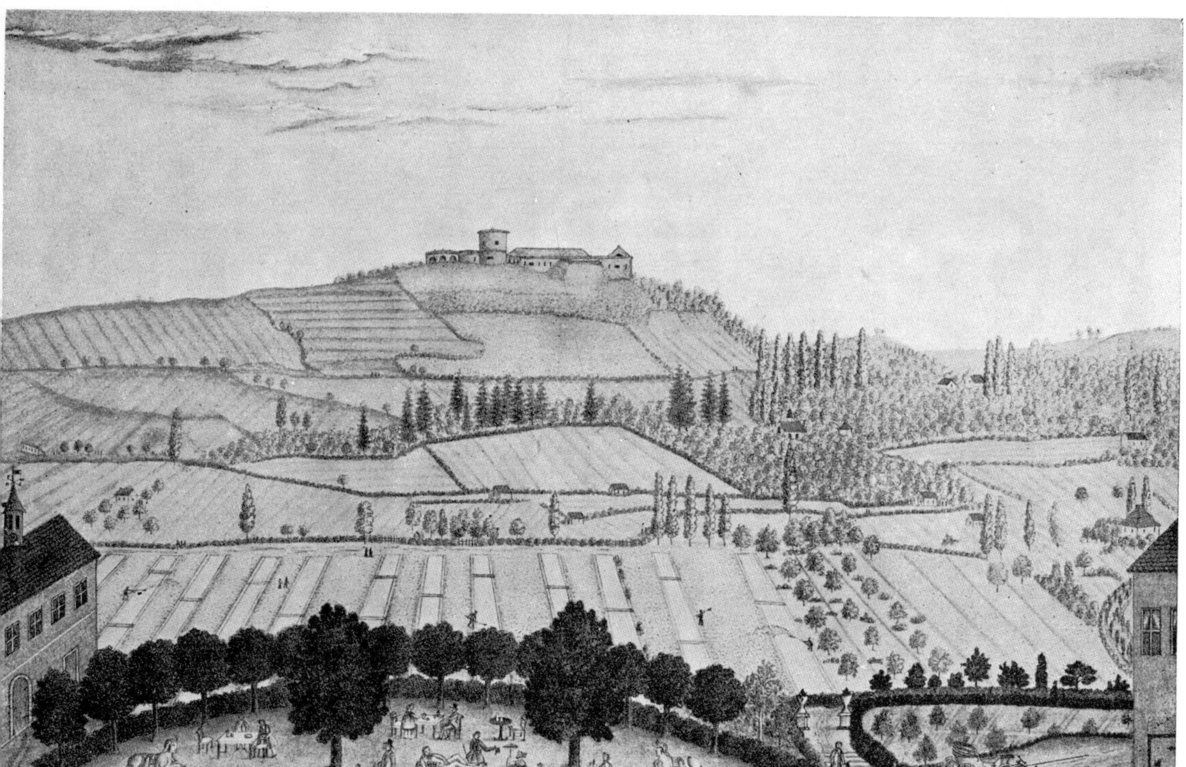

Erfurter Typen um 1830.

Der Gründer der gärtnerischen Weltfirma J. C. Schmidt (S. 415) hat um 1830 mit kunstreicher Hand eine Anzahl von stadtbekannten Persönlichkeiten mit einem leichten Anflug von Karikatur in Wachs modelliert. Der wohlbeleibte Platzmajor Nusch steht in amüsantem Gegensatz zu dem überlangen dürren Wachtmeister Hahn, der auf dem Markt eine Bauersfrau zur Wache mitgehen heißt, und die stattliche Gestalt der Gerichtsrätin Schmidt zeigt die gewichtige Persönlichkeit einer damals allen Erfurtern wohlbekannten Dame.

Weinlese auf dem Ringelberg, 1828.

Wie überall, so war auch in Erfurt, wo der Weinbau früher in großem Maßstabe betrieben wurde, die Weinlese mit einem fröhlichen Festtreiben verbunden, von dem unser Bild eine Anschauung gibt.

Vogelsgarten, 1824.

Neben der Dornheimschen noch eine andere ebenso reizvolle Ansicht der beliebten Erfurter Gartenwirtschaft am Dalbergsweg, eine Ansicht, die von einer anderen Seite aufgenommen ist und durch die zahlreichen, mit großer Sorgfalt gezeichneten Menschen auch die Trachten der Zeit zu genauer Anschauung bringt.

1. Wachsfiguren, modelliert von J. C. Schmidt, um 1830: Erfurt, Städtisches Museum.
2. Getuschte Federzeichnung nach Dornheim, 1828: Erfurt, Städtisches Museum.
3. Farbige Lithographie von C. Wießner in Nürnberg nach einer Zeichnung von A. Neidenbach, datiert 1824: Erfurt, Städtisches Museum.

Feier des Reformationsfestes in Erfurt, 1817.

Die dreihundertjährige Jubelfeier der Reformation wurde auch in Erfurt festlich begangen. Unsere Bilder zeigen die Wallfahrt zur Lutherzelle im ehmaligen Augustinerkloster (s. S. 220) und die Abendfeier mit Gesang und Fackelbeleuchtung auf dem Friedrich-Wilhelms-Platz.

1. Anonymer Kupferstich von 1817. 2. Schabkunstblatt von A. Schnorr in Erfurt, 1817: Erfurt, Kaufmann Walter Münch.

Polnische Auswanderer in Erfurt, 1832.

Nach der Niederwerfung des großen polnischen Aufstandes durch Rußland in den Jahren 1830/1831 verließen viele Polen ihr Vaterland, um sich in Westeuropa, besonders in Frankreich, eine neue Heimat zu suchen. Züge dieser meist uniformierten Flüchtlinge kamen auch durch das an der Hauptverkehrsstraße zwischen Leipzig und Frankfurt gelegene Erfurt, und einen solchen Zug mit den malerischen Uniformen hat der Zeichner festgehalten und so der Nachwelt überliefert. Wir verdanken ihm dabei noch eine Teilansicht des alten Rathauses und des davor stehenden Renaissancebrunnens.

Der Wenige Markt, 1842.

Dieser kleine Platz, der als Kornmarkt diente, schon 1217 urkundlich erwähnt und von der um 1320 erbauten Ägidienkirche mit dem Durchgang zur Krämerbrücke beherrscht wird, war damals noch von einer prachtvollen, saalartig wirkenden Geschlossenheit, die heute durch die gewaltsam hineingebrochene Verbindungsstraße zum Rathause etwas gelitten hat. Von der malerischen Wirkung, die der Platz infolge seiner unregelmäßigen Gestaltung besitzt, kann man indessen auch heute noch einen Eindruck bekommen.

1. Kolorierte Lithographie von Kreps in Erfurt nach einer Zeichnung von Silber, 1832: Erfurt, Städtisches Museum.

2. Farbige Lithographie nach einer Zeichnung von F. Kuchenbuch, bezeichnet und datiert 1842: Erfurt, Städtisches Museum.

Der Friedrich-Wilhelms-Platz um 1830.

1. Der durch die preußische Beschießung vom 6. November 1813 in Brand geschossene Stadtteil am Fuß von Domhügel und Petersberg wurde nicht wieder aufgebaut. Unser Bild zeigt den vergrößerten Platz, auf dem gerade eine Parade stattfindet, und die damals neu geschaffenen Anlagen, die dann erst später bei Erbauung des Landgerichts und des Gefängnisses beseitigt wurden.

2. Im Hintergrund der damals noch seiner Turmspitzen beraubte Dom, die Severikirche und die zu beiden emporführende Treppe. Rechts die nüchternen Befestigungen des Petersberges. Auf dem Platz eine Parade der preußischen Garnison, Offiziere und elegante Damen und Herren in der damaligen Modetracht. Links das Haus zur Hohen Lilie und die Grüne Apotheke; doch hat sich der Maler bei dieser Häusergruppe nicht ganz an die Natur gehalten.

1. Kolorierte Lithographie von Bartholomäus in Erfurt nach einer Zeichnung (nach der Natur) von C. Silber im Städtischen Museum.

2. Kolorierter Kupferstich von Franke nach der Zeichnung eines unbekannten Malers: Erfurt, Städtisches Museum.

Das Erfurter Bürger-Schützen-Corps.

Seit Beginn der städtischen Selbstverwaltung im 13. Jahrhundert hatte der Rat ein großes Interesse daran, daß die Bürger zu Verteidigungszwecken mit den Waffen umzugehen wußten. So entstanden die Schützengesellschaften, zu deren Wettschießen die Stadt Preise zu stiften pflegte. Die erste Nachricht über die Erfurter Bürgerschützen stammt aus dem Jahre 1463; es ist eine Einladung zu einem Schießen, die von Rat und Schützen zu Nördlingen an Rat und Schützen zu Erfurt gerichtet wurde und sich noch heute im Stadtarchiv befindet. Seitdem haben wir häufigere Nachrichten über große Schießfeste in Erfurt, an denen sich übrigens auch die benachbarten Thüringer Fürsten im 15. Jahrhundert gerne beteiligten. Im Jahre 1510 gab es in Erfurt 766 Armbrust- und 1312 Büchsenschützen; das war ein großer Teil der gesamten waffenfähigen Bürger. Ein besonders großes Schießen fand vom 29. August bis 5. September 1603 in Erfurt statt; der Rat hatte dazu eine Einladung an alle Schützen Deutschlands ergehen und zu Ehren dieser Festlichkeit einen besonderen Schießthaler prägen lassen (s. S. 50). Nicht einmal der Dreißigjährige Krieg hat die Schützenfeste ganz unterdrücken können; sie haben sich durch alle Wechsel der Landesherrschaft hindurch bis heute erhalten.

Das vor dem Löbertor gelegene Schützenhaus war im Dreißigjährigen Kriege von den Schweden, dann im November 1813 bei der Belagerung durch die Preußen zerstört worden. Im Jahre 1820—21 wurde am Fuße des Steigers unter Beihilfe des Königs das heute noch bestehende Schützenhaus erbaut, das seitdem alljährlich im August zum Mittelpunkt eines Volksfestes wurde.

Von den Kleinodien des Erfurter Bürger-Schützen-Corps sind hier einige Stücke abgebildet. Das eine der Scepter (links) ist 1792 von Dalberg gestiftet worden. Das Schützenkönigschild links stammt aus der ersten Hälfte des 18. Jahrhunderts, das zweite (rechts) ist 1795 vom Reichsgrafen zu Plettenberg-Witten, der damals den Königsschuß getan, gestiftet worden. Lorbeerkranz und Krone stammen von 1814 und 1801.

1. Farbige Lithographie von C. Wießner in Nürnberg nach einer Zeichnung von A. Weidenbach, 1824: Erfurt, Städtisches Museum.

2. Photographie von Hofphotograph Wilhelm Hofmann, Erfurt.

Friedrich von Motz (1775–1830).

Der hervorragende preußische Staatsmann und Begründer des Zollvereins hat seine entscheidenden Lehrjahre in Erfurt verbracht. Unter dem 1816 zum Erfurter Regierungspräsidenten ernannten Grafen Keller war er als Vizepräsident die eigentliche Seele der Regierung, bis er dann am 1. Oktober 1817 selbst das Amt des Präsidenten erhielt und es in den schwierigen Übergangsjahren bis zum Juni 1821 verwaltete, wo er mit der Stellvertretung des Oberpräsidenten beauftragt wurde und nach Magdeburg übersiedelte. In Erfurt hat er den Grund zu seinem Ruhme gelegt. In dem Arbeitszimmer des Regierungsgebäudes sind seine Denkschriften entstanden, die in ihrer großzügigen Auffassung aller Seiten des staatlichen Lebens ihn als den geborenen großen Staatsmann von weitestem Blick und genialer Tatkraft erkennen ließen. Von Erfurt aus hat Motz auch das Beste dazu getan, den ersten Zollvertrag Preußens, den mit Sondershausen, zum glücklichen Abschluß zu bringen. Mit ihm war der Grund zum späteren Zollverein und damit zur deutschen Handelseinheit gelegt. Im Jahre 1825 wurde Motz zum preußischen Finanzminister ernannt und starb 1830 in Berlin.

Generalfeldmarschall Karl Freiherr von Müffling.

Der 1775 geborene bedeutende preußische Feldherr und Militärschriftsteller, der sich in den Befreiungskriegen ausgezeichnet hat, 1820 Chef des Generalstabs, 1837 Gouverneur von Berlin und 1841 Präsident des Staatsrats wurde, hat die letzten Jahre seines Lebens (1847—1851) in Erfurt zugebracht, wo er auch starb. Sein prächtiges Grabdenkmal steht noch heute in den Anlagen des ehmaligen Brühler Friedhofs.

1. Lithographie von Gentili nach einer Zeichnung von Krüger (um 1828): Erfurt, Städtisches Museum.
2. Lithographie von Voelkerling nach einer Zeichnung von Sebbers, um 1830: Erfurt, Städtisches Museum.

Karl Herrmann.

Im Jahre 1797 als Sohn einer alteingesessenen Erfurter Familie geboren, zuerst Kaufmann, später Mitglied der Direktion der Thüringer Eisenbahngesellschaft, hat sich Karl Herrmann um seine geliebte Vaterstadt die größten Verdienste erworben. Er war es, der erfolgreich dafür gekämpft hat, daß die Eisenbahn Berlin-Frankfurt über Erfurt geführt wurde, und sein Verdienst ist es im wesentlichen, daß Erfurt zum Sitz der Direktion der neuen thüringischen Eisenbahn gewählt wurde. Seinen Bemühungen war es zu verdanken, daß Erfurt 1850 zum Tagungsort des Unionsparlaments gewählt wurde, und seine glänzende Organisationsgabe ermöglichte es, daß die Abgeordneten alle gut untergebracht wurden, und daß die Augustinerkirche als Stätte der Tagung würdig hergerichtet wurde. Er war es, der aus seiner Liebe zur Geschichte der Vaterstadt heraus 1864 den Anstoß zur Gründung und Organisation des Erfurter Stadtarchivs (S. 335) gab, dem er auch später den kostbaren Schatz seiner in einem langen Leben mit Liebe gesammelten Erfurter Chroniken, Handschriften und Druckwerke vermachte; und 1863 gründete er den „Verein für die Geschichte und Altertumskunde von Erfurt", der seitdem der Mittelpunkt aller geschichtlichen Arbeit in Erfurt gewesen ist. Er hat endlich in seinem Hauptwerk, der 500 Seiten umfassenden „Bibliotheca Erfurtina" (1863) eine Übersicht über die gesamten handschriftlichen, gedruckten und bildlichen Quellen zur Erfurter Geschichte gegeben, die ihn neben Alfred Kirchhoff als den bedeutendsten Erfurter Geschichtsforscher des 19. Jahrhunderts erscheinen läßt. Am 24. Oktober 1874 ist er gestorben. Seine dankbare Vaterstadt hat ihm ein Denkmal auf dem nach ihm benannten Herrmannsplatz errichtet.

Das alte Theater.

In diesem, aus der Zeit des Klassizismus stammenden Hause in der Futterstraße, damals das Ball-Haus genannt, hat sich von 1756—1868 das Erfurter Theater befunden. Hier hat 1757 der berühmte Döbbelin gespielt, hier ist 1791 Schillers Don Karlos in Anwesenheit des Dichters über die Bühne gegangen, hier hat Goethe mit seinem Weimarer Theater mehrere Jahre lang Aufführungen veranstaltet, hier haben auf Napoleons Befehl während des Erfurter Fürstenkongresses im September und Oktober 1808 die Vorstellungen der Pariser Schauspieler vor zwei Kaisern und einem Parterre von Königen stattgefunden (S. 357). In dem Theatersaale, der noch heute nach Napoleon der Kaisersaal heißt, ist 1893 auf dem ersten großen Parteitage der deutschen Sozialdemokratie das sogenannte „Erfurter Programm", das die Grundsätze und Forderungen der Partei in kurzer und klarer Formulierung enthält, verhandelt und beschlossen worden.

1. Ölgemälde von v. Hagen: Erfurt, Städtisches Museum.
2. Photographie von 1864: Erfurt, Städtisches Museum.

Caesar Teichmann

Friedrich Nerly.

Der 1807 in Erfurt als Enkel des bedeutenden Musikers Wilhelm Häßler (S. 334) in Erfurt geborene Friedrich Nehrlich (in Italien nannte er sich später Nerly) ist neben Thiele, Beck und Dornheim der vierte in der Reihe der Erfurter Maler, vielleicht auch der bedeutendste. Als Lithograph in Erfurt ausgebildet, ging er nach Hamburg und hatte dort das Glück, daß der berühmte holsteinische Kunstfreund Karl Friedrich von Rumohr auf ihn aufmerksam wurde, ihn zum Maler erzog und nach Italien mitnahm. Dort ist er geblieben, zunächst in Rom, wo er bis 1835 das anerkannte Haupt der deutschen Künstlerschaft war, später in Venedig (seit 1840), wo er am 21. Oktober 1878 gestorben ist. Sein Nachlaß ist durch Schenkung seines Sohnes in den Besitz des Erfurter Museums gekommen. Nerlys Hauptgebiet ist die Landschaft; hier hat er, besonders in seiner römischen Zeit, Bedeutendes geleistet und reiche Anerkennung gefunden.

Das nebenstehend abgebildete Gemälde stellt eine Landschaft im Gebirge bei Rom dar.

Photographie nach dem Leben, um 1870. — Ölgemälde: Erfurt, Städtisches Museum.

Die Familie Lucius.

Aus dieser Familie, die seit 1718 in Erfurt ansässig ist, sind einige hervorragende Männer hervorgegangen, die auch über die Vaterstadt hinaus Bedeutung erlangt haben. Der Gründer der noch bestehenden Firma ist Johann Anton Lucius (1742—1810), dessen Sohn Sebastian (1781—1851) legte mit seinem Großhandel in Woll- und Baumwollwaren den Grund zum Wohlstand der Familie, kaufte das Dacherödensche Haus am Anger (S. 328), in dem sich noch heute die Firma befindet und 1851 die Rittergüter Stödten und Klein-Ballhausen. Mit seiner Frau Marianne geb. Hebel hat er sich durch Errichtung der „Lucius-Hebel-Stiftung" für alte, gebrechliche Leute ein dauerndes Denkmal gesetzt. Von seinen Söhnen übernahm Ferdinand (1830—1910) die Leitung der Firma; er wurde später Geheimer Kommerzienrat, vertrat seine Vaterstadt lange Jahre im preußischen Abgeordnetenhaus und hat alle Kulturbestrebungen in Erfurt mit reichen Mitteln und hohem Verständnis gefördert. Ein anderer Sohn, Eugen Lucius (geb. 1834) studierte Chemie und gründete mit Dr. Adolf Brüning die heute noch bestehende Weltfirma der „Höchster Farbwerke". Der jüngste Sohn Robert (1835—1914) war später preußischer Landwirtschaftsminister, wurde unter dem Namen Lucius von Ballhausen in den Adelstand erhoben und war Ehrenbürger der Stadt Erfurt (S. 418).

Zwei Ölgemälde im Besitz der Familie Lucius.

* 1781
SEBASTIAN LUCIUS
1857 †
.NON DORMIRE.

Revolution von 1848 und Unionsparlament, 1850.

Der Straßenkampf am 24. November 1848.

Wie in den meisten deutschen Städten, so kam es auch in Erfurt im Revolutionsjahr 1848 zu Straßenkämpfen. In der heutigen Bahnhofstraße wurden Barrikaden errichtet, gegen die man Artillerie aufführte, und auf dem Anger fand zwischen dem Militär und den Aufständischen ein blutiger Kampf statt, in dem 7 Kürassiere fielen.
Unsere Bilder zeigen den Kampf (im Hintergrund das heutige Museum) und, von ungeschickterer Hand, die feierliche Beerdigung der gefallenen Soldaten, zu deren Ehren ein noch heute in den Anlagen des Johannesrings stehendes Denkmal errichtet wurde.

Lithographien 1. von H. Jäger nach einer Zeichnung von H. Kruspe, 2. nach einer Zeichnung von Winndt; beide: Erfurt, Städtisches Museum.

Das deutsche Unionsparlament zu Erfurt, vom 20. März bis 29. April 1850.

Das Unionsparlament erscheint geschichtlich zunächst als eine Fortsetzung der Frankfurter Nationalversammlung von 1848/1849, aber schon war auf ihm nicht mehr ganz Deutschland vertreten, da Österreich, Bayern, Württemberg, Sachsen und Hannover fehlten. Friedrich Wilhelm IV. hatte es auf Vorschlag seines Beraters Radowitz einberufen, um wenigstens einen Teil Deutschlands unter Preußens Führung zu einigen, und Radowitz (S. 402), der in dem schönen Renaissancehause zum Stockfisch in der Johannesstraße (S. 281) wohnte und dort seine Empfänge abhielt, war die Seele des Parlaments und auch der Urheber des zur Beratung stehenden Verfassungsentwurfes.
Das Parlament tagte in der für diesen Zweck ganz neu hergerichteten Augustinerkirche, das Staatenhaus im Chor, das Volkshaus im Schiff dieser durch Luther berühmt gewordenen Kirche. Die Abgeordneten waren bei Erfurter Bürgern untergebracht. Bei dieser lokalen Organisationsarbeit hat sich der Stadtrat, Eisenbahndirektor und Geschichtsforscher Karl Herrmann (S. 390) große Verdienste erworben. Das Parlament, dem eine große Zahl bedeutender Männer, darunter auch Bismarck, angehörte, wurde nach sechswöchigen Verhandlungen plötzlich aufgelöst, da der preußische König mit Rücksicht auf Österreich seine Politik geändert hatte. Die Bedeutung des Erfurter Parlaments in der deutschen Geschichte ist größer, als man bisher im allgemeinen angenommen hat. Es zeigte sich hier endgültig, daß auf dem 1848 eingeschlagenen Wege die deutsche Frage nicht zu lösen war. Daß Bismarck, der spätere Gründer des neuen Deutschen Reiches, dem Erfurter Unionsparlament angehört hat, daß er in der Kirche Luthers mitgetagt hat, ist fast von symbolischer Bedeutung.
Daß Erfurt zum Sitz des Parlaments gewählt wurde, verdankte es einmal seiner Zugehörigkeit zu Preußen, sodann seiner Lage im Mittelpunkte Deutschlands. War doch schon 1848 der Gedanke aufgetaucht und durch Schriften verfochten worden, Erfurt zur Hauptstadt des neuen Deutschen Reiches zu machen.
Das erste unserer Bilder zeigt die feierliche Eröffnung des Parlaments am 20. März 1850 im großen Barocksaale des Regierungsgebäudes (S. 293); das zweite Bild zeigt die Geschäftsräume des Parlaments in den zum Martinsstift gehörenden, auf dem Boden des alten Augustinerklosters stehenden Gebäuden, von denen das erste mit dem Giebel im Jahre 1846 nach einem von dem berühmten Berliner Baukünstler Schinkel entworfenen Plane auf Kosten König Friedrich Wilhelms IV. errichtet worden ist.

1. Holzschnitt nach einer Zeichnung von H. Kruspe auf S. 210 der Leipziger Illustrierten Zeitung vom 6. April 1850,
2. Lithographie von Hellfahrt in Gotha nach einer Zeichnung von H. Kruspe, 1850. Beide Blätter im Erfurter Museum.

Das Unionsparlament zu Erfurt, 1850.

Das Staatenhaus des Parlaments im Chor der Augustinerkirche, der nach völliger Ausräumung der kirchlichen Ausstattungsstücke für die Tagung ganz neu eingerichtet worden war.

Das Volkshaus im Schiff der gleichen Kirche. Auf den Emporen die Tribünen für die Zuhörer, unten der Raum für die Abgeordneten, deren Sitze im Halbkreis um Präsidentensitz und Rednerpult aufgestellt waren. Das Präsidium führte Simson (S. 402). Bismarck hat, wie er aus Erfurt an seine Frau berichtet (am 25. April), „als Schriftführer hoch auf dem Throne neben dem Präsidenten gesessen“.

Gleichzeitige Stahlstiche von Joh. Poppel nach Zeichnungen von C. Würbs: Erfurt, Städtisches Museum.

Josef Maria von Radowitz.

Der geistvolle preußische General und Staatsmann von Radowitz (1797—1853), Mitglied der Frankfurter Nationalversammlung 1848, seit Mai 1849 Leiter der auswärtigen Politik Preußens, war die Seele der sogenannten Unionspolitik, die er sowohl vor den preußischen Kammern, als auch vor dem auf sein Betreiben im März 1850 nach Erfurt berufenen Unionsparlament (S. 398) vertrat. Als sein Vorschlag, die Lösung der deutschen Frage durch Kampf mit Österreich herbeizuführen, nicht durchdrang, nahm er im November 1850 seinen Abschied und zog sich nach Erfurt zurück, wo er seine bekannte Schrift „Neue Gespräche aus der Gegenwart“ (2 Bände, Erfurt 1851) schrieb. Er starb 1853. Sein Grabdenkmal in neugotischem Stil ist auf Kosten König Friedrich Wilhelms IV. errichtet worden und steht noch heute in den Anlagen am Krämpferring.

Eduard Simson.

Eduard Simson aus Königsberg (1810—1899), 1848 Präsident der deutschen Nationalversammlung in Frankfurt, leitete auch als Präsident die Verhandlungen des Volkshauses im Erfurter Unionsparlament von 1850. Später Präsident des norddeutschen Reichstags, stand er als solcher an der Spitze der parlamentarischen Abordnung, die sich 1871 nach Versailles begab, um König Wilhelm um Annahme der deutschen Kaiserkrone zu bitten. Im Jahre 1879 wurde er zum Präsidenten des Reichsgerichts in Leipzig ernannt.

1. Lithographie von May in Frankfurt nach einem Lichtbild, 1848: Erfurt, Städtisches Museum.
2. Kupferstich von Kühner nach einem Lichtbild: Erfurt, Städtisches Museum.

Otto von Bismarck-Schönhausen.

Bismarck war als Abgeordneter Mitglied des Volkshauses des vom 20. März bis 29. April in Erfurt tagenden Unionsparlamentes, wo er sich nach seinem eigenen Ausspruch „die diplomatischen Sporen verdiente". Er war Schriftführer der im Gasthof zum Schlehendorn (heute Rheinischer Hof) tagenden Abteilung IV und wohnte im Hause Anger 33, das inzwischen einem Neubau Platz gemacht hat, der mit dem Standbild des großen Kanzlers geschmückt ist.

In den Briefen an seine Frau schreibt er einige bezeichnende Sätze über sein Leben in Erfurt, so am 16. April: „Ich habe viel Schererei als Schriftführer; alle Nachmittag gehe ich oben auf einen Waldberg, der Steiger geheißen, und trinke Bier, das ist noch das Beste und die Aussicht auf Stadt und Land." Und weiter am 19. April: „Früh in die Sitzung, von da unmittelbar an eine schreiende und klappernde Table d'hôte, dann zum Kaffee auf den Steiger, ein allerliebstes kleines Gebirge 1/4 Meile von der Stadt, wo man in prächtiger Aussicht auf Erfurt, den Thüringer Wald und unter prächtigen Eichen, zwischen den kleinen hellgrünen Blättern von Dorn und Hagebuche spazieren geht, die angenehmste Zeit des Tages, und von dort in das Scheusal Fraktion, wo ich noch niemals klüger geworden bin, sodaß man den ganzen Tag nicht nach Hause kommt." Der Erfurter Steigerwald in seinem Frühlingsgrün hat es ihm also angetan.

Die ganze Abneigung des damals auf der äußersten Rechten stehenden Mannes der Tat gegen das parlamentarische Reden kommt in seinen Briefen aus Erfurt zum Ausdruck. Er ist Gegner von Radowitz und ist sehr befriedigt, daß das Parlament endlich am 29. April heimgeschickt wird.

Interessant ist, daß er kurz vor seiner Abreise seiner Frau Schuhe aus einer Erfurter Fabrik schickt und dazu schreibt: „Der Mann ist so überhäuft mit Arbeit; er liefert ganze Ladungen Schuhzeug nach Amerika, Westindien, Cap der guten Hoffnung und bekommt von dort Probeschuhe geschickt als Maß, für weiße und schwarze Damen." Die Erfurter Schuhindustrie hatte also damals schon Weltbedeutung.

1. Stahlstich von Mittag nach einer Zeichnung von A. Bürde.
2. Photographie von ca. 1900.

Erfurt 1850–1900.

Nordseite des unteren Angers, 1864.

Im Eckhaus die Schwan-Apotheke, in der der berühmte Chemiker Bartholomäus Trommsdorff (1770—1837), der Begründer und Reorganisator des deutschen Apothekenwesens (S. 333), gewohnt hat. Weiter zwei schöne und für Erfurt typische Barockhäuser. Im Hintergrunde die Kaufmannskirche.

Alle diese Häuser sind um 1890 abgebrochen worden, um dem neuen Hauptpostgebäude Platz zu machen.

Anger mit Kaufmannskirche, 1885.

Ein heute stark verändertes Bild: rechts stand damals noch der altberühmte, schon im 18. Jahrhundert gegründete Gasthof zum Römischen Kaiser, der 1912 einem Warenhause Platz machen mußte. An Stelle der Barockhäuser links stehen heute die Gebäude der Hauptpost. Die Kaufmannskirche (S. 121) bildet den schönen Abschluß des platzähnlichen Straßenbildes. Ihr Name (ecclesia mercatorum) ist einzigartig, denn sonst werden die Kirchen ja stets nach irgendeinem Heiligen benannt. Hier aber ist der Name „Kirche der Kaufleute“ seit ältesten Zeiten in offiziellem Gebrauch und weist darauf hin, daß wir in ihr die Kirche der ältesten an der Furt der Gera gelegenen Ansiedlung vor uns haben, die dem Handelsverkehr ihren Ursprung verdankt. Wahrscheinlich ist sie eine Gründung des heiligen Bonifatius. Dafür würde auch sprechen, daß sie nicht nur dem Heiligen Gregor, sondern später auch dem Bonifatius selbst geweiht ist.

1. Photographie von 1864: Erfurt, Städtisches Museum.
2. Photographie von 1885: Erfurt, Städtisches Museum.

APOTHE

HOTEL

Der Anger um 1860 und 1927.

Das nebenstehende Bild zeigt die heutige Hauptgeschäftsstraße der Stadt in einem von den Neubauten der modernen Zeit noch unberührten Zustande. Der Bartholomäikirchturm und der Barockbau des heutigen Museums beherrschen das schöne Gesamtbild der in leichter Biegung verlaufenden Straße, deren Bauten die beste Anschauung von der Art des alten Erfurter Bürgerhauses zu geben vermögen.

Das untere Bild gibt dieselbe Straße in ihrer jetzigen, durch neue Geschäftsbauten, Straßenbahn usw. stark veränderten Gestalt und mit einem Verkehr, von dem sich die stille Straße um 1860 noch nichts hat träumen lassen.

1. Photographie von ca. 1860: Erfurt, Städtisches Museum.
2. Photographie von E. Bissinger, Erfurt.

Ehmalige Gerinnigsbrücke.

Als im 12. oder 13. Jahrhundert die Hirschlache in einem künstlich angelegten Wasserlauf als Mühl- und Gerbergraben durch die Stadt gelegt wurde, mußte sie über das Flußbett der Wilden Gera hinübergeführt werden. So entstand die Gerinnigsbrücke, die auf steinernen Pfeilern eine geräumige Holzrinne für das Wasser trug. Erst 1899, als man die Wilde Gera zuschüttete und daraus die heutigen Ringstraßen schuf, ist sie abgebrochen worden. Im Hintergrunde unseres Bildes sieht man den Turm der Kirche des ehemaligen Nonnenklosters zum Neuen Werk.

Blick von der Mühlstege auf Schlösserbrücke und Barfüßerkirche.

Ein Wasserlandschaftsbild von hohem Reiz mitten in Erfurts Altstadt. Rechts alte Häuser mit ihren Holzgalerien und in den Fluß hinausgebauten Stegen; links der Junkersand; im Hintergrunde der langgestreckte, monumentale Bau der Barfüßerkirche, nach Vorschrift der Bettelorden ohne Querschiff und nur mit einem kleinen, dachreiterähnlichen Turm. Derartige Ansichten zeigen, wie stark und schön die Wasserläufe der vielarmigen Gera das innere Stadtbild Erfurts beeinflussen.

Blick vom Nonnensteg.

Eine der schönen Wasseransichten, an denen Erfurts Stadtbild so reich ist. Rechts eine alte Mühle, im Hintergrunde die Barfüßerkirche. Wenn die Bäume auch winterlich kahl sind, so merkt man doch auch hier wieder, wie viel Grün das sommerliche Erfurt auch in seinen älteren Stadtteilen besitzt.

1. u. 2. Photographien von 1898 und ca. 1900. 3. Photographie von E. Bissinger, Erfurt.

Ansicht von Erfurt, um 1870.

Ein Bild der Stadt kurz vor ihrer Entfestigung und ihrem Aufstieg zur Großstadt, aufgenommen vom Turm des Bahnhofsgebäudes. Verglichen mit älteren Ansichten fällt die Nüchternheit auf, mit der hier ein an sich schönes Städtebild behandelt und teilweise seines Reizes beraubt worden ist.

Lithographie von G. Arnold in Leipzig nach einer Zeichnung von G. Frank: Erfurt, Städtisches Museum.

J. C. Schmidt.

Der Begründer der seit 100 Jahren bestehenden gärtnerischen Weltfirma, die mit dem Weltruf Erfurts als „Blumenstadt“ untrennbar verbunden ist, Johann Christoph Schmidt, geboren 1803 in Erfurt, ursprünglich Wachsbossierer, hat in der alten Gärtnerstadt zum ersten Male die feinere Blumenkultur und die Züchtung besonders edler Sorten sich angelegen sein lassen und sie auf eine solche Höhe gebracht, daß Erfurt auch auf diesem gärtnerischen Spezialgebiet zur führenden Stadt wurde. Bekannt wurde die Firma dann später auch durch ihre besonders geschmackvollen Arrangements lebender Blumen. Der Name „Blumenschmidt“, in Deutschland allgemein bekannt, läßt am besten erkennen, welchen Ruf die Dekorationen und die Bindekunst der Firma besaßen. Als J. C. Schmidt, der schon 1838 mit 16 Berufsgenossen den Erfurter Gartenbauverein gegründet hatte, im Jahre 1868 starb, stand es fest, daß er unter den Erfurter Gärtnern derjenige gewesen ist, der für den Ruhm seiner Vaterstadt als Mittelpunkt der deutschen Blumenkultur das meiste geleistet hat.

F. C. Heinemann.

Im Jayre 1819 geboren, hat Franz Carl Heinemann 1848 die nach ihm benannte Samenzuchtfirma in Erfurt gegründet, die sich im Laufe der Zeit neben J. C. Schmidt, Benary und Haage und Schmidt (1852 gegründet), zu einem Weltgeschäft entwickelt hat und sich heute noch im Besitz der Enkel des 1875 gestorbenen Gründers befindet.

Ernst Benary.

Geboren 1817, gründete Ernst Benary 1843 in Erfurt am Brühlertor die Kunst- und Handelsgärtnerei gleichen Namens, die sich im Laufe der Jahre immer ausschließlicher auf Samenzucht von Blumen und Gemüsen verlegte und beim Tode ihres Gründers (1893), der den Titel als Geheimer Kommerzienrat erhalten hatte, zur Weltfirma geworden war. Die Firma hat ihren Ruf bewahrt und wird heute von den Enkeln des Gründers geleitet.

1. Ölgemälde von A. Weger in Leipzig, um 1860: Erfurt, Firma J. C. Schmidt.
2. Photographie von E. Sontag, um 1870, im Besitz der Familie.
3. Photographie von ca. 1890, im Besitz der Familie.

Gartenbau-Ausstellungen.

Die führende Stellung, die Erfurt sich im Laufe des 19. Jahrhunderts im Gartenbau erworben hatte, kam in mehreren großen Ausstellungen zum Ausdruck. Die erste war eine internationale und fand vom 9. bis 17. September 1865 in Vogels Garten und dem daneben gelegenen Poppes Garten statt. Unser erstes Bild gibt eine Ansicht des Ausstellungsgeländes und ist auch gartenbaugeschichtlich interessant durch die Art der Anlagen. Die zweite Ausstellung war nur eine deutsche und wurde vom 9. bis 17. September 1876 im Steiger im Augustapark abgehalten. Die Kaiserin Augusta war Protektorin und hat damals die Ausstellung besucht. Unser zweites Bild zeigt die vom Baurat Sommer, dem Erbauer des neuen Erfurter Rathauses, entworfene Festhalle.

1. Lithographie von Gerhardt und Schreiber in Erfurt nach einer Zeichnung von Münchgesang: Erfurt, Städtisches Museum.

2. Gleichzeitiger Holzschnitt: Erfurt, Städtisches Museum.

Erfurter Blumenzucht.

Im Sommer und Herbst ist das Gelände um Erfurt mit Blumenfeldern bedeckt, deren bunter Farbenglanz weithin leuchtet und der Landschaft ein eigenartiges Gepräge gibt. Daneben gibt es feinere Kulturen, die, wenn es not tut, auch bedeckt werden können. Unsere nebenstehenden Bilder geben von beiden Arten der Blumenzucht eine Anschauung. Sie zeigen Kulturen der Firma Ernst Benary.

Die Gera vom Junkersand aus.

Eine der schönsten Wasserlandschaften Erfurts. Links die Holzgalerien alter Häuser. Im Hintergrund Mühlstege und Südseite der Krämerbrücke.

1. Photographie von E. Bissinger, Erfurt.
2. Photographie von ca. 1900: Erfurt, Städtisches Museum.

Julius Grosse.

Am 25. April 1828 in Erfurt geboren, ist Grosse über juristisches Studium und Malerei schließlich zur Dichtung gekommen, wo er als Lyriker, Dramatiker und besonders als Erzähler eine große Fruchtbarkeit entwickelte. Er lebte abwechselnd in Dresden, München und Weimar, wo er Sekretär der Schillerstiftung war. Farbige Schilderung und sprachliche Gewandtheit zeichnen seine Dichtungen aus. In dem Werke „Ursachen und Wirkungen" (1896) hat er seine Erfurter Jugendjahre beschrieben. Er starb 1902. Seine Vaterstadt hat an seinem Geburtshause in der Bahnhofstraße eine Erinnerungstafel anbringen lassen.

Robert Freiherr Lucius von Ballhausen.

Arzt, Landwirt, Reichstags- und Landtagsabgeordneter, Weltreisender, Freund und Vertrauter Bismarcks, endlich 1879—1890 Landwirtschaftsminister, so vielseitig war der Mann, der 1835 in Erfurt als Sohn der angesehenen, seit dem Anfang des 18. Jahrhunderts dort ansässigen Familie Lucius (S. 394) geboren wurde. Der Name „von Ballhausen", unter dem er 1888 in den Freiherrnstand erhoben wurde, stammt von seinen Gütern Klein- und Groß-Ballhausen in der Nähe von Erfurt. Mit Bismarck legte auch er 1890 sein Amt nieder. Die Stadt Erfurt hat den Staatsmann, der in der Geschichte des neuen Deutschen Reiches keine unbedeutende Rolle gespielt hat, zu ihrem Ehrenbürger ernannt; 1914, nicht lange nach Kriegsbeginn, ist er gestorben.
Das Bild ist kurz vor dem Tode des Ministers im Auftrag der Stadt von W. Trübners Meisterhand gemalt worden.

1. Stahlstich von Weger nach einer Photographie: Erfurt, Städtisches Museum.
2. Ölgemälde von W. Trübner, 1914: Erfurt, Städtisches Museum.

1914

Das neue Erfurt.

Bahnhofsvorplatz.

Der Empfangsraum des modernen Erfurt, für den Fremden der erste Eindruck der Stadt. Im Hintergrunde das alte, 1846 errichtete Eisenbahn-Direktionsgebäude mit seinem schlanken, an italienische Gotik anklingenden Turm, rechts die Hotels Erfurter Hof und Kossenhaschen.

Aufgang zur Daberstedter Schanze.

Die stärkste der zur ehmaligen Befestigung gehörigen Schanzen, im Süden der Stadt gelegen, ist zu Anfang des 20. Jahrhunderts in einen kleinen Park verwandelt und 1908 mit dem monumentalen Treppenaufgang versehen worden, den unser Bild zeigt. Das städtische Gartenamt, das in dem alten Festungsgelände und neuerdings auf der Cyriaksburg prachtvolle Anlagen geschaffen, hat auch hier einen besonders reizvollen Park angelegt.

Das Arbeitsamt der Stadt Erfurt.

Im Jahre 1923 vollendet, gibt dieser Bau des städtischen Hochbauamtes ein gutes Beispiel moderner Architektur. Ein Vergleich mit dem Mitteldeutschen Landesarbeitsamt von 1929 (S. 436) läßt erkennen, um wie viel einfacher die allerneueste Architektur sich darstellt.

Photographie von E. Bissinger, Erfurt.

Moderner Industriebau.

Die Fabrikanlage Henry Pels u. Co. an der Schwerborner Straße, deren Schmalfront das untere Bild veranschaulicht, soll als Beispiel aus vielen derartigen Bauten zeigen, daß die moderne, nur auf Sachlichkeit und konstruktive Klarheit gerichtete Bauweise auch in der Industriestadt Erfurt überall durchgedrungen ist.

Der Neubau des großen Hospitals.

Das schon im 13. Jahrhundert gegründete Hospital zur Aufnahme alter und gebrechlicher Leute (S. 122) hat 1926 zu seinen alten Gebäuden, die sich um einen stillen Hof herum lagerten, einen großen Neubau erhalten, der, vom städtischen Hochbauamt ausgeführt, sich aufs glücklichste in den alten Rahmen einfügt und eine wohlgelungene Leistung moderner Architektur darstellt.
Die Halle des Neubaues ist mit Fresken von Erodel in Jena geschmückt.

1. Photographie von E. Bissinger, Erfurt.
2. Photographien von A. Rudolph und E. Bissinger in Erfurt.

Die Erfurter Schulen.

Das Schulwesen hat von jeher in Erfurt in hoher Blüte gestanden. Im Mittelalter waren die mit den Stiftern St. Marien und St. Severi und mit dem Peterskloster verbundenen Schulen weitberühmt. Seit dem Ende des 13. Jahrhunderts bestanden in den drei Bettelordensklöstern der Prediger, Barfüßer und Augustiner für die Ordensbrüder besondere höhere Schulen, von denen vor allem die Schule der Augustiner hohe Bedeutung besaß Im 14. Jahrhundert entstand dann allmählich eine Hochschule (studium generale), die 1392 auch offiziell zur Universität erhoben und von der Bürgerschaft unterhalten wurde. Nach der Reformation wurde das evangelische Ratsgymnasium gegründet, das 1825 vom preußischen Staat übernommen wurde.

Heute besitzt Erfurt alle Arten von Schulen in seinen Mauern: als Hochschule die evangelische pädagogische Akademie, als höhere Schulen die staatlichen Anstalten des Gymnasiums und des Realgymnasiums, als städtische die Oberrealschule, als höhere Mädchenschulen die städtische Königin-Luisen-Schule mit Studienanstalt, Oberlyzeum, Frauenschule und Lyzeum, dazu ein zweites städtisches Lyzeum, endlich die katholische Ursulinenschule mit Oberlyzeum, Frauenschule und Lyzeum. Die Stadt unterhält ferner 4 Mittelschulen für Knaben und Mädchen, 15 evangelische und 3 katholische Volksschulen, eine Sammelschule und zwei Hilfsschulen für Minderbegabte. Von technischen und Fachschulen sind vorhanden: die höhere Handels- und Handelsschule, die staatliche Baugewerkschule, die Handwerker- und Kunstgewerbeschule, das technische Lehrerinnenseminar, die gewerbliche Berufsschule, die kaufmännische Berufsschule, die hauswirtschaftliche und gewerbliche Berufsschule für Mädchen nebst Frauenfach- und Berufsschule, die landwirtschaftliche Winterschule und die Provinzialtaubstummenanstalt. An Privatschulen sind vorhanden: die höhere Privatschule von Dr. Maenz und die Couvreursche höhere Privatmädchenschule.

Das erste Bild zeigt das frühere Gebäude des Gymnasiums, 1737 als Jesuitenkollegium errichtet, 1822 dem Gymnasium eingeräumt, das bis 1894 dort blieb. Heute dient das schöne Barockgebäude einer katholischen Volksschule.

Das zweite Bild veranschaulicht die Herderschule in der Clausewitzstraße, ein von der Stadt für ein Lyzeum und eine Mittelschule errichtetes Schulgebäude, in Architektur und Einrichtung aus modernem Geiste heraus geschaffen.

Photographien von E. Bissinger, Erfurt.

Der Flughafen.

Seit dem 10. Mai 1925 besitzt Erfurt im Norden an der Stotternheimer Landstraße einen mit Flugzeughalle, Betriebsgebäude und einem ausgezeichneten Landungsgelände versehenen Flughafen, der im planmäßigen deutschen Luftverkehr regelmäßig angeflogen wird. Die zentrale Lage Erfurts in Thüringen, die es im Mittelalter zum Zentrum des Straßennetzes und im 19. Jahrhundert zum Knotenpunkt der mitteldeutschen Eisenbahnen gemacht hat, wirkt sich nun auch auf dem neuesten Verkehrsgebiet der Luftschiffahrt aus.

Das Haus der Thüringer Allgemeinen Zeitung.

Ein Bau ganz vom Zweck bestimmt, mit moderner Sachlichkeit und doch nicht ohne Schmuck errichtet, ist dies 1908 erbaute Haus der größten Erfurter Zeitung ein würdiges Glied in der großen Reihe industrieller und kaufmännischer Neubauten, die im 20. Jahrhundert in Erfurt errichtet sind.

Das Stadttheater.

Seit 1893 von der Stadt subventioniert, seit 1923 in städtischer Verwaltung, hat sich das Stadttheater zu einem lebendigen und wirkungsvollen Faktor im städtischen Kulturleben entwickelt. Der seit 1928 das Institut leitende Intendant Herbert Maisch ist bestrebt, neben der Pflege des guten Alten auch das Neue aus unserer gärenden Zeit heraus Geborene in Schauspiel und Oper zu Wort und Klang kommen zu lassen und damit das Ringen um die Probleme der Gegenwart den Zuschauern mit den Mitteln einer modernen Regie unmittelbar vor Augen zu führen. Erfurt ist in Thüringen die Stadt der Zukunft; darum wird sie auch auf dem Gebiet der Kunst mit allem Lebendigen und Zukunftsreichen Fühlung halten müssen.

Das Volksbad im Nordpark.

Die prachtvolle Anlage dieses in großen Maßen ausgeführten, der Volksgesundheit und dem Sport dienenden Bades ist 1927 fertiggestellt worden.

Photographien von E. Bissinger, Erfurt.

Museum und Stadtbücherei.

Das palastähnliche Gebäude, 1705—11 während der Statthalterschaft des Grafen Boineburg als Kaufhaus und Warenniederlage der Erfurter Kaufleute erbaut, daher auch Packhof oder Wage genannt (S. 145), dient mit Erdgeschoß und erstem Obergeschoß dem Städtischen Museum, mit dem zweiten Obergeschoß der Stadtbücherei, die sich seit 1768 dort befindet (S. 290). Auch der blühende Verein für Kunst und Kunstgewerbe hat dort seine Ausstellungsräume.

Der reiche plastische Schmuck der Fassade ist 1708/07 von dem Bildhauer Gottfried Gröninger aus Münster i. W. geschaffen worden. Wer den Entwurf zu dem Gebäude selbst geliefert hat, weiß man nicht. Jedenfalls unterscheidet es sich von dem wenige Jahre später entstandenen Neubau der Statthalterei (Regierung) des Maximilian von Welsch (S. 292) durch seine strengeren, wuchtigeren, dem Frühbarock näherstehenden Formen.

Das Museum ist seit seinem Bestehen (1886) mit großem Erfolg bestrebt gewesen, die Schöpfungen der Kunst und des Kunstgewerbes in Erfurt und Thüringen zu sammeln und zur Anschauung zu bringen, daneben auch die reichen Schätze der großen geschichtlichen Vergangenheit der Stadt. Die Sammlung mittelalterlicher Kunst, die das Museum besitzt, ist die weitaus größte und reichste in Thüringen und enthält Stücke ersten Ranges wie die Hirschmadonna und die Altartafel der Augustinerkirche aus der Blütezeit der Erfurter Kunst des 14. Jahrhunderts (S. 134 u. 139). Auch die Sammlungen von Thüringer Porzellan, von Erfurter und Thüringer Fayencen, Möbeln, Glas- und Eisenarbeiten gehören zu den bedeutendsten ihrer Art in Mitteldeutschland. Angegliedert ist eine Gemäldesammlung deutscher Landschaften des 19. Jahrhunderts mit besonderer Berücksichtigung von Thüringer Meistern und eine kleine Auswahl von Gemälden und Plastiken moderner Kunst.

Das zweite Bild zeigt die prachtvolle große Halle im Erdgeschoß des Baues, in der die spätgotische Kunst des 15.—16. Jahrhunderts Aufstellung gefunden hat.

Über die Stadtbücherei, die mit der ihr angegliederten Volksbücherei ein wesentliches Kulturinstitut der Stadt darstellt, ist schon an anderer Stelle gesprochen worden (S. 290). Wenn sie in wenigen Jahren in der ehmaligen Universität eine neue, geräumigere Heimstätte bezogen haben wird und das Museum das freiwerdende Geschoß seines Hauses erhält, dann wird beiden Instituten, die, von der großen Vergangenheit Erfurts zeugend, doch auch mitten im starken Strome der Gegenwart stehen, erst der Raum zur Aufstellung und Entfaltung aller ihrer Schätze und damit die Möglichkeit zu voller Erfüllung ihrer gemeinnützigen Aufgaben gegeben sein.

Das Stadtarchiv.

Im Jahre 1864 gegründet, ist das Archiv mit seinen 8000 Originalurkunden (von 1144 an) und seinem bedeutenden Bestand an Akten und Handschriften aller Art die Rüstkammer für die Geschichte der Stadt Erfurt und ihres ehemaligen Landgebietes. In diesen Archivalien spiegelt sich die reiche, stolze, freilich auch wechselvolle historische und kulturelle Entwicklung Erfurts wider. Nur eine Stadt mit solcher Vergangenheit kann ein so bedeutendes Archiv ihr eigen nennen. Von den Beständen seien nur die Reihe der Kaiserurkunden erwähnt, die von 1184 (Friedrich Barbarossa) an durch ein halbes Jahrtausend vorhanden sind; und ferner sei hingewiesen auf die einzigartigen sogenannten „Verrechtsbücher“, die von 1493—1774 in Zwischenräumen von 15—20 Jahren die Steuereinschätzungen der Erfurter Einwohner enthalten und ein statistisches Material ersten Ranges für die Erkenntnis der wirtschaftlichen und sozialen Struktur der Bürgerschaft darstellen.
Unser Bild zeigt den Hauptraum des Archivs mit den Akten und Handschriften; in der Mitte rechts einer der 15 Urkundenschränke.

Moderne Photographie.

Landesarbeitsamt für Mitteldeutschland.

Das z. Z. im Bau begriffene Gebäude in der Schillerstraße zeigt einen durch Schlichtheit und Kraft ausgezeichneten modernen Bau. Daß die Behörde, der er dient, Erfurt zum Sitz erhalten hat, ist ein Zeichen der überragenden Bedeutung der Stadt innerhalb Mitteldeutschlands.

Stadthalle, Stadion und Sportanlagen.

Ein Zukunftsbild noch, das aber schon in den nächsten Jahren Wirklichkeit werden wird: eine gewaltige Stadthalle, die nicht nur zu großen Versammlungen und musikalischen Aufführungen, sondern auch Sportzwecken dienen soll, daran anschließende Ausstellungs- und Sporthallen, ausgedehnte Plätze, Gartenanlagen und Terrassen, ein großes Stadion; das alles nebeneinander und doch nach einem einheitlichen Plane in modernster Ausführung gestaltet, gelegen auf dem großen, freien Gelände, das im Süden der Stadt bis zum Saume des Steigerwaldes sanft ansteigt, im Westen begrenzt von der prachtvollen Hindenburgstraße, im Osten vom Südfriedhof, der später einmal zum Park umgestaltet werden soll — diese gewaltige Gesamtanlage beweist, daß Erfurt hier etwas zu schaffen unternimmt, das seiner Lage als zentrale Stadt Deutschlands würdig ist.

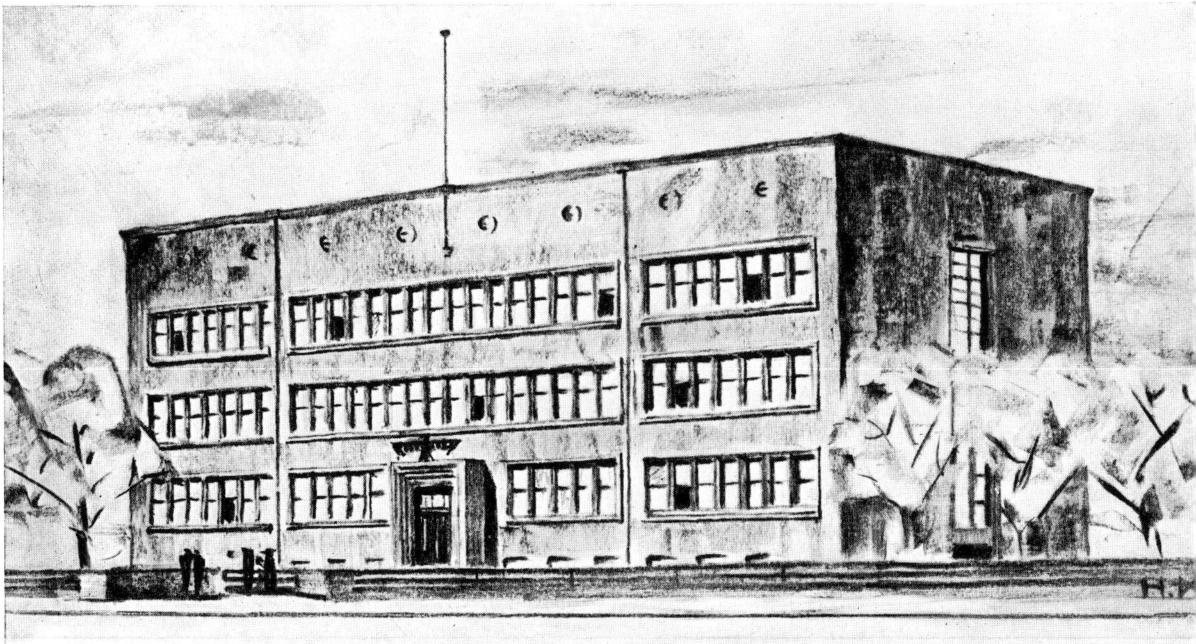

Aufnahmen und Zeichnungen des Hochbauamtes der Stadt Erfurt.

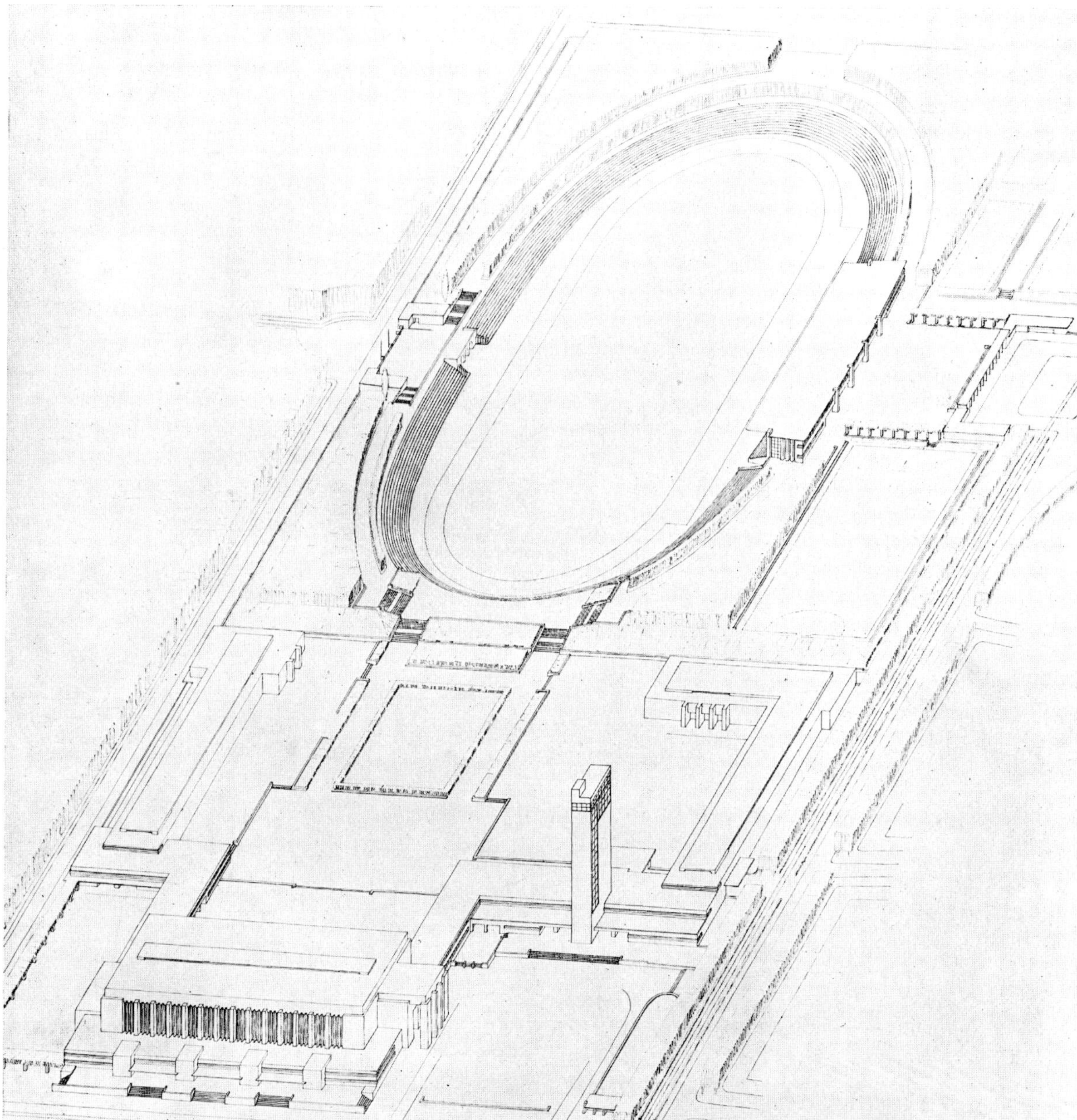

Drei Oberbürgermeister.

Durch Richard Breslaus Tatkraft und Kampfnatur sind in den Jahren 1872—1889 durch die Erwerbung des Festungsgeländes, durch die Schaffung des Flutgrabens, durch mannigfache moderne Verbesserungen in der Stadtverwaltung die Grundlagen für den Aufstieg des neuen Erfurt geschaffen worden. Die Amtszeit des Oberbürgermeisters Dr. Schmidt (1895—1919) sah dann die unaufhaltsame wirtschaftliche und kulturelle Aufwärtsentwicklung Erfurts zur Großstadt und zu einem innerlich durchaus gesunden, kraftvollen, gut verwalteten Gemeinwesen, eine Entwicklung, die auch durch den Weltkrieg nur einen vorübergehenden Stillstand erlitt. Unter Oberbürgermeister Dr. Mann, seit 1920, hatte Erfurt zunächst die schwierige Aufgabe, sich in den schweren Jahren nach Krieg und Inflation unter Anspannung aller Kräfte zu behaupten, und ist nun mit seiner auf 140000 gestiegenen Einwohnerzahl im Begriff, in unablässigem schwerem Kampf, kraft seiner großen Vergangenheit, seines wirtschaftlichen und nunmehr auch kulturellen Schwergewichtes das zu werden, wozu es nach seiner Lage und seiner Geschichte bestimmt ist: Die Hauptstadt des Thüringer Landes.

Das Bildmaterial zu dem Werke lieferten:

Das Städtische Museum / Der Konservator der Denkmale der Provinz Sachsen in Halle / Das Stadtarchiv / Die Stadtbücherei / Das Städtische Hochbauamt / Das Domarchiv / Die Bibliothek des Evangelischen Ministeriums / Die Andreaskirche / Die Akademie gemeinnütziger Wissenschaften / Die Universität Berlin / Das Bürger-Schützen-Corps / Regierungspräsident Tiedemann / Oberbürgermeister Dr. Mann / Frau von Sydow in Tegel bei Berlin / Oberbaurat Bäseler-Milwitz / Rechtsanwalt Bernhard Hoffmann / Professor Dr. M. Wähler aus seiner in Heft 42 der Mitteil. des Vereins f. Geschichte und Altertumskunde veröffentlichten Schrift „Die Blütezeit des Erfurter Buchgewerbes" S. 36 aus dem Original in der Staatsbibliothek zu Hamburg (oben S. 197 wird damit berichtigt) / Kaufmann Walter Münch / Lehrer Wagner in Kerspleben / Firma E. Benary / Firma J. C. Schmidt / Firma F. C. Heinemann.

Die Druckstöcke lieferte die Graphische Kunstanstalt Dr. von Löbbecke u. Co., den Druck besorgte die Ohlenroth'sche Buchdruckerei, beide zu Erfurt